中国古塔全谱

ZHONGGUO GUTA QUANPU

陈泽泓 编著

南方传媒
广东人民出版社
·广州·

图书在版编目（CIP）数据

中国古塔全谱 / 陈泽泓编著. —广州：广东人民出版社，2023.9
ISBN 978-7-218-16951-4

Ⅰ. ①中… Ⅱ. ①陈… Ⅲ. ①塔—古建筑—中国—图谱 Ⅳ. ① K928.75-64

中国国家版本馆 CIP 数据核字（2023）第 182577 号

ZHONGGUO GUTA QUANPU

中国古塔全谱

陈泽泓　编著

出 版 人：肖风华

策划编辑：王俊辉
责任编辑：李展鹏　李永新
装帧设计：奔流文化
责任技编：吴彦斌
封面题字：释传正
扉页题字：陈泽泓

出版发行：广东人民出版社
地　　址：广州市越秀区大沙头四马路10号（邮政编码：510199）
电　　话：（020）85716809（总编室）
传　　真：（020）83289585
网　　址：http://www.gdpph.com
印　　刷：韶关市新华宏达印务有限公司
开　　本：787毫米×1092毫米　1/8
印　　张：141　　字　　数：1100千
版　　次：2023年9月第1版
印　　次：2023年9月第1次印刷
定　　价：990.00元

序一

释传正

佛教的寺塔，梵语stūpa（窣屠婆），巴利文同义词为thūpa（塔婆），本指高垒的坟冢。最初是巨石古墓，用于收藏佛骨（舍利），即纪念性建筑舍利塔，后来与佛教的传播和发展有密切的关系。首先是在《大般若经》《维摩经》《妙法莲华经》等经典中，佛陀说法，时见宝塔，例如《法华经·宝塔品》："尔时，多宝佛于宝塔中分半座与释迦牟尼佛。"

如果单纯从建筑而言，佛塔是佛教建筑中的一大类。古印度有著名的菩提伽耶、那烂陀遗址，宏大雄伟。东南亚诸国的寺塔建筑，也见证了佛教的传播。缅甸的仰光大金塔、印度尼西亚的婆罗浮屠无不闻名世界。中国最早也承传了绕塔膜拜，庙的建置以塔为中心；南北朝则人多舍宅为寺，塔则失去了在庙为中心的位置。

但是佛寺之在中国，有庙必有塔，所以经常称为塔庙。《魏书·释老志》："塔亦胡言，犹宗庙也，故世称塔庙。"唐玄应《一切经音义》卷六："塔庙：塔婆，或义译为庙。"唐杜甫《赠秘书监江夏李公邕》诗："龙宫塔庙涌，浩劫浮云卫。"《资治通鉴·梁武帝天监十五年》："自佛法入中国，塔庙之盛，未之有也。"胡三省注："佛弟子收奉舍利，建宫宇，号为塔，亦胡言，犹宗庙也，故世称塔庙。"塔庙，又名浮屠祠。

现存中国最古老的佛教建筑为石窟寺，是印度佛教造型艺术与中国传统形式的整合之作，石窟寺之外，敦煌、云冈、龙门尤为著名。与石窟相得益彰的是中国佛塔的建筑，佛塔在中国起源甚早，相传东汉创建白马寺时，寺中即建有塔，其功能，一仍佛史上的供奉佛骨、佛像、经书、舍利。

功能作用之外，寺塔的意义，既在于传教，也在于崇艺，从这个角度看，中印佛塔造型是有变化的。原来的印度佛塔，呈覆钵式圆坟形状，上面饰有竿和伞，此即浮屠Buddha一词所指"有伞的顶子"，所饰的竿和伞后来发展成相轮，也就是在塔顶的金属刹，包有七重或九重铁的环套，装饰刹身。寺塔传入中国后，也大多中国化，被赋予了中国的民族形式，中国人建成楼阁式建筑，可供人凭眺。

如果从印度与中国的传播和变化来分类，中国的寺塔可粗略分成两大类：一是印度风格带有中国特色；二是纯中国风格的楼阁形式。中国风格寺塔平面以正方形和八角形居多，一般为七至九层。材质方面有木塔、砖塔、砖木塔、石塔、铜塔、铁塔和琉璃砖塔等。整体来说，似乎从陆路传入的保留印度风格元素明显一些，而从海路传入的则较多表现出中国化的特色。

广东寺塔，古来颇多毁坏。例如1971年初，筹建广东矿冶学院，将南华寺古衲和尚塔院、普同塔、憨山祖师塔院等塔院群一一拆毁。当然也偶有新建，例如

1988年12月，虚云老和尚舍利塔落成。作为禅宗传入和发祥地的广东，其寺塔多与禅宗历史传播有关，略举与禅宗六祖惠能大师直接相关且具有重要意义三例：

广州法性寺瘗发塔。法性寺（今光孝寺）是六祖最初登坛说法之地，其建于唐仪凤元年（676）四月八日，法性寺住持法才募众建塔，在菩提树之右，为六祖瘗发立碑纪之。塔以石基灰砂筑成，七层，高二丈。该塔于禅宗历史极有历史纪念意义。

韶州南华禅寺灵照塔。南华禅寺是六祖惠能兴佛之地，寺内的灵照塔，唐代先天元年（712）始建木塔，次年得以完工，供奉六祖真身。赐额元和灵照之塔、太平兴国之塔。现存主体为明嘉靖住持僧净鉇所建［省文物局据文物普查结果出版《广东文化遗产·塔幢卷》称此塔明成化十三年（1477）改木塔为砖塔］，为楼阁式八角五层涩檐出平座砖塔。李汉魂所书“灵照”石匾嵌于正门之上。该塔是岭南禅宗寺院中佛塔的一件奇珍。

新兴国恩寺塔。新兴是六祖惠能出生与圆寂之地，此塔由惠能主持建成于唐先天二年（713），后毁于火，北宋、南宋、元代数度重建，毁于清末民初，今塔为1990年重建。

中国之大，华南一隅，而铁铸佛塔、舍利塔、普同塔、墓塔、塔院等与寺塔有关的建筑，跟全国一样，见证了佛教中国化的悠久历程和丰富实绩，也证明中国文化对于外来文化的包容和接受、改造和转化。

以寺塔做专门的研究，自古以来并不多见。在中国，对于寺塔的研究，早在南北朝东魏杨炫之撰有《洛阳伽蓝记》，全面记述北魏都城洛阳寺院及寺塔；唐代段成式（803—863）有作《寺塔记》，记述唐都长安的寺塔，是重要的历史资料；明代张惠衣（1898—1960）《金陵大报恩寺塔志》附《大报恩寺全图》《金陵图咏》。近年随着学术的深入，这方面的成果渐渐丰富，比如《寺塔灵秀》（张静雯2013）、《中国佛教寺塔史志》（张曼涛2017）、《慈云祥光：赣州慈云寺塔发现北宋遗物》（王亚蓉）、《嵩岳寺塔》（杨振威2020）。但这些书要不是古籍，要不是对单地寺塔的研究，尚未对全国佛教寺塔做图录、谱表，故陈泽泓研究员的《中国古塔全谱》（以下简称《全谱》）就显得格外的有学术价值。

陈泽泓老师长期致力于岭南文史研究，功力深厚，学术精湛。他的学术研究范围由史志进而建筑，由建筑又进而古塔，研究不断拓展。近年尤其与古塔缘深，此前就出版《广东塔话》《中国古塔走笔》，为古塔全谱做好充分的准备和充实的积累，才得以完成《全谱》这部大作。

《全谱》特色，首先是“全”，其次是“谱”，再次是“典”。作者历经30年实地考查，结合文献考证，为该书网罗最为全备的佛塔图谱，实现中国古塔全谱的广度。该书之全是因收录中国古塔数量最多，中国古塔含港澳台等地区共4000多座。此书是图谱，全部是作者根据实物，用笔亲手线绘白描而成图，配上简明规划的学术文字说明而成其书，这是对于过去普遍的有字无图的突破，也是对美感艺术的创造；在读文字的同时，读者可以静赏典雅而有韵律的古塔图绘。该书之典具有对全国佛寺古塔的普查性质，此书一编在手，可以纵览天下古塔，这无论对于学术研究还是文物登记，都是有着突破性学术意义的。

随着历史文化的演变发展，古塔已成为中国文明史的重要载体之一，其附着的文化内涵，涉及历史、文化、宗教、建筑、艺术、哲学、美学等许多方面，成为承载丰富文化信息的建筑遗产而蔚为大观。而《全谱》采用绘图配文字形式，绘图采用黑白线条表现中国古塔，力求彰显与传统古塔相配的韵律之美、典雅之美的视觉效果。古塔图样均有所依据，以此留下史料，为观者赏，为研者参，藉此向世界展现中华文化的博大精深。此心血之劳，实人文大端，亦功德之举。《全谱》图文并茂，雅俗共赏，史料珍贵，学术缜密。成就实高，功德无量。作此之序，赞叹随喜，有以勖之。

癸卯年仲夏于曹溪禅海岸

序二

吴庆洲

陈泽泓先生是我多年好友，常在广东文物保护以及历史研究的专家会上见面。他博闻强识，兴趣广泛，文史书画，建筑艺术，研究均多，尤其在地方史志研究，建筑史学研究等方面著述丰硕，成果累累，令同行们敬佩。

他在建筑史学研究上有不少论著。1999年出版《岭南建筑志》，46万字。书中论述岭南建筑古今演变，岭南城市历代发展，介绍岭南建筑的丰富多样及典型范例。文字生动，图文并茂。此书为我的书架上常常翻阅参考的文献，也为文物古建筑研究者所钟爱。

2018年，陈先生又出版《南国杰构——广州建筑文化研究文集》，43.6万字。此书重视挖掘岭南建筑的文化内涵，结合岭南乃至华夏的历史发展，论述广州历代的城市建设和发展，论述广州的名城保护的方方面面，分析广州城市建筑的典型例子，甚有精到见解，为历史文化名城保护方面人士所喜爱。

中国古塔是中国古建筑中的一个特别的建筑类型，我从1979年师从龙庆忠教授，攻读硕士、博士学位起，就对中国古塔研究有浓厚的兴趣。龙老告诫我：要特别重视建筑史的理论研究。我于是想探索中国古塔塔刹、类型、形态、装饰等方面的理论问题。1994年，我在《古建园林技术》杂志上发表了“我国佛塔塔刹形制研究”论文，后来被众多的研究论文所引用，也为古塔塔刹的断代修复提供了一定的理论依据。在此基础上，我进一步研究，1999年在《华中建筑》上发表了“佛教的源流及中国塔刹形制研究”的论文，从根源上探索中国古塔发展演变的理论问题。2002年我出版了《藏传佛教与建筑装饰》一书（台湾锦绣出版社）。2005年我出版《建筑哲理、意匠与文化》（中国建筑工业出版社），将以上中国古塔的研究成果收入书中。2009年，该书评为教育部高等学校科学研究优秀成果奖（人文社会科学）三等奖。学校档案馆将证书收藏，复印了一份给作者，说此奖为国家三等奖，是国家委托教育部评的，拙著是该次获奖的唯一一本建筑著作。

中国古塔是华夏大地的一道亮丽的风景。在一地的文化景观中，不论是城市文化景观、园林文化景观、宗教文化景观、乡土文化景观还是建筑文化景观中，都是引人注目的地标性建筑。见于清宣统二年（1910）徐藻编绘的《金陵四十八景》图册中，就有凭虚远眺、牛首烟岚、长干故里、鸡笼云树、灵谷深松、栖霞胜境、挪恩寺塔等七景是以塔入景的。在千年之前，即便是一国之都城也很少高层建筑。高耸的古塔，成为一个城市的地标，引人注目。北魏杨衒之的《洛阳伽蓝记》中所记载的永宁寺塔，更是古代世界的奇迹，至今仍引人入胜。永宁寺“中有九层浮屠一所，架木为之，举高九十丈。有刹，复高十丈，合去地一千尺。去京师百里，已遥遥见之。”永宁寺塔为古代世界之奇观。北京北海公园琼华岛上的永安寺白塔，是园中构图中心，为北海美景锦上添花。扬州瘦西湖的白塔，也是景观中最有特色的建筑，成为视线焦点。甘肃兰州白塔山上的白塔，形象秀美，高耸山巅，也成为视线焦点。在世界闻名的杭州西湖景观中，“雷峰夕照”是雷峰塔夕照之风韵，雷峰塔倒牵动了国人的心，而今重建的更为雄伟壮观的雷峰塔，为西湖增添了更为引人的景致。“三潭印月”是著名文人苏轼任职杭州时，在湖中建造的三个球形石塔，内空可以点蜡烛，球面有五个圆孔，塔中蜡烛在月夜与天空倒映于湖中的明月交相辉映，景致幽美。再加上秀美高峻的保俶塔、端庄挺拔的西泠印社华严经塔。湖山景色由点缀其间的古塔而灵气益增，绚丽多姿。当然，古塔有高有矮，有佛塔，风水塔，还有道教塔等多种类型。古塔形式也分多种，有楼阁式，密檐式，覆钵式，亭阁式，等等，还有许多异形塔，可谓复杂多样，变化万千。即使作为塔饰的细微之处，仍有着特别的文化内涵。例如，云南的塔与其他地方的塔不同，塔顶四角往往有鸟形装饰，当地民间称之为“金鸡”。以金鸡为饰是云南塔的特色之一，像昆明官渡妙湛寺东塔、昆明东寺塔、昆明西寺塔，陆良大觉寺千佛塔，楚雄雁塔等塔顶均置金鸡。大理三塔现塔顶不见金鸡，但塔顶原有金鸡形饰物，实际上不是金鸡，而是大鹏鸟。大理三塔中，崇圣寺千寻塔建于南诏保和时期（824—839），南北小塔建于大理国时期。明谢肇淛撰《滇略》称，三塔都“错金为金翅鸟，立其上以压龙也”。由记载可知，民间称为“金鸡”的，实为“大鹏金翅鸟”。金翅鸟为佛教经典中的八部众之中的天龙八部之一，藏语称为“嘎勒代”，梵语称迦楼罗（Garuda），音译为迦留罗、迦娄罗等，或称金翅鸟，或译为妙翅鸟、顶瘿鸟。《观佛三昧经》云：“梵语迦楼罗王，此云妙翅快得自在，日游四海，以龙为食。”古代，云南滇池、洱海等地水灾频繁，人民以为是恶龙作祟。因此，建塔上立金翅鸟，以作为镇压。至于云南塔顶上的金翅鸟，与佛经上所说不同，无人面、牛角及饰物，却有鸡冠，更似金鸡而不像佛经上的金翅鸟，这与南诏民族崇拜金鸡有关。这种民俗文化与佛教文化的融合，便形成云南塔顶的酷似鸡形的金翅鸟形象。昆明东寺塔、西寺塔均始建于南诏时期，风格一致。千寻塔顶的金翅鸟，于1925年大地震时坠落。昆明官渡妙湛寺东塔建于元泰定四年（1327），塔顶四角各置一铜质金翅鸟，形小体圆更近鸡形。陆良大觉寺千佛塔建于元初，塔顶的金翅鸟更近于鸡形，红色的冠和肉髯，为昂首长鸣振翅欲飞状，无尾羽，很独特。楚雄塔建于明初，塔顶四角各有铜铸金翅鸟，塔刹为一铜亭阁，内有魁星点斗铜像，当地人称此塔为文笔塔，该塔成为儒道佛三教合一的文化的见证物。由此可见，对于有着深奥的文化内涵和象征意义及艺术特色的古塔研究，是一个极有意思又很有难度的课题。

陈泽泓先生知难而上，对古塔研究情有独钟，坚持古塔研究已有30多年。他在古塔研究上也是成果喜人，著有《中国古塔》《中国古塔走笔》《广东古塔》等。近日，他的最新成果《中国古塔全谱》，更是广泛收集现存古塔实例，数目达到了四千多座。可以认定，陈泽泓先生的这一成果，是最全面反映中国古塔全貌、图文并茂的巨著。这一成果将为广大文化爱好者的欣赏提供一饱眼福的读物，为相关学者的研究提供系统丰富的资料，这一巨著的出版，对建筑史学界、文物学界、文化学界、历史学界、宗教学界、艺术界都是一大喜讯，值得大家共同庆贺。

期待陈泽泓先生有更多的论著问世，为文物、古建筑的研究和保护，作出更大的贡献！

是为序。

吴庆洲
中国建筑学会第十、十一届理事
原中国建筑学会建筑史学分会副理事长
原全国高等学校建筑学科专业指导委员会副主任
华南理工大学建筑学院教授、博士生导师

2023年8月21日

凡例

一、本书定名古塔图谱，旨在尽可能广泛地收入现存中国古塔，以图配文进行描述，借此存照，为有兴趣了解中国文化者及专业研究者提供使用。

二、本书收入古塔，系指1949年以前所建的塔。收录范围，原则上为现存古塔，也收入个别已废失或复建的有较大特色的古塔。条目标题使用古塔正名，原则上以文物部门公布的为准。

三、本书资料来源，小部分为本人亲往考察，多数参考于文献资料（主要参考书目附录于书末）和网络资料，使用时经认真考证、鉴别和核查。

四、本书条目以地域分类，以古塔所在的省（直辖市、自治区）、市、县为类进行排列。各省（直辖市、自治区）排序，按民政部公布顺序。各省（直辖市、自治区）内市、县排序，根据塔目情况及版面位置排列。区划地名按2020年民政部颁定为准。（本书创作时间近十年，期间行政区划地名变动频繁，文稿在出版前几乎逐条作考查，但仍很难确保地名与现名相符）

五、古塔条目简述内容，包括塔名、地点、建塔（含重建、重修）时间、基本形制、高度等要素。对定为全国重点文物保护单位的以及有突出特色的予以点明。

六、本图谱对形制分类的表述上，主要采用楼阁式、密檐式、覆钵式、亭阁式等称法，还有金刚宝座式、多宝塔式、幢式、混合式，以及异形式塔中的花式（即花塔）、鼓式、瓶式、覆钟形、锥形、柱形等。南传佛教塔式较为复杂，依其样式称为缅式、尼泊尔式、傣式。至于塔林、塔群之用名，依文物部门定名而用。

七、年代表述。清代及以前采用朝代年号，括注公元纪年；民国以后采用公元纪年。

八、古塔高度，尽可能采用文物部门权威口径。没有权威数字而又多说并存的，经考证采用较为接近的数据，或标以约数。个别古塔无法标明高度的，数据宁缺毋滥。

九、本书采用黑白线条白描方式表现中国古塔，力求一种与传统古塔相配的韵律之美、典雅之美的视觉效果。所绘图样，均有所依据。之所以不采用内部结构图，是因为本书不是工程技术著述，不可能也没有必要将数千座古塔全数解剖。

前言

qian yan

一

中国传统建筑体系在世界建筑文化中独树一帜，其植根于中国的历史文化土壤，在建筑形制上普遍表现出一个突出的特色就是规范化、等级化。然而，在中国传统建筑众多门类中，塔却是形制变化最为不拘一格的另类，蔚为大观。古塔演化过程中，功能与形制变化很大，其附着的文化内涵（涉及历史、文化、宗教、建筑、艺术、哲学、美学、民俗学等许多方面）异常丰富，使之具有重要的历史价值、文化价值和工艺技术价值。

塔之创立，不像中国传统建筑众多固有门类那样是从中国社会中产生出来的，而是伴随着佛教西来，为奉佛弘法而产生，根在印度。古汉语中本无“塔”字，“塔原称窣屠婆，是随佛教传入我国的”。[①]窣屠婆是梵文（Stupa）音译，原意坟墓，中国古代有音译为窣屠波、塔婆、私偷簸、佛图、浮图等等，也有意译为方坟、圆冢、灵庙等，进而演化为中国称谓的塔。唐初僧人玄应称：“宝塔……正言窣屠婆，此译云庙，或云方坟……。按：‘塔’字，诸书所无，唯葛洪入《字苑》，云：‘塔，佛堂。’”[②]由此可知，晋代始使用“塔”字，唐人认为塔有两种字义，一为方坟，一为佛庙或佛堂。

印度的窣屠婆，是以砖、土堆起一个半球形冢，上面树起直立之杆并串有数个盘状之物。印度现存最古老最完整的窣屠婆，是中央邦首府博帕尔高12.8米的桑奇大塔。佛祖寂灭后，阿育王推广佛教，取佛舍利盛于

① 张驭寰:《中国塔》，山西人民出版社2000年版。

② ［唐］玄应:《一切经意义》卷六《音妙法莲花经》。

八万四千宝箧，建立八万四千座塔以供普天之人供养，促成窣屠婆大量建造。

窣屠婆的形象还与菩提树相关。传说释迦牟尼在菩提树下降生、成道和涅槃。佛入涅槃，菩提树便成了僧徒礼佛之对象。菩提树是榕树一种，“菩提”意指对佛教真理的觉悟，成就菩提的人则称佛陀（Buddha），也就是佛。唐玄奘在印度目睹佛成道之所为“菩提树垣正中有金刚座”。[①]唐人《酉阳杂俎》记载：菩提树“盖释迦如来成道时树”，“树高四百尺，下有银塔周回绕之。彼国人时常焚香散花，绕树作礼。”古印度人在圣树外建围栏，这树得到信徒精心呵护，不断长高，穿出庇护它所建的石室顶部中央，成为圆冢上直立如伞的标高之物。树寿终之后，代之于在圆丘顶上竖起一特别高大的象征性标杆，串起饰物，被称为相轮。藏传佛教佛塔的相轮，称为Srog-Shing，意为“生命之树”。青海省西宁湟中塔尔寺大金瓦殿内大银塔，是以宗喀巴诞生处的白旃檀树为塔心，初建砖塔，明初在砖塔外建银塔，此可成为以圣树为中心建塔的例证。

中国化的楼阁式佛塔，多有将窣屠婆移至塔顶。史籍载三国时笮融起浮图祠，“垂铜盘几重，下为重楼阁道。”[②]，即在重楼上竖立起类似相轮的饰物。有将此诠释为是佛教建筑外来形式与中国传统形式结合的结果，也有将方形楼阁式塔以圆形窣屠婆结顶诠释为中国传统“天圆地方”理念的体现。一些古塔的塔刹做得特别高大复杂，在全塔高度中占很大比例，并进行了繁复的艺术加工，使之引人注目。风水塔盛行时，仍有不少楼阁式塔在塔顶高高竖起相轮塔刹。标杆顶部，梵语音译为刹。刹是全塔最高部位，冠表全塔，意为土田，代表佛所掌握的一处国土，也称之为佛国。由于“刹”的尊严及代表性，在中国古代也成为佛教寺院代称。相轮之刹甚至融为中国建筑的元素。民国时期岭南大学（现广州中山大学）建了一批中西合璧建筑的民族固有形式红砖屋，校长居所黑石屋右前部为八角三层楼阁式楼房，以七层相轮结顶，纯然是一种装饰。

佛塔传入初时，还有一种以塔柱为中心的石窟形式，源自于印度佛教徒敬佛修行的窟，称为支提，亦称精舍、塔庙。盛行于南北朝乃至隋唐时期的佛教石窟，已经从印度那种奉佛者与佛像或佛塔同处窟中的支提，演变为只供奉佛像或佛塔的洞窟。

文献记载最早的佛寺，是东汉永平十年（67）所构的洛阳白马寺，是利用朝廷接待宾客的官署鸿胪寺改建而成的，建筑基本格局当为中国传统官衙，“盛饰佛图画迹，为四方式”。[③]一些学者认为白马寺是最早建塔之所，也有研究者认为，很可能是寺内中心设有精舍即奉佛之殿堂而不是佛塔。此后，安置佛教人士及奉佛场所，沿袭而称“寺”。由于佛教的推广，出现了一些贵族官僚“舍宅为寺”，这种佛寺的建筑布局，当为中国传统府第居宅之布局，影响至今。早期佛教建筑中，一些寺院布局是以塔为中心，可见塔在寺院中地位之高。初时的佛塔场所，沿袭中国传统祭祀建筑之称为“祠”。因为佛塔从一开始就与寺同域，而后又演变成多功能，且不少是单体存在，不再延用“祠”的称法。

佛教入华之初，造塔者则自觉或不自觉地在建筑上融入中华文化的元素。楼阁式塔的出现有其原因。高耸的楼能使人产生神秘的感觉，秦皇汉武，都曾修建过高楼台榭以候仙人。用楼阁来尊崇佛这种高深莫测的神圣，恰得其所。南北朝的石窟塔柱雕刻，有采用中国传统的楼阁式建筑与亭阁式建筑的样式为饰。南北朝时期北凉石塔上出现有许多与黄老道术有关的内容，如供养天人旁侧附刻的八卦符号。即使到了佛教已明其宗之后，各地古塔中仍不乏佛道符号混杂的现象，这是中国民间多教并尊心态附加于塔上的表现。

中国古塔在建筑材料及平面上的演化，呈现出一定的规律。

通常的说法，从塔传入中国之始至南北朝时期，是以方形木塔为主；隋唐时期，是方形砖塔为主；宋代以后，八角平面的砖石塔成为建塔主流。实际情况并没有那么简单。现存能见到的中国最早的佛塔实物，是在新疆的楼兰遗址、尼雅遗址、若羌佛寺遗址等遗址中，仍保存有“东汉前后所建的土塔”，基本上都是“塔婆式塔”。[④]尽管这些塔都很残损，但至少能说明，这些分布于佛教传入途中的最早的塔是覆钵式土塔，早期的中国古塔不单有楼阁式。

南北朝时期是佛教入华的重要时期，对于佛塔之兴建也是一个重要时期，呈现出文化融合的异彩纷呈形态。上世纪中叶，在佛教传入渠道的甘肃河西走廊，陆续发现一批北凉小石塔，最早的敦煌□吉德塔和酒泉马德惠塔，同为公元426年所制，比嵩岳寺塔早了将近一个世纪。小石塔为覆钵式，保留了较多的印度佛塔造型特征，基座高大，覆钵和多重相轮十分醒目夸张，几乎占了全塔总高一半，表现出深厚的异域风格。

独立的覆钵式塔（又称藏传佛塔），在陆上丝路的新疆地区高昌故城（辟于汉代，现存遗址多为唐代建筑）已有发现，新疆克孜尔乡龟兹壁画中有成排的佛龛壁画“古印度塔”，为“魏唐时代风格的塔”。[⑤]元人将覆钵式塔引起内地并大量兴建，成为中国古塔中一种重要的塔形流传至今，在藏蒙地区及云南、甘肃、青海更是触目可见。

① ［唐］玄奘:《大唐西域记》。

② 《后汉书》卷103，陶谦传。

③ 《魏书》卷114“释老志”。

④ 张驭寰:《中国佛塔史》，科学出版社2006年版，第3-5页。

⑤ 张驭寰:《中国西部古建筑讲座》，中国水利水电出版社2010年版。

西南地区的覆钵式塔，更多呈现东南亚佛教文化影响的形象。

现时可见最早的较为完整的塔，属于南北朝时期，除了石窟中的佛塔雕刻，还有屈指可数的地面之塔。北魏杨衒之撰《洛阳伽蓝记》，是最早特写佛寺佛塔的古籍之一。书中描述当时的洛阳永宁寺塔，是四角九层楼阁式木塔，“举高九十丈”。从塔上往下看，“视宫内如掌中，临京师若家庭”。[①]被建筑史界誉为“中国第一塔”。《洛阳伽蓝记》也记载着北魏首都洛阳与此同时有一些砖石塔。该书卷二记载着杜子休在家中发掘出西晋太康六年（285）所建三层砖塔太康寺塔之塔砖，遂舍宅为寺，还原其塔之事。太康寺塔是见于文献的最早的砖塔。这一时期甚至建有建筑水平很高的密檐式砖塔，即现存的河南登封嵩岳寺塔。建于北魏正光元年（520）的这座塔，是现时所知第一座密檐式砖塔，为十二边形十四层密檐砖塔，高达39.8米，有丰满流畅的抛物线轮廓，其层数及平面形状为中国古塔之林所极为罕见甚至是绝无仅有的。“虽然没有文献可征，但是我们可以大胆肯定地说它是模仿印度的一些塔型的。从这座塔上的许多雕饰部分看，例如以莲瓣为柱头和柱础的八角柱，以狮子为题做成的佛龛，火焰形的券面等，印度的装饰母题是非常明显的”。[②]此塔的兴建如神来之笔，很可能有外来工匠参与操作。外来工匠直接参与中国塔建筑，并非孤例。泉州开元寺南宋重建楼阁式石塔镇国寺塔，主持建塔的寺僧本洪、法权在建至第四级时已先后“化去”，“天竺讲僧乃作第五级及合尖，凡十年始成”。[③]则第五层及塔顶工程是印度工匠的杰作。第四层塔壁有浮雕猴行者石刻，形象早于明代小说《西游记》之孙悟空，学者考证，是印度史诗《罗摩衍那》里神猴哈奴曼的痕迹。看来印度工匠参与此塔建筑不止于五层以上。北京妙应寺元代白塔，是尼泊尔工匠阿尼哥的杰作。南北朝之前，中国的木构高层建筑已达到极高水平，当时砖结构建筑水平普遍不高，鹤立鸡群的木构楼阁式高塔为上层统治者所宠爱，在砖雕、石雕塔的构件装饰之中，深深地打下了木构建筑的烙印。唐代长安城中，相峙而立着楼阁式大雁塔和密檐式小雁塔这两座砖塔，反映了楼阁式与密檐式同时引领潮流的现实。宋代以后，随着砖建筑技术的提高，更稳固、更具防火防蛀功能的高耸的楼阁式砖塔，代替了木构楼阁式塔的地位而广为流行于世。

像许多外来文化为中国固有文化所融化一样，塔的建筑形式从一开始传入中国就与中国建筑文化有机结合，就利用了中国传统建筑文化的某些特征因素，或者应该说，是中国人利用传统建筑的元素以表现他们对佛教的理解。与基督教入华传教之初一样，借助于中国文化某些形式而较易为国人所接受。佛寺在佛教中国化过程中，“除了把生人换成泥胎外，与邸宅无二致。终于把全部宗教建筑艺术的创作热情倾注到供游赏的塔的造型上去了”。[④]这也助长了建塔的热情与塔的式样之层出不穷，工匠们找到了极为难得的大显身手的空间，使这一门类的建筑焕发出其他类型所没有的缤纷异彩。古塔形制有楼阁式、密檐式、覆钵式、亭阁式，还有金刚宝座式、多宝塔式、幢式、混合式、过街式，以及异形式塔的花式（又称花塔）、鼓式、瓶式、覆钟形、锥形、筒形塔等。南传佛教塔式，依其接受交流的异域文化样式称为缅式、尼泊尔式、傣式。由单体佛塔组成塔林、塔群，甚至于由数以百计的小佛塔组合成一座大佛塔。林林总总的古塔建筑，令人目不暇接，让我们感觉到活力释放下的中国建筑有着何等的创造力！

中国古塔的功能演化也呈现出一定的规律。由于佛塔之构在精神上有极大的震慑作用，渐而推广到为道家、堪舆家所用。功能转变大约始于宋代，此后佛塔仍有兴建，但入明以后，具有振文风、镇风水、祛灾邪功能的风水塔，发展为塔的主流，其中文风塔（又称文峰塔、文星塔、文笔塔、文塔）成为最大一类，几乎所有通县大邑都建有至少一座文风塔。有些古塔则带有纪念先贤、附会民间传说等功能。由于塔的高耸，还赋予其登高览胜、军事瞭望、指引航标等各种功能，更成为点缀各地景观的一个亮点。设想北京北海倘没有白塔，景观将会大为逊色。许多地方的“八景”形胜，至少有一处是以古塔为题。西湖胜景就有“三潭印月”“雷峰夕照”。塔影绰约，把杭州西湖点缀得婀娜多姿。宝石山上的保俶塔，是西湖边最为醒目的标志性建筑，与南岸的雷峰塔相映成趣，“保俶如美人，雷峰如老衲”。钱塘江边魁伟傲然的六合塔与小巧玲珑的闸口白塔，同样相映成趣。西湖的许多塔，长久以来不是宗教的虔诚香火烘托起它们的尊贵，而是一双双文人的手在浓墨重彩地为它们塑造形象，宗教色彩渐渐地退去，更具有了艺术韵味。“孤山西泠印社内的华严经石塔，是文人们用来装点他们的学术团体，装点这一处小园林的，散发的是中华文化的典雅韵味，淡泊精致”。[⑤]古塔在人们心目中，已经不仅是宗教的和建筑上的意义，而是融为中国文化的重要组成部分，从而使塔的中国化走向登峰造极。古塔成为中国城乡突出的标志性景观，其身上汇聚了中国社会历史文化的丰富内涵。

各地古塔的功能多样和尊奉对象不同，建塔者充满寄托，必然“殚土木之功，穷造形之巧”。[⑥]河北定州北宋料敌塔，是现存古塔中最高砖塔，高达83米，相当于二十

---

① ［北魏］杨衒之：《洛阳伽蓝记》卷第一“城内·永宁寺”。

② 梁思成：《中国的佛教建筑》，《梁思成文集》，中国建筑工业出版社1982年版。

③ ［明］释元贤撰：《泉州开元寺志》。

④ 王世仁：《理性与浪漫的交织——中国建筑美学论文集》，百花文艺出版社2005年版。

⑤ 顾树森主编：《杭州西湖》，浙江人民出版社2001年版。

⑥ ［北魏］杨衒之：《洛阳伽蓝记》卷第一“城内·永宁寺”。

多层楼房。“用小型砖块建造出这么高的塔，如果没有高度的工程技术水平，是难以想象的”。[①]建于辽清宁二年（1056）的山西应县佛宫寺释迦塔，是一座高达67.3米，底层直径30.27米的纯木塔，雄壮华美，屹立千年，是世界上现存最古的木构建筑。古塔通常受到历代官方和当地民众的悉心维护，只是在某些特定的历史节点中出于宗教、军事、政治的原因成为被疯狂破坏的对象。加之风灾、雨淋、雷击、地震、火灾等各种灾祸的无情毁损，使得留存下来的古塔弥足珍贵。在现存不可移动文物中，古塔的形象特别显眼，深具研究、观光价值，在已公布的全国重点文物保护单位中，当之无愧地占有很大比例。

二

中国古代究竟建了多少座塔，现存有多少座塔？这是一个很多人感兴趣的问题。或说：“从汉明帝以来，中国究竟修建了多少佛塔？至今尚未有过精确的统计。中国佛教协会曾发表，全国的寺院约有20万所。若以每一寺院有一座佛塔而论，两者的数目是相等的，其实佛塔的数目，还应在佛寺数之上。但是，在长期的历史发展过程中，由于自然损坏和天灾人祸，致使存世的佛塔，远远低于历代的修建数，估计现存佛塔约有3000座，其中有700—800年以上历史的，也在100座。”[②]这里提供了现存佛塔数字的一种估算版本。但是，古塔不只有“佛塔”，也未必每一寺院都有一座佛塔，这里的数据，只能视为粗率之数。

何谓一座塔，其实还是个问题。本图谱收集的古塔，不仅有立体的塔，还有石窟中半立体的浮雕塔、平面的壁画塔。从具有佛教功能的角度，不能说它们不是一座佛塔。更复杂的是，与其他文物类建筑（如牌坊、宫室、桥梁）不同，并非所有的塔都是不可移动文物。一些以木料、金属、玉石、陶瓷做成的型体较小的古塔，就有迭经移动的历史，置于殿中或寺庙门前，或收藏于博物馆。自来没有规定多大才算一座塔，也没有规定说能够攀登的才算一座塔。一些石塔、金属塔、木塔，高不逾米；有的七层石塔、十几层铁塔，虽有数米之高，却不容人攀登，同样视为一座塔。

历史上修建的佛塔，数字是惊人的。五代吴越王钱镠在国都杭州建了一批砖石塔（现存如西湖宝俶塔、灵隐寺前双石塔、烟霞洞摩崖石塔、闸口白塔、余杭安乐塔等），还仿照印度阿育王做法，铸造了八万四千个中间藏有《宝箧印陀罗尼经》的小铜塔，分发到各地，后来迭有发现。这还不计各地开凿石窟中的佛塔。有人将青藏川甘地区奉佛所做的模制小泥塔（与小泥佛像同称为“擦擦”，是印度发音。又称泥擦、泥梵塔）称为“塔模”，此称并不允当。模制是指造塔方法为模压，塔模则是“塔的模型”的简称，两者不是一回事。究竟是小泥塔还是塔的模型呢？模制小泥塔，同样来源于印度，时间不晚于唐代，为玄奘亲目所见。“印度之法，香末为泥，作小窣屠婆，高五六寸。书写经文，以置其中，谓之法舍利也。数渐盈，精建大窣屠婆总聚于内，常修供养。”[③]每一个佛塔擦擦也是一座塔。这种制塔方法历史悠久，数量巨大。《元史·释老志》云：“擦擦者，以泥作小浮屠也……作擦擦者，或十万二十万以至三十万。”北京妙应寺元塔是在辽塔基址上重建的，辽塔被打开时，忽必烈看到的是“舍利二十粒，青泥小塔二千……”[④]1991年秋清理宁夏贺兰山拜寺沟方塔废墟时，发现模制小泥塔近五千个。在川西北藏区若尔盖县班佑乡多玛村边，有座高5米、周圈80米、保存完好的大擦堆，堆放着无数的泥擦，其上限可追溯到九世纪赤热巴巾时代，是千年历史的见证。开凿于西夏的敦煌石窟群东千佛洞南崖顶土坯空心塔内和崖壁上下层3座小窟内，存放着数以10万计的拓印着梵文、佛像图的泥梵塔（少量泥梵塔内夹有用宣纸写的西夏文、僧人骨灰），可知现存泥梵塔数量之大。

建塔方式及材料广泛不拘，甚至出现有更为简便的图画纸塔。1924年杭州西湖雷峰塔倒之后，发现了宋太祖时刻印的塔图一卷，塔图末附有香刹弟子王承益记文一则，说图画纸塔，如同造一座宝塔，积了功德，能使“闻者灭罪，见者成佛，亲近者出离生死”。吴越国高僧延寿和尚，除刊印大量佛经外，还亲手印造弥陀塔图14万本。[⑤]

即便无法界定多高高度、采用何种建材才算一座塔，全国古塔仍不可胜数。有研究者称：“笔者自20世纪60年代开始对河南全省古塔进行调查统计，截至目前共有北魏—清代的各类砖石塔812座，其中独立凌空的古塔605座；安阳灵泉寺、洛阳龙门石窟、新安西沃石窟及沁阳、林州等地摩崖雕塔207座。河南是我国现存古塔最多的省。”[⑥]。这一对河南全省范围的古塔调查统计可以说是全面具体，连摩崖石塔也收入。尽管如此，仍未能囊括所有能够称之为塔的实体，例如就未包括河南各地博物馆收藏的各种材料的塔。更何况从种类上说，并非佛塔才能称为塔，现存风水塔数量远高于佛塔。风水塔称塔，不在于敬佛而在于其为塔式建筑，故而惜字塔、灯塔当然也是塔。一些古塔也具有导航功能。如处于长江航道转折处的安庆振风塔，塔下千航经过，塔上各层均置十数个灯龛，夜间为航船指路。前人有诗赞道：“点燃百八灯龛火，指引千帆

① 张驭寰、罗哲文:《中国古塔精萃》，科学出版社1988年版。
② 柏明、张天杰、田旭东:《法门寺与佛教文化》，陕西师范大学出版社1992年版。
③ ［唐］玄奘:《大唐西域记》卷九。
④ ［明］刘侗、于奕正:《帝京景物略》。
⑤ 张秀民:《五代吴越国的印刷》，载《文物》1978年1–2期。
⑥ 杨焕成:《河南古建筑地方特征举例（上）——兼谈关注地方手法建筑研究》，载《古建园林技术》2005年第2期。

夜竞渡。”广州六榕寺塔，宋代时离珠江江边近，宋人有“客船江上东西路，常识嶙峋云外浮”句，番塔（今称光塔）塔刹为一金鸡，“金鸡风转片帆归”，直接起了风信作用。[①]说的是塔之导航、风信功能。本图谱收入的古塔，主要是1949年之前建于地面的各种大型的塔（包括塔式建筑的文庙、桥塔），也包括石窟中的摩崖浮雕石塔（包括塔柱）和壁画塔，还有收藏于博物馆、寺院中各种材料的塔，甚至包括灯塔。收入古塔种类之繁多，显示了中国古塔数量庞大及形式多样的文化特征。

定义文物的时间界定，一般是50年。本图谱收入的古塔，原则上以1949年前所建且现存的为范围，从1949年至今已有70多年，完全符合文物的时间条件。但辨别建塔之年代的难度并不小，正如意大利学者所说：“中国历史上改朝换代，中国建筑都要遭受轮回般的劫难。可是，新建造的建筑仍然要承袭旧的建筑制度。建筑制度的更新是缓慢和沉重的，在时甚至是停滞的。但由于中国建筑文化蕴藏着一种意志的永恒性，使得中国建筑像凤凰一样，每每在火光中涅槃，又每每在燃烬中再生。”[②]正是这种坚韧的永恒性和承袭古制的传统，造成了中国传统建筑新旧难分的情况。中国古塔在历史上兴废曲折，存毁反复，有天灾更有人祸。例如北魏太平真君七年（446）太武帝拓跋焘下令毁佛，声势迅猛，“土木宫塔，声教所及，莫不毕毁矣”。[③]北周武帝宇文邕灭佛、在位5年的唐武宗“会昌灭佛”，均使大量佛教文物毁于一旦。1949年后，古塔经历过大落大起的变化，在土地改革中被视作封建象征而惨遭扫荡，在“大跃进”中被当作大炼钢铁取材来源，在“文化大革命”中被当作“扫四旧”对象，迭受冲击毁损。改革开放以后，出于落实宗教政策以及发展旅游景点等原因，各地掀起维修古塔、复原旧塔、兴建新塔的热潮，固然使一些长期得不到维护的古塔得到重修加固，但也出现未能很好坚持“修旧如旧”原则而使文物面目全非的情况。由此带来本图谱对入谱之塔把关之难，不少“古塔”因其身份之不古而取消了入谱资格。《甘肃古塔研究》是根据第三次全国文物普查成果所撰的塔书，书首“甘肃古塔概论”称，“据不完全统计，甘肃现存不可移动文物中，古塔共有350多处（包括甘南藏族自治州的佛塔及塔址），现存单体古塔约900多座（包括被视为石刻的龛塔、被视为僧人墓或道士墓的墓塔）”。[④]据此，则甘肃现存古塔数目近千，其实并没有那么多。这一统计数“包括甘南藏族自治州的佛塔及塔址”，不仅塔址是没有实体的，更有甚者，该书附录“甘南藏族自治州藏传佛教寺院与古塔”共收入80个寺院条目，按说相应有数以百计古塔。书中说明，“甘南藏族自治州长期以来是藏传佛教传播发展的重点区域。从唐代吐蕃势力进入以来，藏传佛教在此经久不衰。……在历史上，甘南藏区先后共有藏传佛教寺院197座”，“这些寺院都建有佛塔或高僧灵骨塔。但是，大多数寺院及其古塔在1958年反封建斗争和‘文化大革命’时期损毁严重或拆除，1979年仅有52座寺院保留宗教活动并保存下部分古塔。1979—1982年，随着民族宗教政策恢复，……截至2009年底，全州共有藏传佛教寺院121座（包括12座苯教寺院）”，“大部分寺院恢复重建了白色喇嘛塔。现择主要寺院80处附录于兹，以供参考”。[⑤]对此部分寺院逐个查阅内容之后，探明了所载的寺塔均系在1958、1966年毁损之后恢复重建的，尽管比原塔光鲜高大，但已称不上古塔；也探明了将一州之寺塔尽列为附录的原因。最终收入图谱的甘肃古塔条目为125条，与甘肃文物局所列数目相差悬殊。除了不收入塔址、重建之塔，还有一个原因，就是将敦煌石窟壁画塔只按各朝代而不是按单体列条目。此案例也可说明现存古塔数目之难以说清。

本图谱共收入四千多条塔目，在迄今为止的出版物中，当为收集中国古塔数量最多的纪录。二十多年前，上海中华古塔研究会组织数十位古塔爱好者花几年时间辑成《中国古塔鉴赏》一书[⑥]，从3400多条古塔条目中，精选1100余条，附彩色、黑白图照500多帧。本图谱所列条目已远远超过《中国古塔鉴赏》所辑条目，却很难具体说辑入了多少座古塔，因为一个条目不一定只述及一座塔，有的是双塔，有的是塔林或塔群（塔林和塔群没有根本区别，一般按文物部门定名而称）。塔林是寺院历代僧墓塔聚集之处，历史悠久的寺院，塔林所含的塔数目很大，但因时代久远或天灾人祸，变化也很大。现存全国最大的塔林是河南登封少林寺塔林，存有历代少林寺僧塔228座。河北邢台申家村塔林，分为南北两处，分别是天宁寺与开元寺从唐到明清各代僧人墓塔塔林，原来共有墓塔千余座，20世纪50年代塔林面积约2.6万多平方米，尚存墓塔一百二十多座，至1976年存下78座，当年尽毁。近年将原址上的元代石塔构件复建7座石塔，建成塔林公园。本图谱收入135个塔林（塔群）条目，每个塔林（塔群）的单体塔，从三五座至一二百座，新旧相杂，具体很难计清。综上所述，只能概而言之说图谱收进单体塔共约五千座。

三

此次绘制图谱，对各地现存古塔接近普查式检索。

① ［宋］方信孺：《南海百咏·净慧寺千佛塔》《番塔》。

② 路易吉·戈佐拉：《凤凰之家——中国建筑文化的城市与住宅》，中国建筑工业出版社2003年版。

③ 《魏书·释老志》。

④ 甘肃省文物局编：《甘肃古塔研究》，科学出版社2014年版，第3、236页。

⑤ 甘肃省文物局编：《甘肃古塔研究》，科学出版社2014年版，第3、236页。

⑥ 顾延培、吴熙棠主编：《中国古塔鉴赏》，复旦大学出版社1995年版。

尽管所收集的塔的种类复杂，基本数据还是以遗存于地面的不可移动文物为主，有一定的可比性，从图谱中可以挖掘出一些在过去古塔研究中鲜为人注意的新信息，特别是对研究者素来较少涉足的地方，发掘和展现出更多古塔情况。例如，《中国古塔》收入二百多座古塔，其中只介绍一座塔的省（市、区）有天津、黑龙江、湖南、广西，未涉及的有吉林、贵州、海南及香港、澳门、台湾等地区。[①]《中国古塔精萃》收入四百多座古塔，仍缺天津、黑龙江、吉林、贵州、海南、新疆，以及港澳台等地古塔。图谱收入古塔条目遍及全国各省区，贵州就收入了56个条目。过去鲜为人注意到台湾省的惜字塔（敬字亭、圣迹亭），现收入了30个条目。[②]古建筑专著，对湖南古塔向来介绍较少，给人的印象是湖南已建及现存的古塔数量不多。《湖南传统建筑》一书只介绍了17座古塔。[③]《中国古塔精萃》只介绍两座湖南古塔，《中国古塔》只介绍1座。本图谱收入湖南古塔条目则有220个。

由于收集了数以千计的古塔资料且体现分布地域的全面性，得以从新的视野去观察和研究古塔的相关问题，这是本图谱除了可作为古塔文化爱好者欣赏之外，更为重要的价值。

关于佛教西来最早传播的渠道，有北方的陆路与南方的海路两种说法，建塔史可作为传教轨迹的一种实证。对南北朝时期建立的佛塔，过去的研究者及著述多述及西北的石窟及地处中原的北魏洛阳永宁寺木塔，少有提及南方，更不及岭南。从史志文献上看，晋代在岭南就已建有佛塔。南北朝时期，在岭南已建成连州慧光寺塔、广州宝庄严寺塔。广东省文物局编的《广东文化遗产·塔幢卷》记述："据《连州志》记载，慧光塔始建于南北朝泰始四年（468），现存建筑为宋代重建。"[④]慧光塔是岭南境内最早有确切建塔年份的古塔，泰始为南朝宋明帝年号，建塔时间比洛阳永宁寺塔要早48年。广州宝庄严寺在南朝宋时已建有塔，梁武帝时为供奉佛舍利易建了一座木塔。洛阳永宁寺塔因火灾只存在了18年，宝庄严寺木塔在气候潮湿、地下水位高、风狂雨暴的南方屹立了400多年，终于折寿于火灾。初唐四杰王勃，亲睹此塔雄姿，撰下洋洋洒洒三千多字的中国历史上最长的塔铭，因此让后人知道了这是一座四角六层楼阁式大木塔，有壁画彩绘。塔铭对此塔高度没有具体记述，只是以"仙楹架雨，若披云翳之宫；彩槛临风，似翔扶摇之路"的形象的文学语言，让人感受其高。现存六榕寺塔为北宋元祐元年（1086）重建，至绍圣四年（1097）落成，从木塔改为八角七层楼阁式砖塔，高60米，屹立至今，已逾千年。原有木塔之地基，做成九井井桩，有效地防止地下水对塔基的影响，相当于现代的梅花井桩技术。这一地基，在承受木塔近半个世纪之后，又承载砖塔重压近千年。这一事实既显示当年建塔技术的创造性，也在一定程度上还原了在这一地基上原建木塔之巨。宝庄严寺塔构建之妙，反映了在岭南适应地方特性的高层建筑已发展到相当高的水平。

古塔在发展过程中，立足于中国历史文化和地方文化土壤，形制不断演化，呈现出有规律的阶段性变化，有时代共性，又有地方个性。南北朝时期，佛教西来融入中国，开启了百花争艳的佛塔之建，既有洛阳永宁寺塔高耸云天的威严，也有登封嵩岳寺塔丰满的曲线和密檐层叠的浪漫。梁思成的调查结论，从南北朝起至隋唐时期近五百年期间，是一个木塔和砖塔并存的时期，"除天宝间之净藏禅师塔外，唐代佛塔平面一律均为正方形。"[⑤]他所说的孤例，是嵩山会善寺的净藏塔。"这座单层的小小的八角形砖塔，可以被认为是后来八角塔的始祖。"[⑥]唐代古塔明朗简洁匀称，呈现出一种人间的理性之美。自五代之后，砖塔占绝大多数，木塔寥若晨星，佛塔在形式上和结构上都发生了巨大变化，八角形平面渐而变成标准形式。发生这一骤变"原因何在，中国的佛教史家和建筑史家还没有找着令人满意的解释"。[⑦]毫无疑问，对于高层建筑的塔来说，八角形结构远比四方形要稳固得多。"五代末北宋、南宋时期，则是砖塔的盛期，出现了一批高度在七、八十米以上的大塔，结构布置新意层出，造型优美，技术精湛，可以说是砖塔技术发展高峰"。[⑧]这一情况固然与宋代砖建技术的进步有很大关系，更与宋代艺术风格秀丽绚烂的文化特征有关。宋辽时期建的应县木塔，是木塔杰构之绝唱。异族入主的元代，佛教中密宗占了主要地位，塔的建筑上，覆钵式塔成为主流，并行的还有亭阁式塔以及多种形式混合的多宝塔。带有神秘感的覆钵式白塔，渲染着一种庄重凝结的氛围，一直延续到明清。清室重视藏传佛教的政策，是覆钵式塔继续沿用的社会背景。从明代起，由于风水塔、文风塔的流行，有明显中国传统风格的楼阁式塔，成为各地建塔形制的主流。借力于"高筑墙"国策的影响，砖筑技术继续发展，建成一批结构技术高、体量特大的砖塔，集中于万历年间。入清以后，塔的建筑已走下坡路，无论形体还是质量上，都逐步逊色而衰微，上层供奉的宝塔大多雕阑玉砌却了无生气。由于中国古代的建

① 罗哲文:《中国古塔》，外文出版社1994年版。

② 张驭寰、罗哲文:《中国古塔精萃》，科学出版社1988年版。

③ 湖南省文物事业管理局、湖南大学建筑系、湖南大学岳麓书院文化研究所合编，杨慎初主编:《湖南传统建筑》，湖南教育出版社1993年版。

④ 广东省文物局编:《广东文化遗产·塔幢卷》，科学出版社2013年版。

⑤ 梁思成:《中国建筑史》，百花文艺出版社1988年版。

⑥ 梁思成:《中国的佛教建筑》，载《清华大学学报》1961年第八卷第二期。

⑦ 梁思成:《中国的佛教建筑》，载《清华大学学报》1961年第八卷第二期。

⑧ 中国科学院自然科学史研究所主编:《中国古代建筑技术史》第六章"砖结构建筑技术"，科学出版社1885年版。

筑技术是由工匠手口师承，某一时代的建筑风格具体到一地就可能带有滞后性。河南境内现存的39座北宋时期砖石塔中，平面八角形者仅9座，平面六角形者多达20座，平面方形者10座。“平面六角形和平面方形的塔远远超过平面八角形的塔。究其原因，可能系袭古手法所致。”①本图谱对各座古塔形制均作记述，对研究中国古塔建筑技术发展轨迹及在各地演化情况，提供了参考价值。

高层建筑的古塔，其内部结构是决定其稳固度与寿命极为重要的因素，是古塔建筑技术中一个聚焦点。图谱所收集的古塔数据，有助于分析古塔结构演变。中国古塔在发展中形成多种内部结构，有空筒式、壁内折上式、壁边折上式、穿壁式与穿心绕平座式、错角式、回廊式、穿心式与实心、扶壁攀登式、螺旋式、混合式等10种结构②。这么多结构中，最为复杂和稳固的是穿壁绕平座式。登此类塔者，须从塔壁夹层中登梯至上一层塔心室，然后走出平座绕塔半周再进入塔心室，重新由塔壁夹层继续登塔，如此反复至顶层。此种结构的塔不多，历史上只出现于宋代、明代，且分布不广，不为古塔研究者所重视，在诸多中国古塔专著中，对此类塔的情况讲不清。张驭寰在《中国塔》中仅举江西九江能仁塔为典型代表之一例。所著《传世浮屠——中国古塔集萃（卷三）》中说，能仁寺大胜塔“采用穿壁式结构。这是南方宋塔的孤例，这种登塔的方法是宋代的一种创造”。③《中国古代建筑技术史》第六章“砖结构建筑技术”分述古塔内部结构中的穿壁式即穿壁绕平座式。文称：“这种塔例也很多，已知的只有江西九江能仁寺塔和广州六榕寺塔两例。”④既然说已知的只有两例，“塔例也很多”或为“塔例也不多”之笔误。张驭寰、罗哲文在《中国古塔精萃·概说》中说：“‘穿壁式’结构，它在外壁上下斜穿。这个方法从宋代开始到明代实例很多。”⑤但书中对穿壁绕平座式塔列举的只有九江大胜寺塔、肇庆崇禧塔、衡水宝云寺塔三个实例。由此看来，穿壁绕平座式结构在古塔建筑中被提到的数量很少，颇有点神秘色彩。因为这类塔结构稳固，相对其他结构的古塔留存更久远，从现存情况可以分析其分布及历史演变。本图谱收集了全国穿壁绕平座式楼阁式砖塔共19例，仅分布于三省：广东13例（分布在珠江流域的广州河源、惠州、东莞、韶关、肇庆、中山等市），江西5例（4例在赣州，1例在九江），河北1例（在衡水）。建塔时代只在宋及明代。江西4例均建于北宋。广东13例中，2例建于北宋，1例建于南宋初，10例建于明代。稽其年号，北宋时期最早是建于大中祥符二年（1009）的广东韶关三影塔，最迟是建于大观四年（1110）的江西宝福院塔，南宋仅一例，为建于绍兴二年（1132）的广东河源龟峰塔。在两宋前后一百二十余年。明代建这类塔，集中在万历至天启年间，最早在万历十年（1582），此后大部分在万历年间，最迟在天启七年（1627），历55年。北方仅河北衡水宝云塔一例，其二至四层为穿壁绕平座式，第五层以上为空筒式，是不完全的穿壁绕平座式结构。其始建年代，或说建于隋朝，或说建于唐朝，莫衷一是。“据碑记材料，宝云寺塔为隋大业二年（606）建筑，到明代又大修，现在的实物仍不失为宋代风格。”“据实地考察来分析，自第二层以上为重新建立的。……这是宋代建塔的一种方式。”⑥此塔可定为宋代所建。综上所述，此类结构塔分布于广东、江西、河北三省，以广东为多，分布在7市，赣南2市，河北仅衡水一例。建塔时间，在广东是宋代、明代，在江西是北宋，河北一例为宋代。各省之后不再出现此类结构的塔。与广东毗邻的广西、福建，江西省内其他地方，均未发现此类塔。此类结构的古塔为何只出现在这一时期，分布地点如此集中，河北一例又因何而来，这一现象就值得研究。

古塔的形制特色，呈现出地区性文化差异。例如，四川的多层高塔特别多。图谱收集的四川古塔，有11层塔3座、13层塔25座、14层塔3座。达州真佛山双塔，竟分别为18层和20层。广东汕头的潮阳灵光寺舌镜塔，是唐高僧大颠墓塔，为无刹钟式石塔，此塔式与敦煌石窟中唐代壁画中的窣屠婆塔、现存山西五台山佛光寺唐代志远和尚墓塔相比，可窥其具唐塔遗风，问题是何以传入广东只有一例。而在福建现存僧塔中，此塔式自唐至清末民初不断延承。对此现象的研究，或有助于梳理佛教在东南沿海传播轨迹。从某种特殊塔类的分布，可借以分析所在地区的文化特色。云南西双版纳傣族自治州及楚雄彝族自治州村落中普遍建有井塔，反映了少数民族对水井特别爱护及其对佛虔诚纯洁的崇敬。惜字塔在许多省不同程度地存在，于四川、湖南、台湾等省最为集中，重庆、江西渐次，是一种文化风俗景观。湖南各地建惜字塔特别多，现尚存不少。一方面用以镇邪恶、把风水；一方面用以焚烧废旧字纸，珍惜文字，标榜尊儒重教；还有讲究文明卫生，美化环境的意义。惜字炉塔石上缀有文字对联、人物雕刻，起着潜移默化的教化作用。桂阳县自清代中期以来，全县每个村落水口通道上，几乎都建有惜字塔。据不完全统计，至民国末年，全县惜字塔有500余座。因生产建设和道路建设拆除部分，今存仍不下200座。从惜字塔的建塔时间及分布上作宏观研究，有助于分析儒家文化的流播轨迹。

以上例子，说明图谱对古塔文化、历史文化、地域文化研究可以发挥其应有的作用。祈望善用本书的研究者从中有所得益。

---

① 杨焕成:《河南古建筑地方特征举例（上）——兼谈关注地方手法建筑研究》，载《古建园林技术》2005年第2期。

② 张驭寰:《中国塔》，山西人民出版社2000年版。

③ 张驭寰:《传世浮屠——中国古塔集萃（卷三）》，天津大学出版社2010年版。

④ 中国科学院自然科学史研究所主编:《中国古代建筑技术史》，科学出版社1990年版。

⑤ 张驭寰、罗哲文:《中国古塔精萃·概说》，科学出版社1988年版。

⑥ 张驭寰、罗哲文:《中国古塔精萃》，科学出版社1988年版。

目录

Contents

1 — 北京市

◎ 门头沟区

◎ 石景山区

◎ 房山区

59 — 河北省

石家庄市

张家口市

承德市

唐山市

秦皇岛市

廊坊市

保定市

沧州市

衡水市

邢台市

邯郸市

103 — 山西省

太原市

大同市

泉州市

莆田市

宜昌市

黄石市

十堰市

613 — 湖南省

长沙市

衡阳市

东莞市

中山市

潮州市

揭阳市

云浮市

711 — 广西壮族自治区

763 — 四川省

成都市

安康市

商洛市

959 — 甘肃省

中国古塔全谱

北京市

图谱

东城区

▶ 故宫金发塔

现藏北京市东城区全国重点文物保护单位故宫博物院珍宝馆内。清乾隆四十二年（1777）制作。乾隆皇帝下旨制作，专用以存放生母崇庆皇太后掉落头发，故名金发塔。覆钵式金塔。高14.7米，总重量107.5公斤。

◀ 故宫珐琅珠宝塔

现藏故宫博物院慈宁花园宝相楼内。清乾隆四十七年（1782）制作。铜胎镀金珐琅彩覆钵楼阁混合式塔，高2.31米。

▶ 故宫珐瑯大佛塔

现藏故宫博物慈宁花园宝相楼内。清乾隆四十七年（1782）制作。铜胎镀金珐琅彩覆钵式塔，正面佛龛内供奉玉佛一尊。塔高2.31米。

▶ 雍和宫法轮殿顶塔

北京市东城区全国重点文物保护单位雍和宫法轮殿顶建有五座天窗式暗阁，各座暗阁上建一镏金铜质喇嘛塔，构成一座殿顶的金刚宝座塔。清乾隆九年（1744）建。

西城区

▶ 妙应寺白塔

在北京市西城区阜成门内大街妙应寺，又称白塔，全国重点文物保护单位。始建于辽代，元至元八年（1271）尼泊尔工匠阿尼哥设计并主持修建今塔时，在原塔内发现舍利子20多粒、香泥小塔2千余尊。覆钵式砖石塔，高50.9米，华盖直径9.9米。刹顶为高近5米、重达4吨铜质小塔。1979年维修时发现小塔内瘗藏清乾隆帝手书经书等文物。

◀ 永安寺白塔

在北京市西城区全国重点文物保护单位北团城琼华岛之颠。清顺治八年（1651）建。康熙十八年（1679）、雍正九年（1731）两度因地震塌毁重建。覆钵式砖石塔。高35.9米。塔前高台有一圆顶方檐琉璃小殿，称善因殿。

▶ 恬淡守一真人罗公塔

在北京市西城区西便门外白云观东院。观内原有21座道士塔，现仅存此座。八角单层三檐亭阁式砖石塔，清雍正三年（1725）建。通高约10米。塔身正面上方镶“敕封”塔铭，下刻“恬淡守一真人罗公之塔”。

▲ 妙相亭塔

在北京市西城区北海公园万佛楼西侧妙相亭内。全国重点文物保护单位。塔、亭建于清乾隆三十五年（1770）。十六面八角单层重檐亭阁式砖石塔，塔刹是覆钵式小塔。通高6.88米。塔身各面线雕罗汉像及乾隆御题《十六应真像赞》。罗汉像原为五代后蜀名僧贯休绘，藏杭州孤山圣因寺。乾隆南巡见画，据梵经改正所题罗汉名，并题赞文，诏令在北京建塔及护塔妙相亭。临摹罗汉像石刻镶于塔身。

▲ 护国寺东西舍利塔

在北京市西城区护国寺。护国寺创建于元代。双塔分峙于寺内垂花门北东西喇嘛塔。元延祐二年（1315）建。覆钵式砖石塔。西塔高约4米。上部十三天施“舍利塔”石额。东塔下部已残，高3.6米。1932年发现塔内藏有无数小塔，居多高5厘米、径4厘米，深褐色土杂石灰，中藏一条桑皮纸书藏经。

▲ 万松老人塔

在北京市西城区西四砖塔胡同。为元宰相耶律楚材之师曹洞宗大师万松老人灵塔。全国重点文物保护单位。元初建七层密檐式无顶砖塔。清乾隆十八年（1753）敕令加砌为八角九层密檐式砖塔。1927年重修，叶恭绰题门额。1986年维修发现塔中包含元塔。高15.9米。

◀ 天宁寺塔

在北京市西城区广安门外天宁寺。全国重点文物保护单位。始建于隋代，重建于辽重熙年间。八角十三层密檐式砖砌琉璃瓦塔。首层塔身东西南北面雕拱券式假门，门上方刻华严三圣佛像，门旁各立金刚力士像；其余各面雕直棂假窗，上方雕刻文殊、普贤等十二尊圆觉菩萨像，两边各立泥塑菩萨像。高57.8米，是北京地区现存最高、建筑年代最早的古塔。梁思成盛赞此塔建筑结构富有音乐韵律。

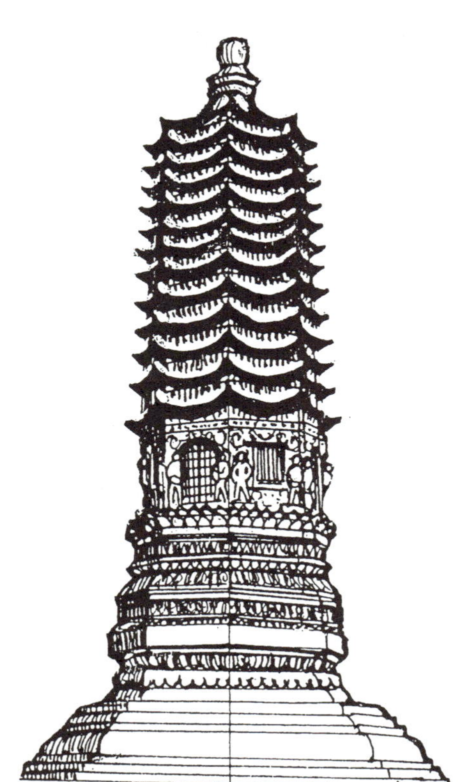

▶ 法源寺景泰蓝三塔

在北京市西城区宣武门外教子胡同法源寺大殿。清乾隆五十四年（1789）造景泰蓝塔。分别为六角十一檐密檐式、覆钵与四角七檐密檐式结合、覆钵式，高约3米。佛龛佛像已佚。

◀ 渗金多宝佛铜塔

原在长椿街长椿寺，现藏北京市西城区西三环北路苏州街长寿寺（北京艺术博物馆）。明万历二十年（1592）铸铜塔供奉多宝佛。八角十三檐密檐式铜塔，汉白玉双层须弥座。高约5米。全塔共铸佛像、金刚力士及飞天等像440尊。

海淀区

▼ 真觉寺金刚宝座塔

在北京市海淀区五塔寺路西直门外全国重点文物保护单位真觉寺（又称五塔寺，现北京石刻博物馆）。明永乐年间为安置西域梵僧室利沙进贡的金身五佛像敕建，至成化九年（1473）始成。里砖表石砌筑金刚宝座塔。塔基宝座五层檐，南北长18.6米，东西宽15.73米，高7.7米。座上有一上圆下方的中式琉璃罩亭及五座密檐式石塔。中塔十三层，高8米，刻有一双佛足迹。四角小塔皆十一层，高7米。全塔雕刻佛像五百尊。

◀ 周云端大和尚灵塔

在北京市海淀区大觉寺南1.5公里处。明弘治三年（1490）建。大慈仁寺开山住持兼大觉寺开山住持、僧录司左善世周云端灵塔。八角七层密檐式砖塔。高约15米。

▲ 迦陵性音和尚塔

在北京市海淀区旸台山麓大觉寺。住持迦陵禅师墓塔。清乾隆十二年（1747）建。覆钵式砖石塔，高约十余米。

◀ 永安万寿塔

在北京市海淀区八里庄慈寿寺内，又称慈寿寺塔、八里庄塔，俗称玲珑塔。全国重点文物保护单位。明万历四年（1576）慈圣皇后敕建。八角十三层密檐式砖塔。高56.5米。塔基八角三层须弥座，塔身遍布精美雕刻。拱眼壁上开佛龛，共供奉312尊佛像。

▶ 白塔庵塔

在北京市海淀区西三环中路中国画研究院内。年代无考。覆钵式塔，塔身砖砌，石制十三天。高25米。

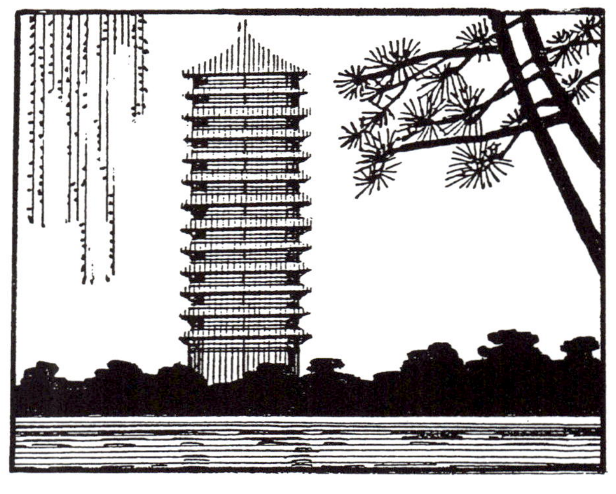

▲ 燕园博雅塔

在北京市海淀区北京大学校园未名湖畔。1924年仿通州燃灯塔外貌建水塔。八角十三层密檐式钢筋混凝土塔，高37米。

◀ 瑞云庵金刚石塔

在北京市海淀区车耳营村明照洞瑞云庵（初建时称妙觉禅院）。兀立于倾斜二十五度15米高的金刚石上。明正统二年（1437）建，塔下埋妙觉禅院开山住持尹奉尸骨。嘉靖三十五年（1556）重修。1924年拆毁复建。1989年重修。六角七层密檐式石塔，高2.5米。

▲ 颐和园石幢双塔

在颐和园万寿山后山下。八角七层幢式、密檐与楼阁式结合石塔两座，高约10米。

► 颐和园多宝琉璃塔

北京市海淀区全国重点文物保护单位颐和园万寿山后山。清乾隆年间建。八角三层楼阁式琉璃塔。顶层三檐。高16米。白石塔座，铜镀金塔刹。

▼ 颐和园须弥灵境四塔门

在颐和园万寿山须弥灵境。清乾隆二十三年（1758）建。在须弥灵境主殿香岩宗乘之阁的东南、西南、东北、西北方分别建有白、黑、绿、红四种颜色佛塔，分别代表佛教密宗“五智”中的“大圆镜智”“平等性智”“成所作智”“妙观察智”，与香岩宗乘之阁代表的“法界体性智”组成“五智”。四塔分别俗称天洁塔、吉祥塔、地灵塔、皆莲塔，各建于下开有拱券式门洞的四方台上。塔身是相叠的两层塔肚，形状分别为仰钵式、覆钵式、折角式、圆鼓式，装饰各异。

▼ 辛亥滦州革命先烈纪念塔

在北京市海淀区温泉风景区。1912年驻河北滦州新军响应武昌起义，成立北方革命军政府，被清兵镇压。1937年为纪念殉难烈士建塔。八角七层密檐式白石塔，高12米。塔下石台有冯玉祥手书“精神不死，浩气长存”。

▲ 玉泉山玉峰塔

在北京市海淀区玉泉山全国重点文物保护单位静明园南山区，又名定光塔、玉泉山塔。清乾隆十八年（1753）建成。八角七层楼阁式砖石塔，高33米。乾隆时摹仿江南塔式建三塔，玉泉山塔仿镇江慈寿塔而建，为三塔仅存者。

► 玉泉山华藏海塔

在北京市海淀区玉泉山静明园华藏海禅寺遗址。清乾隆年间建，八角七层密檐式汉白玉石塔，高12米。基座及塔身雕刻精美，塔刹为一小覆钵式塔。

◄ 玉泉山妙高塔

在北京市海淀区玉泉山静明园妙高寺遗址。清乾隆三十六年（1771）建。金刚宝座砖石塔，主塔塔身宝瓶式，四角圆柱形亭阁式小塔。台座四面建屋宇式门楼。

▲ 玉泉山多宝琉璃塔

在北京市海淀区玉泉山静明园圣缘寺。清乾隆年间建。八角三层楼阁式琉璃塔，下两层重檐，顶层三檐。通高16米。塔身共镶648尊佛像。

▲ 香山昭庙琉璃塔

在北京市海淀区香山宗镜大召庙（亦称昭庙）最高处。清乾隆四十五年（1780）建。八角七层楼阁式琉璃塔，高40米。

▲ 碧云寺金刚宝座塔

在北京市海淀区香山全国重点文物保护单位碧云寺内。清乾隆十三年（1748）建。汉白玉砌筑金刚宝座塔。通高34.7米。座上分立五塔，正中一小座上分立五塔为又一金刚宝座塔。孙中山灵柩曾停放碧云寺，基座券洞内封存原为孙中山所制楠木棺木及孙中山停灵时穿戴衣帽。券墙匾额“中山先生衣冠冢”。

▼ 碧云寺罗汉堂殿顶五塔

在北京市海淀区香山碧云寺罗汉堂屋顶。立有五座覆钵式琉璃塔，中塔较大，四角为小塔，构成金刚宝座式。

▲ 搁衣庵摩崖石塔

在北京市海淀区聂各庄乡凤凰岭虎儿坨山麓。辽代雕造。覆钵式摩崖石塔。高4.9米。

▲ 四门石塔

在北京市海淀区苏家坨镇车耳营村西头。北魏太和十三年（489）为保藏北魏孝文帝石雕佛像而建造。四角单层亭阁式石室塔。高约10米。佛像连座高2.2米。

► 继升和尚塔

在北京市海淀区苏家坨镇凤凰岭龙泉寺。清代建。覆钵式石塔。高7.8米。

◄ 魏老爷灵塔

在北京市海淀区苏家坨镇凤凰岭龙泉寺。清代建。覆钵式石塔。高6米。

► 上方寺石塔

在北京市海淀区凤凰岭上方寺遗址北山坡。明代建。覆钵式石塔。残高米余。

▲ 上方寺密宗石塔

在北京市海淀区凤凰岭上方寺遗址东北。年代不详。覆钵式石塔。高6.7米。

▲ 上方寺石塔

在北京市海淀区凤凰岭上方寺遗址东山头。清代建。覆钵式石塔。残高4.5米。

▼ 飞来石塔

在北京市海淀区苏家坨镇凤凰岭巨石上。清光绪二年（1876）建。六角七檐密檐式石塔。高2.95米。

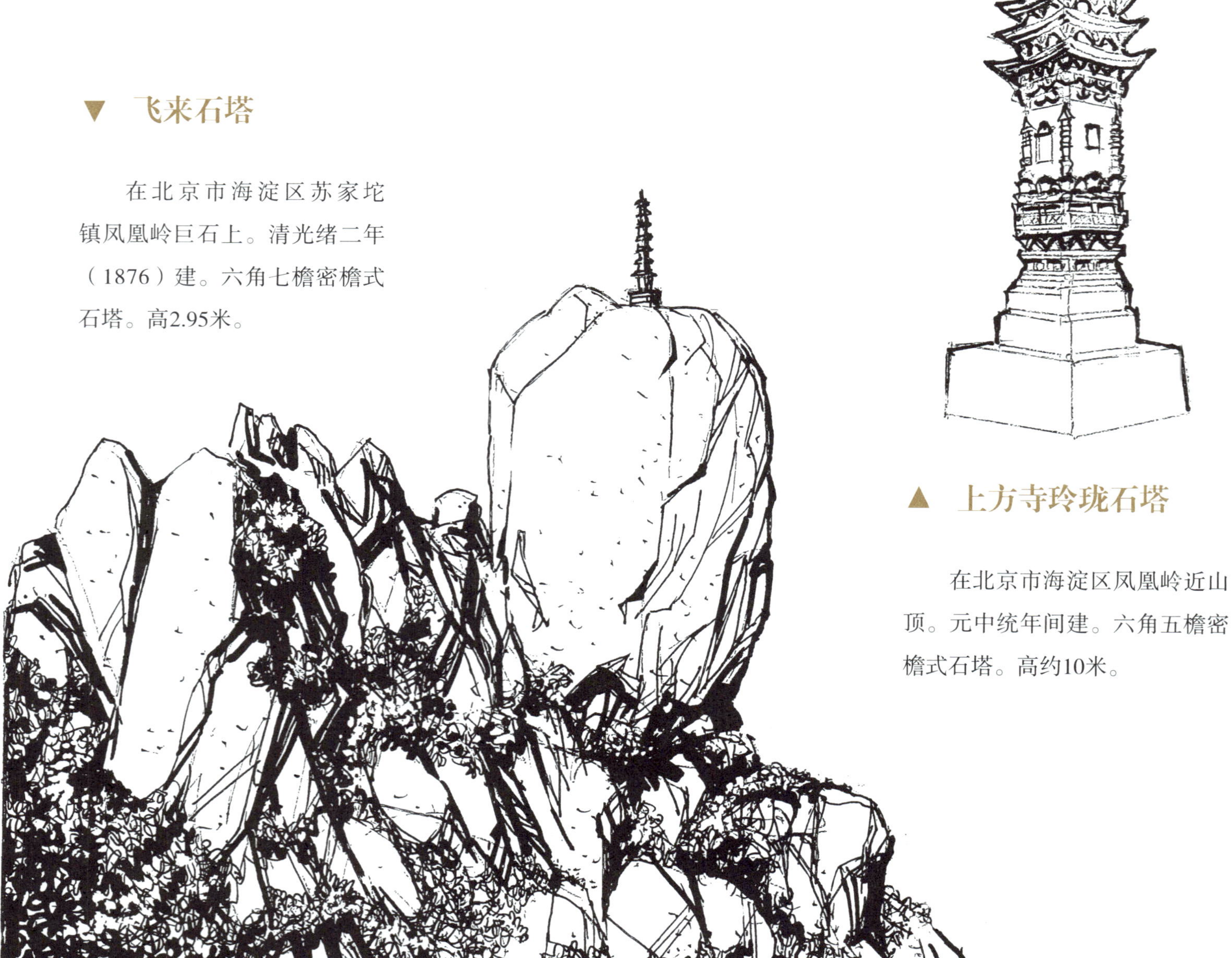

▲ 上方寺玲珑石塔

在北京市海淀区凤凰岭近山顶。元中统年间建。六角五檐密檐式石塔。高约10米。

朝阳区

▲ 清静化城塔

在北京市朝阳区安定门外黄寺路西黄寺。全国重点文物保护单位。清乾隆四十五年（1780）六世班禅额尔德尼到京为皇帝祝寿，同年病逝于西黄寺。四十七年（1782），乾隆皇帝敕令立其衣冠冢石塔于此寺并写题记。金刚宝座式覆钵塔，汉白玉基座高3米，主塔为金顶玉身覆钵式塔，高15米；四角幢式石塔幢，高约8米。

▲ 王四营乡十方诸佛宝塔

在北京市朝阳区王四营乡，原称延寿寺塔。明嘉靖十七年（1538）建，二十四年（1545）重修。八角九层密檐式砖塔。塔门上有“十方诸佛宝塔”石匾。通高约30米。

丰台区

◀ 镇岗塔

在北京市丰台区长辛店镇张家坟村。全国重点文物保护单位。始建金代，明嘉靖年间重修。八角七层砖砌花塔。高18米。塔基须弥座，重修非原状。下层塔身刻假门窗。上部环列最下圈为双层楼阁式塔，余为亭阁式塔佛龛。全塔104座佛龛。

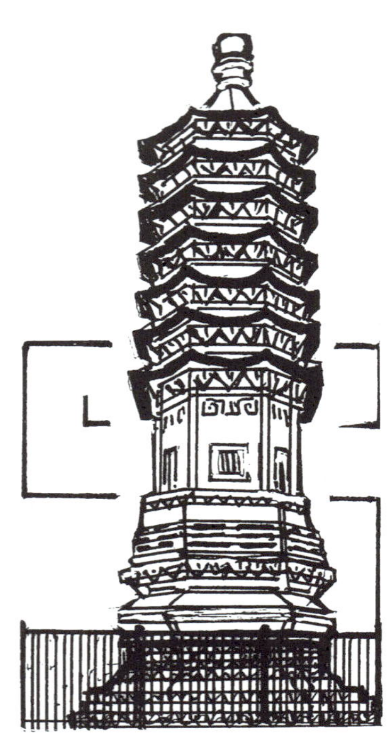

◀ 峰香公寿塔

在北京市丰台区王佐乡瓦窑村与栗园村之间。建于明代，是万寿寺住持寿塔。八角七层密檐式砖塔。高15米。

▶ 护国宝塔

在北京市丰台区千灵山公园北山顶。明嘉靖三十九年（1560）建。八角十一檐密檐式石塔，高约6米。全塔刻154尊佛像。

门头沟区

▲ 戒台寺塔林

在北京市门头沟区马鞍山东麓全国重点文物保护单位戒台寺。现存寺僧古墓塔32座。寺内为法均大师舍利塔和法均大师衣钵塔。寺南南塔院（现存上塔院主要部分）25座塔，覆钵式砖塔，明、清所建，损毁严重，2014年重修。

◀ 知幻和尚塔

在戒台寺南塔院。明景泰七年（1456）建。八角九层密檐式砖塔。高约24.8米。

▲ 法均大师灵塔、衣钵塔

在戒台寺戒台下并立。辽高僧法均大师墓塔及衣钵塔。灵塔为高坎上一老松横卧延伸所抱，俗称抱塔松塔。辽代建，明正统十三年（1448）、1981年重修。灵塔为八角七层密檐式砖塔。高约16.4米。衣钵塔为八角五层密檐式砖塔，高约14米。

▲ 戒坛殿顶金刚宝座塔

在戒台寺戒坛殿顶。辽咸雍五年（1069）建。1984年、2013年重修。金刚宝座式鎏金铜覆钵式金刚宝座塔。中塔高5米，四隅小塔各高1米。

► 月泉新公长老墓塔

在戒台寺明王殿门前。元至正二十八年（1368）建。八角幢式石塔。高约3米。幢盖为8幅伎乐图。

▲ 崇化寺过水塔

在北京市门头沟区龙泉镇城子村西九龙山。清代建覆钵式砖塔，残存过水塔台，高约2米。

◄ 椒园寺塔

在北京市门头沟区龙泉镇龙泉务村南椒园寺（又名蛟牙寺）遗址。明代建。覆钵式砖塔。残高米余。

▲ 狼窝沟塔

在北京市门头沟区斋堂镇西斋堂村西北狼窝沟。明天顺三年（1459）建。六角三檐密檐式砖塔，高约6米；六角单檐亭阁式砖塔，高约3米。

◀ 斋堂超金和尚灵塔

在北京市门头沟区斋堂镇东斋堂村北。俗称泥塔。清顺治年间建。黄土、石灰和砖混砌瓶式塔。高约2米。

▼ 十方普同塔

在潭柘寺下塔院。明万历四十二年（1614）建。覆钵式砖石塔。高约8米。

◀ 万佛堂开山寿塔

在北京市门头沟区永定镇万佛堂新村北山坡上。明正统元年（1436）建。六角五层密檐式砖塔。残存四层，高约10米。

► 桃花庵开山祖师塔

在北京市门头沟区永定镇黑港村桃花庵遗址。明代建。六角五檐密檐式砖塔。高约6米。

◀ 纪玄和尚塔

在北京市门头沟区永定镇石厂村北。明代建。覆钵式砖塔。高约6米。

东山村塔

在北京市门头沟区军庄镇东山村西北。清代建。覆钵式砖塔。残高约2米。

潭柘寺塔林

在北京市门头沟区全国重点文物保护单位潭柘寺山门外南山坡。现存砖石构僧墓塔75座。上塔院存28座，清代建覆钵式塔；下塔院存47座，主要为金、元、明代修建，有层数不等的密檐式塔及覆钵式塔。此外，寺内及周边有6座明至民国时期僧塔。

监如照公和尚灵塔

在潭柘寺上塔院。清代建，覆钵式砖塔，高4.5米。

兴宣祥和尚塔

在潭柘寺上塔院。清代建，覆钵式砖塔，高约9米。

珍琐公禅师灵塔

在潭柘寺上塔院。清代建，覆钵式砖塔，高4.5米。

▲ 海然月禅师塔

在潭柘寺上塔院。清代建，覆钵式砖塔，高约9米。

▲ 合春公禅师灵塔

在潭柘寺上塔院。清代建，覆钵式砖塔，高约8米。

▲ 彬公教师塔

在潭柘寺上塔院。清代建，覆钵式砖塔，高4.5米。

▲ 震寰律师灵塔

在潭柘寺上塔院。清康熙三十八年（1699）建，覆钵式砖石塔，高约11米。

▲ 济生公禅师灵塔

在潭柘寺上塔院。清代建。覆钵式砖塔，高4.5米。

▲ 如公律师灵塔

在潭柘寺上塔院。清代建，覆钵式砖塔，高4.5米。

◀ 黎连源律师灵塔

在潭柘寺上塔院。清代建，覆钵式砖塔，高4.5米。

▶ 律生埯月越公和尚灵塔

在潭柘寺上塔院。清代建，覆钵式砖塔，高4.5米。

◀ 佛日圆明海云禅师塔

在潭柘寺下塔院。金代建。六角七层密檐式砖塔。高约19米。

▶ 了公长老塔

在潭柘寺下塔院。也称祖了禅师塔。金泰和四年（1204）建。六角五檐幢式石塔。4.75米高。

▶ 广慧通理禅师塔

在潭柘寺下塔院。金大定十五年（1175）建。八角七檐密檐式砖塔。高22米。

◀ 政言公长老塔

在潭柘寺下塔院。金大定二十八年（1188）建。六角五檐幢式石塔。高4.75米。

▶ 奇公长老塔

又称了奇禅师塔。在潭柘寺下塔院。金大定十三年（1173）建。六角七檐幢式石塔。高4.8米。

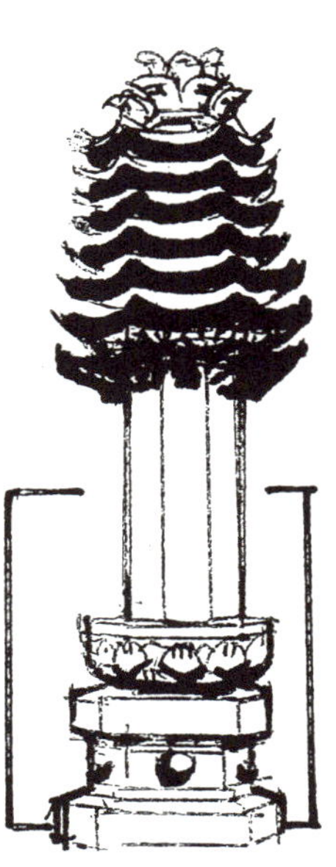

▲ 妙严大师塔

在潭柘寺下塔院。传为元世祖忽必烈之女比丘尼妙严大师墓塔。六角五层密檐式砖塔。高约17米。

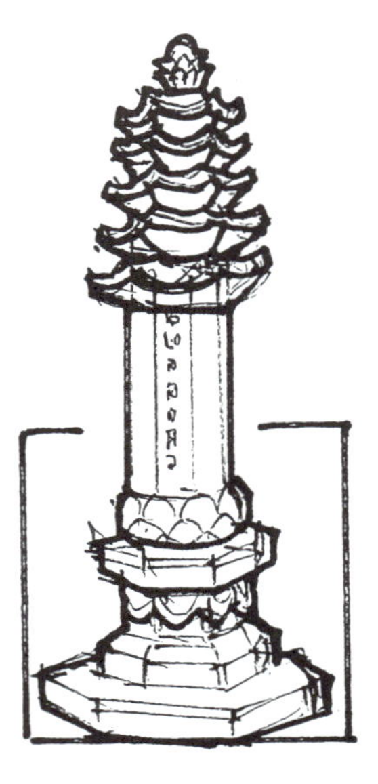

▲ 宋公长老塔

在潭柘寺下塔院。元至元九年（1272）建。八角五檐幢式石塔。高约4米。

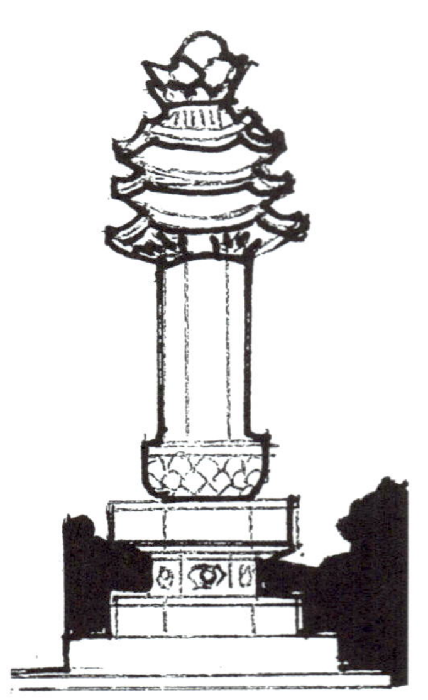

▲ 归云大师幢塔

在潭柘寺下塔院。蒙古定宗二年（1247）建。六角三檐幢式石塔。高3.3米。

▲ 底哇答思墓塔

在潭柘寺下塔院。印度僧底哇答思舍利灵塔，又称政禅师塔。明正统三年（1438）建。覆钵式石砌塔。高约7米。

► 金刚延寿塔

在潭柘寺毗卢阁东侧。明正统二年（1437）越靖王建。覆钵式砖石塔。高约17米。塔侧二松如凤凰展翅，景名“双凤舞塔”。

◄ 慧公禅师塔

在潭柘寺下塔院。元至元二十九年（1292）建。八角三檐幢式石塔。高约3.5米。

◀ 观公无相和尚塔

在潭柘寺下塔院。明宣德年间建。六角五层密檐式砖塔。高约13米。

▶ 终极无初禅师塔

在潭柘寺下塔院。日本禅宗初祖德始（字无初、号终极）奉敕为潭柘寺住持。明宣德四年（1429）圆寂。灵塔为六角五层密檐式砖塔，高约13米。

▲ 西竺源公和尚塔

在潭柘寺下塔院。俗称道源禅师塔。明代建。六角五层密檐式砖塔。高约15米。

▶ 虎塔

在潭柘寺下塔院。传说塔中埋葬的是因亮法师教化下改恶从善之虎。清宣统元年（1909）因亮法师圆寂后，此虎绝食殉主。据考塔建于清初。2010年重修。覆钵式砖塔。高约8米。

▶ 龙塔

在潭柘寺下塔院。与虎塔东西相立于山坡，形成塔林院“左青龙，右白虎”格局。覆钵式砖石塔。高约8.3米。

▼ 隐峰琮禅师灵塔

在潭柘寺下塔院。明永乐年间建。六角单檐亭阁式砖塔。高约7米。

▼ 古亭陆公塔

在潭柘寺下塔院。明永乐年间建。六角三檐密檐式砖塔。高约7米。

▼ 无名塔

在潭柘寺下塔院。明代建。残存圆形砖塔身，高1米余。

◀ 徐公原力塔

在潭柘寺下塔院。建于明万历四年（1576）。覆钵式砖石塔。高约9米。

▶ 无名塔

在潭柘寺下塔院西北角。明代建。六角单檐亭阁式砖塔。高约6米。

▲ 能公仁庵禅师灵塔、恒公灵塔、灵泉都寺林公觉灵塔

（上图自左至右）在潭柘寺下塔院。明代建。均为六角单檐亭阁式砖塔。高约7米。

▲ 柏公智公长老灵塔

在潭柘寺下塔院。元代建。六角五檐密檐式砖塔。高约10米。

▲ 瑞云霭公长老灵塔

在潭柘寺下塔院。元代建。六角五檐密檐式砖塔。高约10米。

▲ 西堂万泉文公大禅师塔

在潭柘寺下塔院。元至元十四年（1277）建。六角五檐密檐式砖塔。高约10米。

▲ 海真和尚塔

在潭柘寺下塔院。明代建。六角单檐亭阁式砖塔。高约7米。

◀ 竹泉寿公之塔

在潭柘寺下塔院。明代建。六角七檐密檐式砖塔。高约13米。

▲ 无名塔

（自左至右）在潭柘寺下塔院主塔西北侧、西南侧、两塔南侧，共3座。明代建。覆钵式砖塔。高约6米。

◀ 庵注本然正公塔

在潭柘寺下塔院。明代建。六角单檐亭阁式砖塔。高约2.6米。

▶ 禾开首座无尽用公觉灵塔

在潭柘寺下塔院。明代建。六角单檐亭阁式砖塔。高约2.6米。

◀ 如公尼庵之灵塔

在潭柘寺下塔院。明代建。六角单檐亭阁式砖塔。高约7米。

▶ 纯悦方丈墓塔

在潭柘寺下塔院外。清代建。覆钵式砖塔，高4.5米。

◀ 元信公中浮大和尚塔

在潭柘寺下塔院。明代建。六角单檐亭阁式砖塔。高约7米。覆钵式塔刹。

▶ 前佛甘泉古碉泉禅师灵塔

在潭柘寺下塔院。明代建。六角三层密檐式砖塔。高约8米。

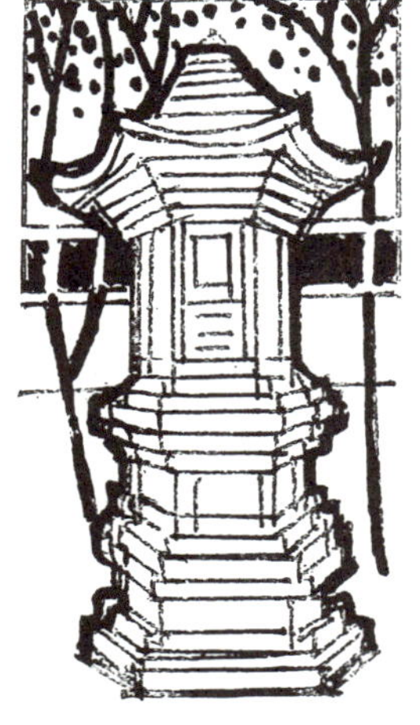

◀ 观音庵元无竭智公灵塔

在潭柘寺下塔院。明代建。六角单檐亭阁式砖塔。高约2.6米。

▶ 无名双塔

在潭柘寺下塔院外东北，一高一低两座相邻覆钵式砖塔。分别高约6米、4米。

◄ 无名塔

在潭柘寺下塔院外西北，覆钵式砖塔，塔刹已毁。残高约2米。

► 廉南湖岫云居士墓塔

在潭柘寺下塔院外东侧，俗称锥体塔。1932年建。圆形亭阁式砖塔。

◄ 妙峰山白塔

在北京市门头沟区妙峰山顶碧霞元君庙前。1934年建造。覆钵式石塔，高约6米。塔身各面为观音坐莲花宝座高浮雕。

► 圆正法师塔

在北京市门头沟区雁翅镇淤白村金城山下白瀑寺。圆正法师于辽乾统初创寺。塔建于金皇统六年（1146）。六角三檐亭阁式砖塔，覆钵式塔顶，通高10米余。塔刹为一镂空铁球，穿出高2米余铁杆。

▼ 仰山栖隐寺塔

在北京市门头沟区妙峰山乡南樱桃沟村仰山栖隐寺西侧。原有七八十座金元墓塔，因“学大寨”造梯田大部分拆毁，现散落三座残存原有墓塔。最上一层东侧六角单层亭阁式砖塔（左图），高约4米。第二层中间六角三层密檐式砖塔（中图），高约4米。最下层西侧为金代妙行大师墓塔（右图）。金大定二十一年（1181）建。六角覆钵密檐混合式砖塔。高约5米。

石景山区

► 量周和尚塔

在北京市石景山区西山长安寺。清乾隆四十一年（1776）建。四角亭阁式石塔，高约8米。

◄ 惠月和尚塔

在长安寺。清嘉庆十二年（1807）建。四角亭阁式石塔，高约8米。

▶ 灵光寺佛牙舍利塔

在北京市石景山区西山灵光寺。辽咸雍七年（1071）建密檐式招仙塔，毁于八国联军炮火。清理塔基得藏于石函内木匣中释迦佛灵牙舍利，据载为释迦牟尼火化留下4颗牙齿之一，南齐法显西游带回中国。1959年在原址建塔供奉。八角十三层密檐砖石塔。高51米。

◀ 海圆和尚塔

在灵光寺祖师塔院上层北侧。四角亭阁式石塔。高约6米。

▶ 月潭涧公塔

在灵光寺祖师塔院。覆钵式石塔。高约8米。

▶ 海山塔

在灵光寺圣安和尚塔院（图左）。1930年建。覆钵式石塔。高约8米。

◀ 圣安塔

在灵光寺圣安和尚塔院（图右）。1930年建。覆钵式石塔。高约7米。

▶ 慧安成公塔

在灵光寺祖师塔院。四角亭阁式石塔。高约8米。

◀ 崇公和尚塔

在灵光寺祖师塔院。四角亭阁式石塔。高约8米。

▲ 无名和尚塔

在灵光寺祖师塔院上层南侧。四角亭阁式石塔。高约6米。

▲ 海山灵塔

在灵光寺祖师塔院院门。覆钵式石塔。高约4米。

▶ 贤良寺双塔

在北京市石景山区西山贤良寺，法安和尚二塔。覆钵式石塔。分别高约8米、7米。

◀ 汉萍禅师塔

在北京市石景山区西山证果寺东姚家寺（又称圣水寺）遗址。清顺治十八年（1661）建，2013年重修。八角七层密檐式砖塔，高约10米。

▶ 崇国寺十方塔

在北京市石景山区八宝山崇国寺遗址。元代建，2005年重修。覆钵式砖塔。高约7米。

▶ 和尚墓塔

在证果寺。清顺治十八年（1661）建，2013年重修。覆钵式石塔，高约0.9米。

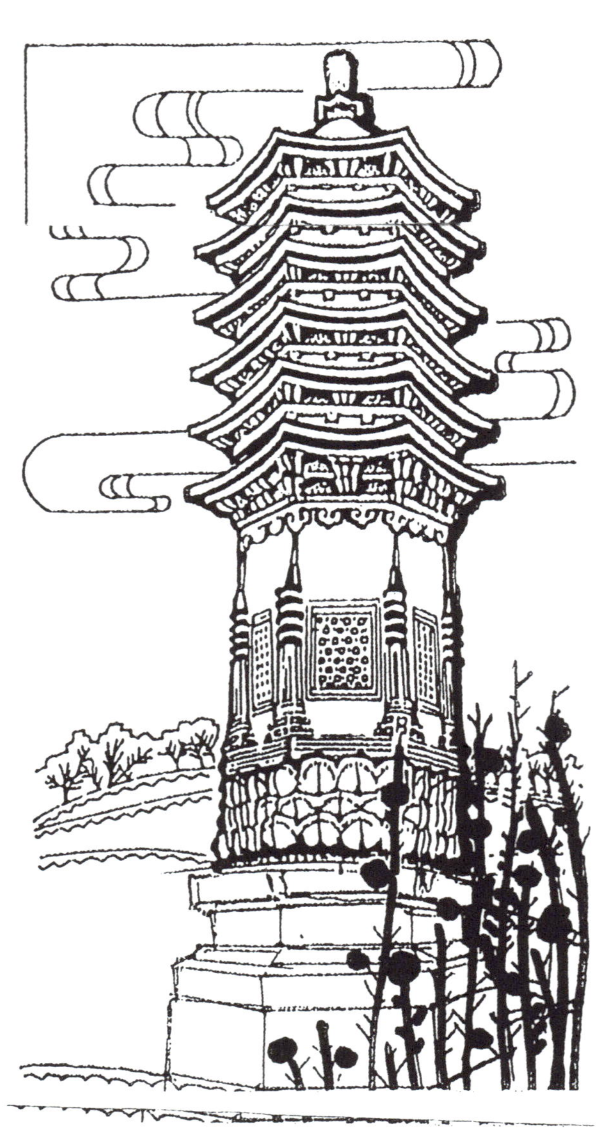

◀ 澄慧禅师塔

在崇国寺遗址，第一代住持澄慧国师金安选公灵塔，又称金安选公塔。元至正二十六年（1366）建。八角七层密檐式砖塔（已毁）。

▶ 魔王和尚塔

在北京市石景山区天台山慈善寺东南山坡。塔铭称燃灯古佛莲灯教主（康熙帝敕赐号“魔王和尚”）灵塔。清乾隆五十六年（1791）建。覆钵式砖塔，高十余米。

◀ 体然和尚塔

在北京市石景山区西山大悲寺。清代建。覆钵式石塔。高约8米。

▶ 四方塔

在北京市石景山区石府村东报隆庵遗址，又称报隆庵塔。清代建。覆钵式砖石塔，高约10米。塔顶、塔刹损毁，近年修复。

▼ 龙泉庵三塔

在北京市石景山区西山龙泉庵。清代建。覆钵式石塔。高约7米。

房山区

▶ 金仙公主塔

在北京市房山区全国重点文物保护单位云居寺石经山巅，又称唐塔。金仙公主为唐玄宗八妹，奏请石经山刻经并捐资镌石。唐开元九年（721）建，四角七层密檐石塔。塔刹已失。高约4米。

◀ 云居寺北塔四隅唐塔

在云居寺北塔四隅。西北塔唐景云二年（711）建，东南塔太极元年（712）建；东北及西南塔开元十年（722）和十五年（727）建。四角六层密檐式石塔，高均约4米。

◀ 广公禅师塔

在云居寺北塔北侧。金泰和二年（1202）建。八角三层幢式石塔，中层浮雕8尊佛像，残存二层，高2.64米。

▶ 云居寺北塔

在云居寺两侧各有一砖塔，仅存北塔又名舍利塔、罗汉塔，俗称红塔（塔身曾刷红色）。辽天庆年间建。八角二层楼阁式与覆钵式混合金刚宝座塔。高30米。四隅有高约3米。四角七层密檐小石塔。须弥座偈语砖年久残缺，当代维修从附近掘出辽代备修塔佛教偈语砖替换旧砖。

静琬法师墓塔

原建于北京市房山区水头村静琬法师塔院，辽大安九年（1093）建，1976年迁入云居寺药师殿前。静琬为云居寺创始者，开创在白带山（今石经山）刻石经事业。八角三层密檐式石塔，高约5.7米。塔内有《琬公法师塔铭》。明德清撰《复涿州石经山琬公塔院记》碑立塔前。

梦堂塔

原在水头村梦堂庵，当代迁置云居寺北塔院西碑廊。唐代建。四角单层亭阁式庑殿顶石塔。佛龛刻西方三圣佛像。

石经山顶唐塔

在云居寺石经山顶，唐代建。四角单层亭阁式庑殿式石塔。高约4米。

尼姑塔

在云居寺北水头村，元代风格。残件拼接修复，瓶式石塔。高约5米。

老虎塔

在云居寺西北，辽代建。八角五檐密檐式砖塔，高约9米。

► 续秘藏石经塔

在云居寺南塔旁，俗称压经塔，曾移走，复移原址藏经地宫顶。辽天庆八年（1118）建。八角七檐幢式石塔，塔刹残缺，高5米余。刻《涿州涿鹿山云居寺续秘藏石经塔记》。

◄ 云居寺三公塔

在北京市房山区云居寺北塔以北低洼地，为清康熙、雍正、乾隆期间云居寺重开山住持第二代圆通、第三代了尘、重三代光泰墓塔。三座覆钵式石塔并峙，皆高7米。塔身刻有塔铭。

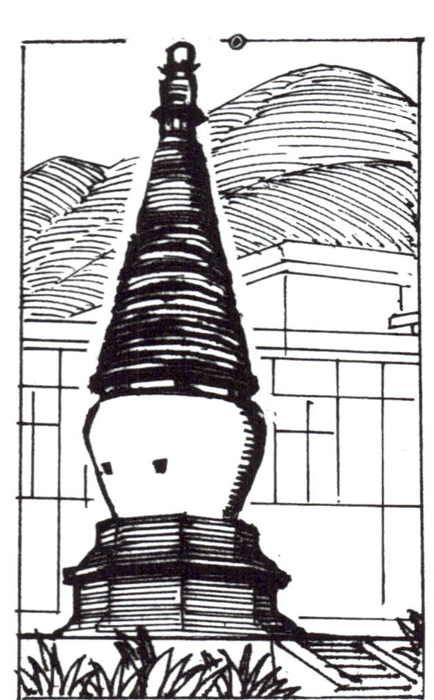

◄ 万人塔

在云居寺南驻军院中，清代建。覆钵式砖塔。高约13米。

▲ 正慧忏悔大师灵塔

在北京市房山区张坊镇张坊小学内，又称张坊村塔。辽天庆六年（1116）建。八角五檐幢式石塔，高6米。

◄ 下寺塔

在北京市房山区张坊镇下寺村，唐代建。四角檐密檐式石塔，高3.7米。

▲ 千河口庙坨塔

在北京市房山区张坊镇千河口庙坨。清代建。覆钵式石塔，相轮以上已毁。高约3米。

▲ 双泉沟塔

在北京市房山区燕山二果园。清代建。覆钵式石塔，塔顶已毁。高约4米。

▲ 龙神庙残塔

在北京市房山区佛子庄乡黑龙关村龙神庙后。清代建。覆钵式砖石塔，残高约2米。

▲ 应公长老寿塔

在北京市房山区韩村河镇孤山口村，元大德五年（1301）建。六角五檐密檐式砖塔，高12米。

▲ 龙神庙塔

在北京市房山区佛子庄乡黑龙关村龙神庙后，清乾隆二十七年（1762）建。八角楼阁式砖塔，残高三层，高约6米。

▶ 兜率院塔林

在北京市房山区上方山塔院外。始建于金代，清塔居多，2013年重修。现存54座。覆钵式与密檐式砖、石塔。

◀ 同源隐迹塔

在兜率院塔林首层，清康熙十一年（1672）建，六角二层楼阁式实心石塔。高3.8米。

◀ 无名三塔

在兜率院塔林二层南部，3座覆钵式砖塔。清代建。中塔高约2米。左右塔残。

▶ 宝阡塔

在兜率院塔林三层北侧。清康熙年间建，六角单层亭阁式砖塔。高3.46米。

◀ 敬山塔、无名塔

在兜率院塔林二层东南角。图左为清乾隆二十四年（1759）所立敬山塔。覆钵式砖塔，高2米余。图右无名塔，覆钵式残塔。

▶ 云融之塔

在兜率院塔林二层最南。清顺治十八年（1661）建。六角二层楼阁式实心石塔，2.9米高。

◄ 信公和尚塔、无名塔

在兜率院塔林三层南侧小院。图左信公和尚塔，清乾隆四十八年（1783）建，六角二层楼阁式实心石塔。高3.65米。图右无名塔，覆钵式砖塔，高2米。

► 慈寿塔、古清大士塔、随缘幻迹塔、明山陶公塔

在兜率院塔林二层院西，四塔并立，六角二层楼阁式实心石塔。慈寿塔，清顺治七年（1650）建，高3米。古清大士塔，高3米。随缘幻迹塔，高3.2米。明山陶公塔，顺治十一年（1654）建，高3米。

◄ 无名塔

在兜率院塔林宝阡塔北侧，2座，覆钵式砖塔。

► 十方普陀塔

在兜率院塔林，清顺治十四年（1657）建，六角双层楼阁式砖塔，高4.7米。

▲ 上方山塔

在兜率院塔林外，清代建。六角单层亭阁式石塔，残高约3米。

▲ 无名塔

在兜率院塔林十方普同塔旁，3座，清代建，覆钵式砖塔。

◄ 修道禅师香和尚塔

在兜率院塔林第三层，明万历七年（1579）建。覆钵式砖塔，高2.9米。

► 十方普同塔

在兜率院塔林。清乾隆二十年（1755）建，高4.1米。

◄ 三师（天朗禅师、觉岸禅师、闻慧）共葬塔

在兜率院塔林。清雍正二年（1724）建，覆钵式砖塔，高3.5米。

► 无名塔

在兜率院塔林三师共葬塔后。六角单式层亭阁式砖塔。高约3米。

◄ 无名塔

在兜率院塔林三层最北侧。覆钵式砖塔。高2米余。

▲ 海公和尚塔

在兜率院塔林。塔铭年代损毁。覆钵式砖塔，高2.1米。

◄ 怡公和尚塔

在兜率院塔林。明正德九年（1514）建。覆钵式石塔，高2.4米。

▲ 无名塔

在兜率院塔林第四层。覆钵式砖塔2座，高约3米。

▲ 雪凭泉公和尚塔、同隐之塔

在兜率院塔林。雪凭泉公和尚塔（左），明正德六年（1511）建。覆钵式砖塔，高4米。同隐之塔（右）清顺治五年（1648）建，六角二层亭阁式石塔，高2.85米。

▲ 玉皋塔、莹域塔

在兜率院塔林第四层。玉皋塔（左），康熙十五年（1676）建，六角单层亭阁式砖塔，高3.05米。莹域塔（右），康熙十七年（1678）建，六角单层亭阁式砖塔，高3.05米。

▲ 辽无名塔、清无名塔

在兜率院塔林第四层。辽无名塔（左），六角单层亭阁式砖塔，高5.6米。清无名塔（右），六角单层亭阁式砖塔，高2.5米

◀ 如公瑞峰和尚塔

在兜率院塔林第四层。顺治二年（1645）建，六角二层亭阁式砖塔，高2.3米。

▲ **塔院庵三塔**

在塔院庵遗址南侧塔院。两座六角亭阁式砖塔，一覆钵式砖砌残塔。

▲ **忏悔上人塔**

在北京市房山区上方山塔院庵遗址。辽代建，六角重檐亭阁式砖塔，高10米。

◀ **弘恩寺塔**

在北京市房山区窦店镇望楚村弘恩寺塔林。现存二辽塔：赞扬正法弘演昆尼辅理常驻两序之塔、普天同会参学无为执劳运力海众之塔，六角幢式石塔，高约3米。

▶ **玉虚宫塔林道士塔**

在北京市房山区伏魔堂山。清宣统元年（1909）建，2017年重修。八角亭阁式石塔四座，残高约6米。

◀ **慈光住公塔**

在塔院庵东南小院，清乾隆四十八年（1783）建。六角亭阁式砖塔。高约3米。

▶ 马仙洞塔

在北京市房山区石花洞附近马仙洞，清代建。覆钵式石塔，残高约6米。

▲ 玉虚宫佛塔

在玉虚宫南侧百余米。清代建。覆钵式砖塔，高约8米。

▲ 极乐寺塔、乳峰庵塔

在北京市房山区周口店镇黄山店村红螺三险极乐寺、乳峰庵遗址，清代建。覆钵式石塔，残高约6米。

▼ 浩如泉公塔

在伏魔堂山，清乾隆二十四年（1759）建。覆钵式石塔，高约6米。

▲ 谷积山三塔

在北京市房山区谷积山。谷积庵塔，又称谷积山东塔、和尚塔。明成化十五年（1479）建。覆钵式石塔，高6米。玲珰塔，又称西塔、白塔，明代建，八角九层楼阁式石塔，残存二层，2013年修复上七层。鞭塔，又称中塔、红塔，辽代建。八角七檐密檐式石塔，高7米。

▲ 天开塔

在北京市房山区韩河镇天开村南山岗，唐贞观十三年（639）至龙朔三年（663）建，舍利塔，辽乾统十年（1110）重建。辽塔为八角三层楼阁式砖塔。残存一层塔身（上图），近年重建。1990年，塔基地宫出土舍利石塔（下图），现存云居寺“佛舍利展览”室。高约2米。

► 良乡昊天塔

在北京市房山区拱辰街道东关村昊天公园燎石岗顶，又名良乡多宝佛塔。全国重点文物保护单位。隋代始建，辽代重建。八角五层楼阁式砖塔。高44.56米。

◄ 龄公和尚塔

在北京市房山区万佛堂孔水洞南。元代建。八角七层密檐式砖塔，塔刹损毁。残高18米。首层东面门额镌刻“龄公和尚舍利”。

◄ 万佛堂花塔

在北京市房山区万佛堂村云濛山南麓，又称陀里花塔。全国重点文物保护单位。辽咸雍六年（1070）建。1996年重修。八角单层亭阁式砖砌花塔。高约28米。塔身八层，首层仿城墙及城楼，以上七层以104座单层亭阁为佛龛，佛龛下方刻有狮、象，龛中相应为普贤、文殊菩萨坐像。

► 姚广孝墓塔

在北京市房山区青龙湖镇长乐寺村。建于明宣德元年（1426）。八角九层密檐式砖塔。高33米。正面门楣嵌“太子少师赠荣国恭靖公姚广孝之塔”方石。

▼ 豆各庄塔

在北京市房山区青龙湖镇豆各庄村西台地上。明代建。八角九层楼阁式砖塔。通高约15米。

▲ 照塔

在北京市房山区大石窝镇塔照村东山巅。辽代建。八角七层密檐砖塔，高15米。

▲ 于庄塔

在北京市房山区窦店镇于庄社区南土坡上。建于金代，六角三层密檐式砖塔。通高约8米。

▲ 玉皇塔

在北京市房山区大石窝镇高庄村北山顶。辽代建。八角七层密檐式砖塔。高15米。塔内曾供奉玉皇大帝像。

▲ 定光佛舍利塔

在北京市房山区周口店镇娄子水村庄公院。建于辽清宁二年（1056）。俗称庄公院塔。因刘师民为此塔撰碑，当地讹称为刘师尼塔。八角三层密檐式塔。高约7米。

▲ 严行大德塔

在北京市房山区长沟镇西甘池村西北。金代建。六角七檐幢式石塔，高5.53米。

▲ 周吉祥大师墓塔

在北京市房山区韩村河镇孤山口村北。明弘治年间建。八角七层密檐式砖石塔，高约18米。塔身正面门上嵌石匾“僧录司左善世钦命中掌印兼敕建大慈仁并大觉寺开山第一代住持周吉祥大师塔”。

◀ 镇江塔

在北京市房山区大石窝镇江营村，明代建。覆钵式石塔，高约13米。2012年相轮被损修复。

怀柔区

▲ 红螺寺际醒祖师舍利塔

在北京市怀柔区怀柔镇红螺寺西塔院。际醒于清嘉庆十五年（1810）圆寂，火化得舍利子百余粒，葬于塔中。覆钵式石塔。高约3米。

► 盛茂和尚塔

在红螺寺东。建于清光绪四年（1878）。六角幢式石塔，高约3米。

► 红螺寺双塔

在红螺寺西塔院。清代建。传说此寺山下珍珠潭中有两只大红螺蛳，山、寺由此得名。螺蛳死后，葬于寺中，并建双塔。覆钵式砖塔，高约3米。

◀ **红螺寺西塔院四塔**

在红螺寺西塔院。现存四塔。清代建，1991年修复。六角幢式石塔。十方普同灵塔，嘉庆十二年（1807）建，高约3米。石公僧人塔，道光三年（1823）建，高约2.3米。兴公僧人塔，光绪三十四年（1908）建，高约2.9米。睿公僧人塔，高约2.6米。

◀ **白云川道士墓塔**

在北京市怀柔区白云川。清道光三年（1823）建。六角单层亭阁式砖塔，残高约3米。

▲ **朝阳寺和尚灵骨塔**

在北京市怀柔区灵慧山朝阳寺南。明嘉靖、清嘉庆年间重修。六角幢式石塔，高约3米。

▲ **观音寺和尚灵骨塔**

在北京市怀柔区桥梓镇口头村圣泉山。明成化六年（1470）、清嘉庆年间重修。六角幢式石塔，高约3米。

► **火门洞石塔**

在北京市怀柔区九河渡镇黄花城水库东山。元明道教塔。覆钵式石塔，高约2.4米。

昌平区

◀ 云台

在北京市昌平区南口镇居庸关关城中心。全国重点文物保护单位。元至正五年（1345）建成。台上原有并列三座覆钵式白塔，元末明初地震震毁，明、清曾建过佛祠。现存汉白玉砌筑过街塔塔座，正面开有南北贯通券门洞，门洞顶部呈半个六边形。长26.84米，宽17.57米。通高9.5米。券门上方高浮雕迦楼罗（大鹏金翅鸟）像，洞壁两头各雕刻天王图案和梵文、藏文、八思巴文、回鹘文体维吾尔文、西夏文和汉文刻写佛经及《造塔功德记》。

银山塔林

在北京市昌平区延寿镇西湖村西南铁壁银山峰前法华寺（原称大延圣寺）遗址。全国重点文物保护单位。现存僧塔金代5座、元代2座、明代11座。原塔院建金代5座舍利塔，中为祐国佛觉塔，四角为晦堂祐国佛觉禅师塔、懿行大师塔、虚静禅师塔、圆通禅师塔。密檐式砖塔，八角十三层3座，六角七层2座，高度在二三十米间。元塔2座，分别为六角四层密檐式砖塔和六角三层楼阁、密檐与覆钵式组合砖塔。五塔前方有覆钵式塔2座，塔刹不存。散布各处还有9座覆钵式砖塔。

转腰塔

在银山塔林最高处。明代在唐僧人邓隐峰修道说法台顶部建覆钵式石塔，今存塔基和半截覆钵塔身。

▲ 木厂石塔群

在北京市昌平区兴寿镇木厂村，三座，清代建。覆钵式石塔，高约3米。

▲ 清一禅师塔

在北京市昌平区兴寿镇木厂村，俗称神塔。1917年以散落此地古塔构件重建。覆钵式石塔，高3.36米。

▲ 大羊山石塔

在昌平区兴寿镇木场村大羊山寺庙遗址，清代建。覆钵式石塔，高约2米。

▼ 半截塔

在北京市昌平区东小口镇半截塔村，辽代建。八角砖塔，残存塔基及部分塔身。高1米余。

◀ 延寿寺双塔

在昌平区长陵镇北庄村延寿寺后。明代建。覆钵式石塔，高约4米。

▶ 石云寺塔

在北京市昌平区后花园景区石云寺遗址。清代建。覆钵式石塔。残高1米余。

通州区

► 燃灯舍利宝塔

在北京市通州区大成街，大运河北端西畔，俗称通州塔。全国重点文物保护单位。北周初年（557）创建，唐重修。辽重建，元重修。清康熙十八年（1679）地震倾圮，发现一颗佛牙及数百粒舍利。康熙三十六年（1697）重建。“文化大革命”中砖雕悉被破坏，唐山地震波及，1985年重修。八角十三层密檐式砖塔，高56米。全塔风钟2224枚、神佛像415尊。

大兴区

► 无碍禅师塔

在北京市大兴区榆垡镇履磕村灵言寺旧址，俗称里河塔。建于元至元九年（1272）。六角五层密檐式砖塔。高10米。唐山地震塔刹震落，2002年重修。

中国古塔全谱

天津市图谱

西青区

▶ 普亮宝塔

在天津市西青区杨柳青镇十六街古运河南侧，为纪念道士于成功（道号普亮）又称于公塔。清嘉庆十一年（1806）建。1985年重修。覆钵与密檐式组合砖塔，高12.5米。塔身正面嵌“普亮宝塔”砖匾。塔后为于五爷墓。

蓟州区

▶ 蓟县白塔

在天津市蓟州区白塔寺街白塔寺。旧称渔阳郡塔，又称观音寺白塔。全国重点文物保护单位。辽清宁四年（1058）建，明、清重修。1984年修复时发现塔中有塔，并有辽纪年铭刻石函。八角亭阁、密檐与覆钵式组合塔式。高30.6米。塔基砖石混砌，塔身砖砌，涂白色。

◄ 福山塔

在天津市蓟州区五百户镇福山上。俗称段庄子辽塔、金庄子辽塔、福山辽塔。辽代建，1914年重修。1976年唐山地震残存三层，1996年修复。八角楼阁式砖石塔。高21米。

► 天成寺舍利塔

在天津市蓟州区盘山天成寺大殿西侧。又称古佛舍利塔。唐代建，辽天庆年间重建。明崇祯年间重修曾发现石函、舍利、佛像。1980年重修。八角十三层密檐式砖石塔。高22.63米。

▼ 定光佛舍利塔

在天津市蓟州区盘山主峰挂月峰顶。唐代建，辽以后历代迭修，1985年重修。八角三层亭阁式砖塔，高13米。

▲ 朝阳庵塔

在天津市蓟州区官庄镇东后子峪村看花楼朝阳庵，又称看花楼和尚塔。明万历二年（1574）建。六角二层楼阁式塔身，覆钵式塔刹。高约5米。

▲ 普照禅师宝塔

在天津市蓟州区盘山万松寺前。清康熙年间建，六角五层密檐式砖塔。高20余米。

▲ 彻公长老灵塔

在天津蓟州市区天成寺大殿西南。辽金建造柱式石塔。正面镌刻“彻公长老和尚灵塔”。

▲ 盘山塔林

在天津市蓟州区盘山主峰万松寺南侧。清康熙十四年（1675）建成正法禅院。寺东南塔林有99座历代高僧墓塔（图左，已毁）。复建塔林（图右）为类型多样石塔。

◀ 真言塔

在天津市蓟州区盘山万松寺。明万历年间建。六角幢式石塔。残存塔身及基座，高1米余。塔身镌刻“真言塔”字样。

▶ 太平禅师塔

在天津市蓟州区盘山万松寺。明万历四十三年（1615）建。六角五层密檐砖塔。高约12米。

▶ 多宝佛塔

在天津市蓟州区盘山少林寺。明崇祯七年（1634）建，清顺治九年（1652）落成。八角十三层密檐砖塔。密檐间保留楼阁式塔痕迹。高30米。

中国古塔全谱

河北省图谱

石家庄市

鹿泉区

▶ 龙泉寺塔林

在鹿泉区韩庄龙泉寺东南台地，金代八角幢式石塔5座。进公寿塔，高2.63米；金大定十六年（1176）琛公和尚之塔，琛公和尚塔之二，高2米多。另有泰和元年（1201）等两幢身。

赵县

▶ 柏林寺塔

在赵县城内西柏林寺。全国重点文物保护单位。又名赵州塔、从谂禅师舍利塔。元天历三年（1330）为纪念唐从谂真际禅师而建。1998年大修。八角七层密檐式实心砖塔，高39.5米。首层悬“特赐大元赵州古佛真际光祖国师之塔”石匾。

▲ 西林寺塔

在赵县宋村村外，元西林石佛寺住持桂岩禅师墓塔。至元十一年（1274）建。六角四层实心楼阁式砖塔。高约14米。

▲ 禅林寺舍利塔

在赵县西大里寺村。元至正九年（1349）建，禅林寺主持桂嵓和尚舍利塔。八角四层幢式石塔，高6.05米。1994年曾被盗，追回后分三处存放。

灵寿县

► 幽居寺塔

在灵寿县寨头乡砂子洞村幽居寺遗址。全国重点文物保护单位。北齐天保八年（557）建，唐重建，1991年重修。四角七层密檐式砖结构，高约23米。

平山县

▼ 万寿寺塔林

在平山县三汲乡东林山脚。全国重点文物保护单位。万寿寺高僧墓塔。主塔为后唐太子塔，又称唐太子墓塔群。其他为元明建。原有塔23座，现存13座，后唐2座，宋代1座，其余为明清建。多为亭阁式砖石塔，单层单檐或双层双檐。泽云和尚灵塔，俗称唐太子墓塔。八角单层亭阁式砖塔，高6.5米。元大德元年（1297）灯公庵主塔，大德十一年（1307）宝公宗主塔，至大三年（1310）龙公禅师寿塔，明宣德云峰和尚灵塔，宣德元年（1426）洹公和尚灵塔，妙云大和尚灵塔。高约五六米。

元氏县

◀ 开化寺塔

在元氏县城开元寺。唐开元十二年（724）寺内建两座石塔，现存东塔，金代重建，明成化年间重修。全国重点文物保护单位。八角九层密檐式实心砖塔。高25.2米。

▶ 朗公和尚塔

原在元氏县褚固村普照禅院，一度拆散于山坡上，2007年复立。1998年移至蟠龙湖度假区蟠龙寺。元至元二十四年（1287）建。八角幢式石塔，高5.64米。塔身各面刻朗公功德铭文。

正定县

▶ 隆兴寺壁塑多宝佛塔

在正定县全国重点文物保护单位兴隆寺佛香阁。宋开宝四年（971）建。六角三层楼阁式多宝塔。

◀ 天宁寺凌霄塔

在正定县原天宁寺内，初名慧光塔，俗称木塔。全国重点文物保护单位。唐建八角九层砖木混合结构，高60米。宋庆历五年（1045）、金皇统六年（1146）重修，1981年大修，高度减为40米，结构不尽同原塔。下3层砖磨斗栱。4层以上木构斗栱飞檐，铁铸枣核状塔刹。有直贯5层塔心柱。1982年从地宫出土一批文物。

► 临济寺澄灵塔

在正定县城生民街临济寺，俗称青塔、衣钵塔。全国重点文物保护单位。唐咸通八年（867）为收藏临济宗开创人义玄禅师衣钵修建。金大定二十五年（1185）、1985年重修。高30.47米，八角密檐式实心砖塔。

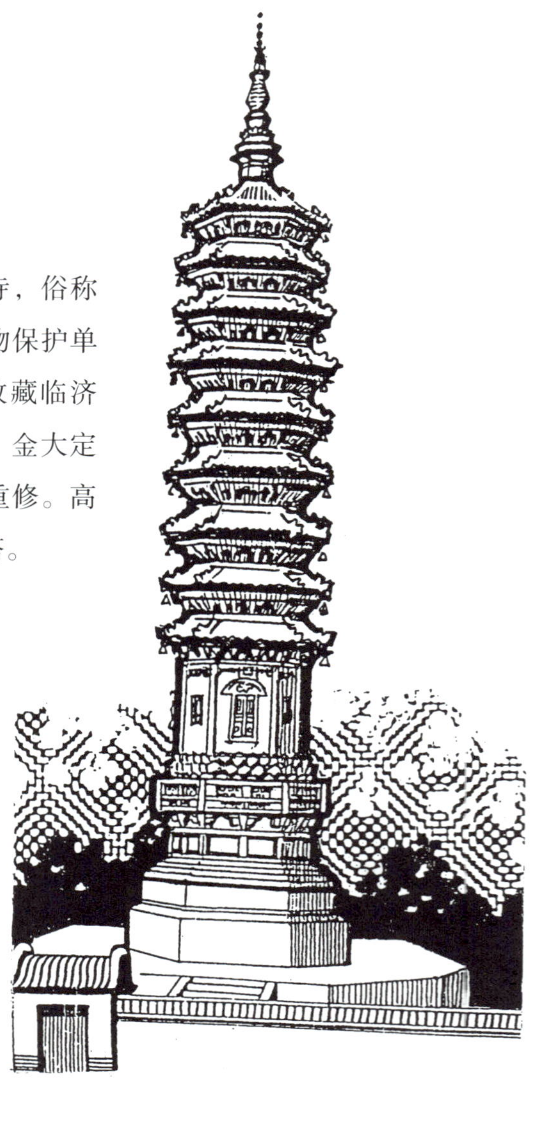

▲ 广惠寺华塔

在正定县生民街广惠寺内。又名多宝塔，全国重点文物保护单位。始建于唐，金代重建。元重修，八角楼阁式华塔，砖砌。高40.5米。下3层是唐贞观初年遗构，上部四层圆锥体，彩塑菩萨、力士、禽兽、狮、象及楼台亭阁。上覆八角攒尖塔刹。首层四隅附建六角单层小塔，游人可登至第三层平座。清乾隆皇帝两次登塔题额作诗。

► 开元寺须弥塔

在正定县城常胜街开元寺，又称砖塔、方塔。全国重点文物保护单位。唐代建。四角九层密檐式砖塔。高39.5米。底层四角有八尊石雕力士像。正面门楣镌刻“须弥峭立”四字。2007年修缮该塔时，在塔顶天宫发现4000多件清初重修时文物，最大为高约一尺银质楼阁式塔模。

井陉县

▶ 兴隆寺千佛塔

在井陉县吴家窑乡彪村小学。宋金建，原八角七层楼阁式砖塔，民国年间重修为三层，近年补修。高15米。塔身现有佛龛390多个，佛像基本无存。

◀ 妙法莲花经宝塔

在井陉县苍岩山景区全国重点文物保护单位福庆寺南阳公主祠，俗称公主祠塔。晚明建。六角五层密檐式砖塔，高约10米。首层门楣镌刻“大乘妙公主祠与妙法莲花经宝塔法莲华经宝塔铭”青石匾。

赞皇县

▶ 治平寺塔

在赞皇县南清河乡嘉应寺村治平寺遗址，3座石塔。全国重点文物保护单位。唐天宝八年（749）建八角四层亭阁式石塔，高12.5米。塔身浮雕六角亭阁式小塔（右下）。东西双塔为四角五层密檐式石塔，高近两米。仅存西塔（右上），2011年被盗，公安机关追回，严重破损。

张家口市

宣化区

► 立化寺塔

在张家口市宣化区豆腐市街（原塔儿街）。日本佛教日莲宗传人立化祖师日持灵塔。元大德八年（1304）建，清道光二十二年（1842）重修。八角五层楼阁式砖塔，高15米。

◄ 柏林寺多宝佛塔

在张家口市宣化区崞村镇柏林寺村千佛洞东。全国重点文物保护单位。明嘉靖十五年（1536）为纪念以光明佛为主的八十八位圣僧而筑。八角五层实心楼阁式塔，高约12米。塔基至第四层系一块山石凿筑而成。

► 迤逻尼塔

在张家口市宣化区塔儿村乡塔儿村。全称佛真猞猁迤逻尼塔。全国重点文物保护单位。辽天庆七年（1117）建。六角十三层实心密檐式砖塔。高20米。

蔚县

▶ 南安寺塔

在蔚县城塔巷，又称千年寺塔。全国重点文物保护单位。始建于北魏，辽天庆元年（1111）重修。八角十三级密檐式实心砖塔。高28米。2010年地宫被盗，追回文物有舍利金塔、银塔（下图）。

◀ 重泰寺灵骨塔

在蔚县涌泉庄乡重泰寺。塔林仅存明嘉靖年间建灵骨塔一座。覆钵式砖塔。高约7米。基座八面为八卦。

◀ 金河寺悬空庵塔群

在蔚县金河口森林公园金河寺遗址，也称金河口塔林、小五台塔林。全国重点文物保护单位。原有元明高僧塔72座，现存6座。明成化清泉寺主持资中政公禅师塔（图左），八角三层亭阁式砖塔，高约10米。

▲ 弥勒寺殿顶塔

在蔚县涌泉庄乡，清乾隆四十年（1775）建寺。大雄宝殿殿脊正中铜制覆钵式塔，高约2米。

► 千佛塔

蔚县博物馆馆藏。北魏造。四角楼阁式石塔，残存八层。高约2米。

赤城县

◄ 朝阳洞砖塔

在赤城县雕鹗镇艾家沟村悬崖顶端。庙、塔建于明弘治十年（1497），清乾隆三十四年（1769）、咸丰元年（1851）重修。原建砖塔二座，现存一座，明代风格覆钵式，损坏严重，塔刹已毁。残高1.3米。

► 长春沟塔林

在赤城县大海陀乡施家村东南胜海寺。明清古塔6座。天王殿前孤峰上为明舍利塔（下左），覆钵式砖塔，残高0.95米。庙后小南沟东坡清覆钵式砖石塔3座（上图），清光绪元年（1875）本然慧口公和尚塔，同治十三年（1874）法喜亮公塔及净喜智公塔，高4.2米。明祖师塔（下右）在北长春沟宝山寺（俗称北寺）大雄宝殿北侧，覆钵式砖石塔，高约8米。庙东南明代亭阁式砖石塔，塔刹残颓，高约10米。宝山寺址明宝山寺塔，楼阁式塔砖石塔，高约8米。

◀ 重光塔

在赤城县龙关镇，原名普济寺塔。全国重点文物保护单位。唐建华严寺、塔，明万历间重修，改称重光塔。2009年重修。八角五层楼阁式砖石塔，33.67米高。用于军事，四五层各置26个瞭望孔，塔体分内外两层。

▶ 瑞云寺塔

在赤城县温泉度假村内瑞云寺遗址。明宣德五年（1430）建，清重修。八角七层密檐式砖塔。11米高。

阳原县

◀ 澍鹫寺塔

在阳原县揣骨疃镇小盐厂村窑儿沟，也称鹫峰寺塔。全国重点文物保护单位。唐贞元年间高僧道远墓塔。金元及清咸丰年间重修。八角三檐亭阁式与覆钵式混合砖塔。高约25米。

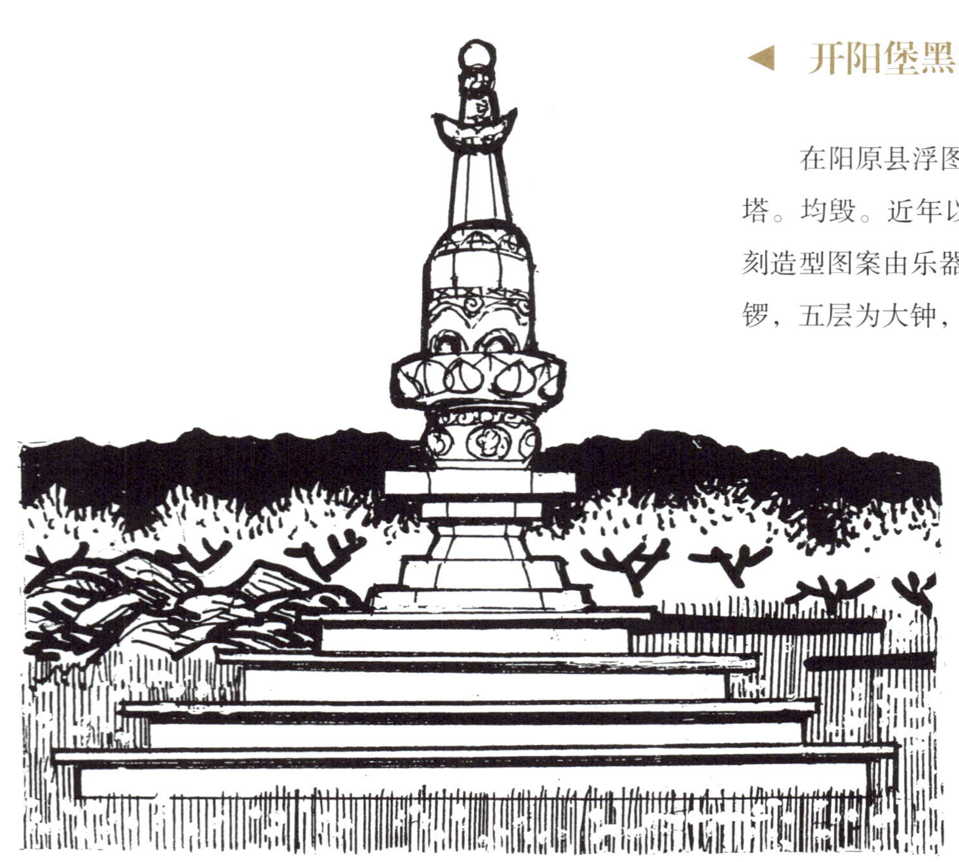

开阳堡黑塔

在阳原县浮图讲乡开阳堡西北、东南各立有黑、白覆钵式石塔。均毁。近年以原构件复原黑塔。高2.5米。六角形，塔身雕刻造型图案由乐器组成：一二层为大镲，三层为大鼓，四层为大锣，五层为大钟，六层为磬。

涿鹿县

翠峰寺塔

在涿鹿县耀辉乡凤凰庄翠峰寺遗址。明弘治年间建。覆钵式砖塔，高4.5米。

炬禅师灵塔

在涿鹿县矾山镇塔寺村燕峰山。金正隆三年（1158）建。六角五层密檐式砖塔，高12米。

▲ 镇水塔

在涿鹿县张家河村常家梁沟。金正隆五年（1160）建，1996年重修。八角七层密檐砖塔，高13米。

▲ 清凉寺塔院

在涿鹿县黄阳山清凉寺。现存明至当代僧塔二十来座，多为六角单层亭阁式砖塔。

承德市

双滦区

► 双塔山双塔

在承德市双滦区双塔山镇双塔山上。建于辽以前。均为四角三层楼阁式砖塔。北峰塔顶残，高约2米。南峰塔高5米余。

双桥区

▼ 广安寺白台三塔

在承德市双桥区普宁路广安寺第二重山门上。也称西水门口三塔、三塔水门。清乾隆三十七年（1772）建。山门作十字形白台，台上立三座形制相同覆钵式塔。高约3米。

◀ 普宁寺四塔门

在承德市双桥区普宁路全国重点文物保护单位普宁寺大乘阁四隅，也称四大部洲塔。清乾隆二十年（1755）建。圆拱门台座上立红、绿、黑、白色双重覆钵形琉璃砖塔。通高十余米。

▲ 普陀宗乘之庙五塔门

在承德市双桥区狮子沟北坡全国重点文物保护单位普陀宗乘之庙，清乾隆三十六年（1771）建成。3拱门台上立5座彩色琉璃砖藏式佛塔。黑塔饰金刚杵，代表不动金刚佛；白塔饰法轮，代表大日如来佛；黄塔饰宝贝，代表宝源佛；绿塔饰宝剑，代表不空成就佛；红塔饰莲花，代表无量光佛。五塔代表五尊佛，表现密宗“五佛”“五智”。又有藏传佛教五大教派之说：居中黄塔表示黄教（格鲁派）为中心、红塔代表红教（宁玛派）、白塔代表白教（噶举派）、绿塔代表花教（萨迦派）、黑塔代表黑教（苯波派）。通高十余米。

▲ 普陀宗乘之庙五塔台

在承德市双桥区普陀宗乘之庙，清乾隆年间建。台上立五座覆钵式砖塔。通高18米。

► 永佑寺舍利塔

在承德市双桥区避暑山庄平原区东北部。又名六合塔。全国重点文物保护单位。建于清乾隆十九年至二十九年（1754 —1764）。八角九层楼阁式琉璃砖塔，千斤镏金塔刹。高67米。

▼ 须弥福寿之庙琉璃万寿塔

在承德市双桥区狮子沟南坡全国重点文物保护单位须弥福寿之庙后部最高点。建于清乾隆四十五年（1780）。八角七层楼阁式盝顶琉璃砖塔。

◄ 须弥福寿之庙幢塔

在承德市双桥区避暑山庄须弥福寿之庙内四方，清乾隆四十五年（1780）建。今存镏金变形覆钵式铜塔四座。

▲ 普乐寺坛城八塔

在承德市双桥区普乐北路全国重点保护文物单位普乐寺。寺建于清乾隆三十一年（1766），主体建筑坛城（大乘之阁）二重回廊四角和四面建有八座形状相同，色彩各异的覆钵式琉璃塔。西南东北逐次为降魔塔、莲花塔、三轮塔、六十四角塔（两座）、八角塔、纪念塔、万寿塔。石台转角4座黄色塔，四面为黑、紫、青、白色塔，5色代藏传佛教中的“五行”，即地、水、火、风、空。又象征五色土，喻普天之下莫非王土。八塔均以莲花瓣为基，意为释迦牟尼出生7日便会走路，一步一朵莲花。

▲ 避暑山庄外八庙殿顶塔

承德市避暑山庄周边寺庙殿顶往往饰覆钵式塔。建于清康乾年间。普乐寺宗印殿顶琉璃塔（上中、右）。普乐寺天王殿殿脊三座琉璃覆钵式塔（下右）。普宁寺大雄宝殿殿脊正中铜镏金舍利塔（上左）。须弥福寿之庙山门门楼殿顶覆钵式塔（下左）。

◀ 避暑山庄外八庙存塔

承德市避暑山庄周边寺庙内存有质料多样、形制不同之塔。普陀宗乘之庙万法归一殿内珐琅覆钵塔（图右）；两座紫檀木嵌铜鎏金万寿塔，塔身装饰一万个字体不同的“寿”字，表示乾隆皇帝万寿无疆（图左上其一）。须弥福寿之庙覆钵式鎏金铜塔（图左下）。

围场满族蒙古族自治县

◀ 半截塔

在围场满族自治县塔镇村中心小学院内。全国重点文物保护单位。元至元年间为祭祀疆场亡灵而建，又称祭骨塔。至清中期残存一半，称半截塔。1930年修复全貌，称新风塔。下部单层亭阁及上部3重覆钵式混合式砖塔。高30米。

宽城满族自治县

► 黄崖寺塔林

在宽城满族自治县宽城镇黄崖村，又称万塔黄崖。辽金建于绝壁上、山缝间。现存圆锥体小型砖塔24座、石塔3座、残塔基七十余处。大者高4米，小者高米余。

唐山市

古冶区

► 多宝佛塔

在唐山市东矿区王辇庄乡任庄子村西北。金代始建，明万历二十二年（1594）重建，2002年重修。八角七层密檐式实心砖塔，高13米。首层门额悬“多宝佛塔”石匾。

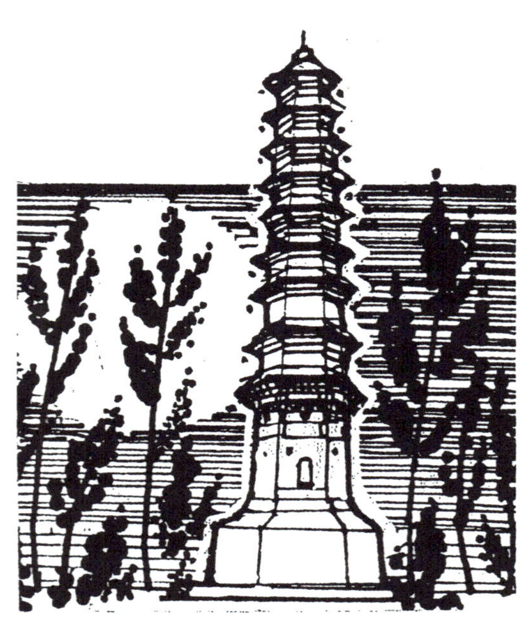

丰润区

◄ 玉煌塔

在丰润区丰润镇押库山村西玉煌山，金代建，现晚明风格。1976年唐山地震遭严重破坏，又遭三次盗挖，2013年修复。八角九层密檐式实心石砖木塔。高13.8米。

► 天宫寺塔

在丰润区天宫寺公园内。辽清宁八年（1055）建，明嘉靖、清康熙间重修。1976年唐山地震受损。1989年大修，出土大量文物。八角十三层密檐实心砖塔，高24.2米。首层转角倚柱盘龙砖雕。

▲ 车轴山花塔

在丰润区城车轴山中学山顶。双塔仅存一塔，又称寿峰寺东塔、药师灵塔。全国重点文物保护单位。建于辽重熙元年（1032）。1976年唐山地震后重修。八角十层，首层亭阁式，二层以上以方形亭阁式小塔龛组成花束形塔身砖砌实心花塔，高28余米。

玉田县

▶ 半截塔

在玉田县范家坞村北童子山。辽代建。八角密檐式砖塔。残存一层以下，当代重修成两层，高十余米。

遵化市

▶ 御佛寺永旺塔

在遵化市马兰峪村南堂子山顶。明万历九年（（1581）建。八角七层密檐砖塔。高17米。首层塔身转角各建小塔，故有九塔之称。北门有万历十年（1582）戚继光题“永旺塔”匾。

滦州市

▶ 文峰塔

在滦州市研山东巅虎头上，也称研（岩）山塔。辽天禄元年（947）建，清嘉庆间拆除，道光元年（1821）重建。唐山大地震仅存塔基，2009年重建。八角十三层密檐砖塔，高32.67米。

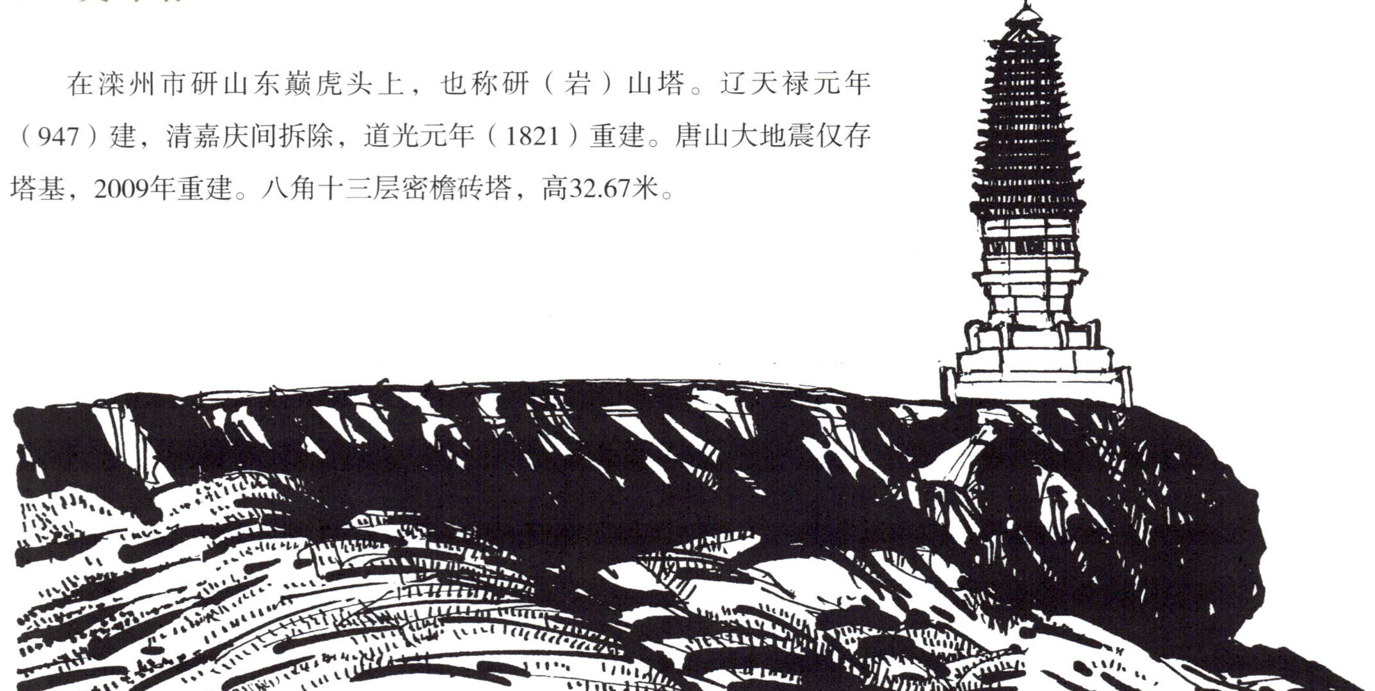

秦皇岛市

抚宁区

▶ 宗峰寿塔

在抚宁区石门寨镇柳观峪村北。清康熙二十六年（1687）建，六角三层覆钵式石塔，东面佛龛上嵌石匾“宗峰寿塔”。高五米。

◀ 黄牛顶石佛塔

在抚宁区大新寨镇北面黄牛顶，也称黄牛顶焚尸塔。年代无考，疑为明建。瓶式石塔。高约2米。

▲ 板石峪塔

在抚宁区义院口乡板厂峪村南，明万历间建，六角七层实心砖塔，塔顶铁制宝珠、刹杆。高15米。

昌黎县

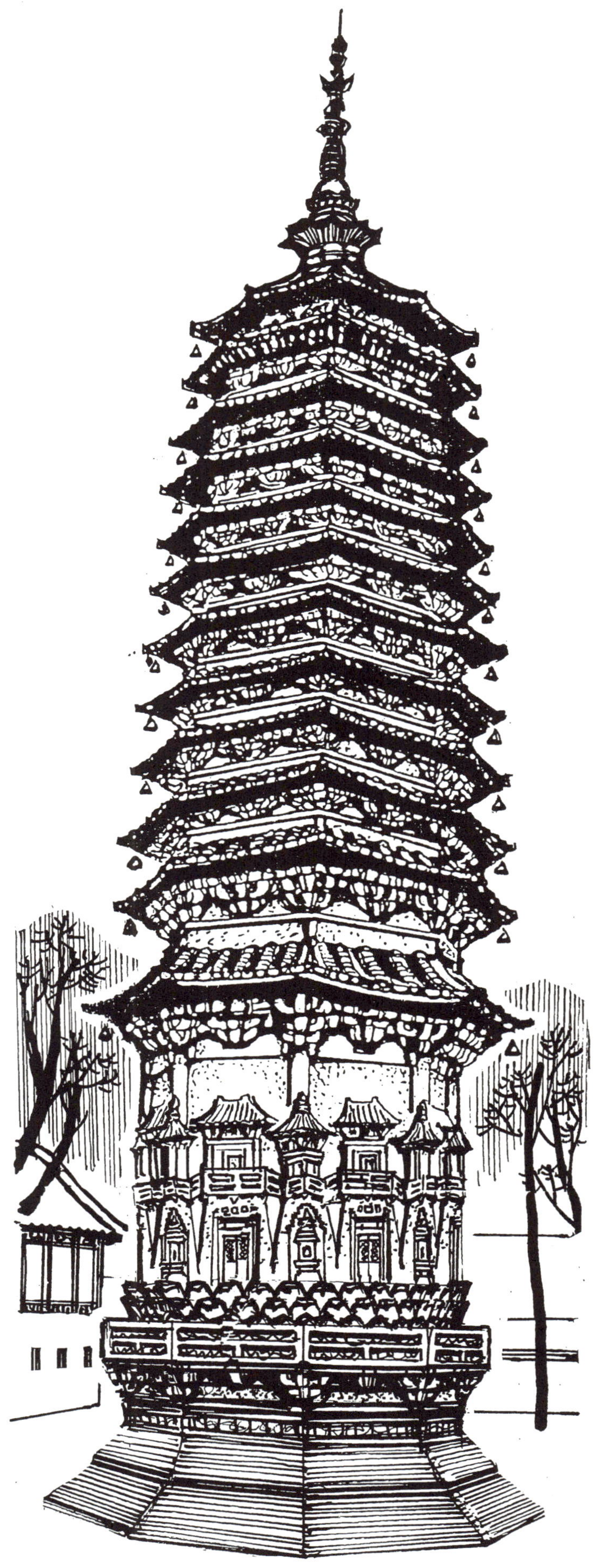

► 源影寺塔

在昌黎县城古塔寺街。全国重点文物保护单位。金代佛塔。明、清多次重修。1976年唐山大地震，塔身严重受损，1987年修复。八角十三层密檐式砖塔，高约40米。首层雕刻“天宫楼阁”。塔下水井深约20米。

◄ 双阳塔

昌黎县陈青坨村南原朝阳庵献殿东西立塔，称双阳塔。西塔郑翁宝塔，东塔赵翁宝塔。明万历年间建。今存西塔，八角五层密檐式砖塔，高约6米。

卢龙县

▶ 重庆宝塔

在卢龙县刘田庄镇塔上村。清代建，八角楼阁式实心砖塔。现存四级，残高约6米。

廊坊市

三河市

▶ 灵山塔

在三河市泃阳镇灵山顶。全国重点文物保护单位。辽代建，明代、1998年重修。八角五层楼阁式砖木塔。高13米。

霸州市

▶ 西北岸村双石塔

在霸州市南孟镇西北岸村，东塔陈公塔，金大定十六年（1176）建。六角幢式石塔，原两米多高，上半截被偷走。西塔祭兄塔，辽大安九年（1093）建，高约1米，八角幢式石塔。上刻乐伎雕像。塔身为塔记及超度亡兄梵语塔铭。

永清县

▶ 大辛阁石塔

在永清县大辛阁乡大辛阁村白塔寺（原龙泉寺）。也称龙泉白塔寺石塔。全国重点文物保护单位。辽代建。八角十三层密檐式石塔。高6米。须弥座上枋浮雕（右下）、塔身浮雕门扇团龙（右上）。

保定市

满城区

▼ 月明寺双塔

在保定市满城区岗头小村明月寺大雄宝殿前土台上东西并列，分别建于明弘治四年（1491）、成化二年（1466）。覆钵式砖塔，高约8米。

涞源县

▼ 兴文塔

在涞源县城泰山宫。全国重点文物保护单位。唐天宝三年（744）始建，辽代重建，明嘉靖十八年（1539）、2005年重修。八角五级阁楼式实心砖塔，高27米。

定州市

▶ 开元寺料敌塔

在定州市南城门开元寺内，俗称定州塔。又称瞭敌塔。全国重点文物保护单位。建于宋咸平四年至至和二年（1001—1055）。1986年至2001年重修。高84.2米。八角十一层楼阁式砖塔。座基主壁龛及各层回廊砖壁嵌宋代碑刻和名人题咏。回廊两侧共设25个壁龛，龛内壁画或泥塑像。圆形基座，外壁辟80个佛龛。底层基座各角建数米高小塔一座。

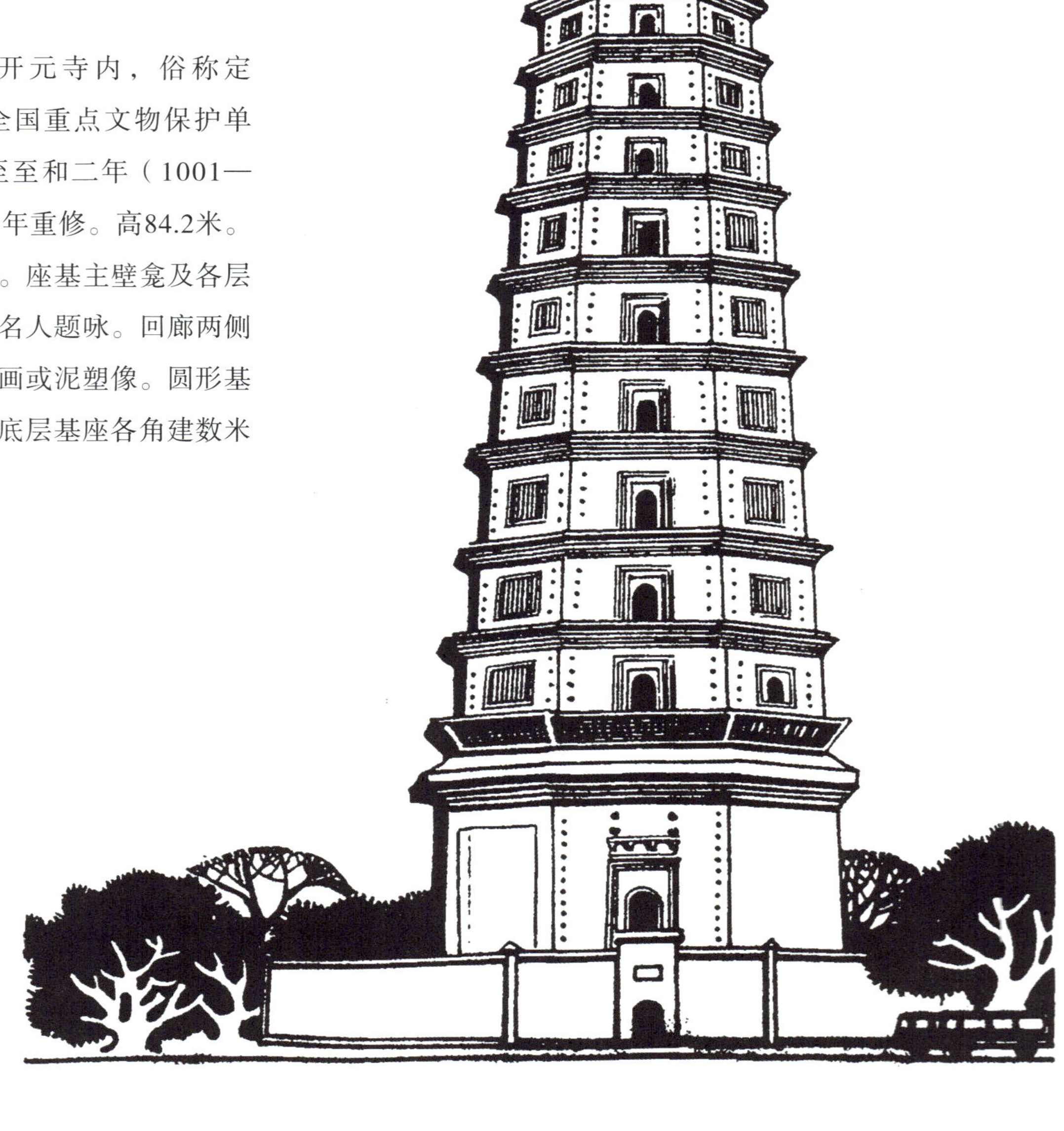

涿州市

▶ 双塔

在涿州市双塔街道，相距260米南北对峙。南塔智度寺塔，北塔云居寺塔，统称云居寺双塔，俗称涿州双塔。全国重点文物保护单位。南塔为辽太平十一年（1031）建，北塔辽大安八年（1092）建。历代修葺。1927年遭炮击墙体部分残缺。1976年唐山地震塔顶坍塌，损毁严重。2006年双塔主体修复工程完工。八角楼阁式砖塔。南塔五层高44米；北塔六层高55.69米。

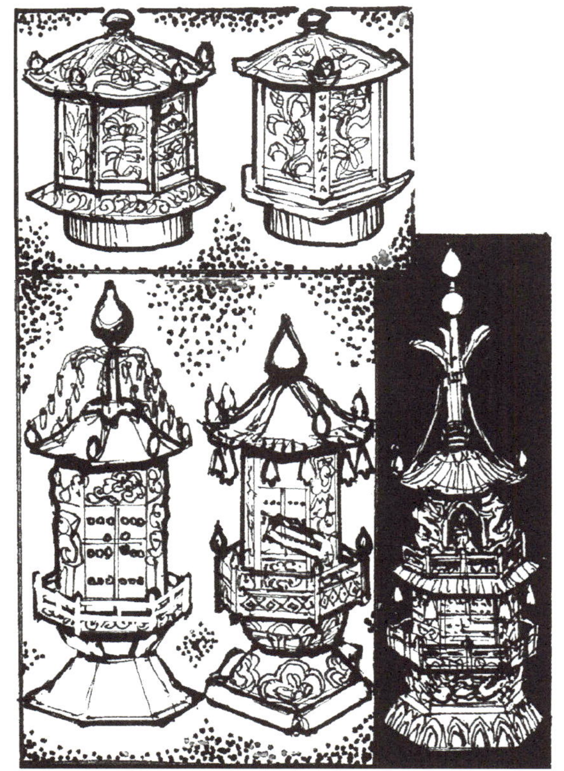

◀ 静志寺与净众院塔基地宫

1969年，定州市先后发掘出两座宋代塔基地宫，全国重点文物保护单位。出土文物中有银塔5件。其中太平兴国二年（977）静志寺塔基地宫银塔4件（图左）：鎏金银塔，高13.9厘米；单层六角亭阁式银塔，高26.3厘米；束腰喇叭状圈足亭阁式银塔，高26厘米；鎏金錾花舍利银塔，高26.3厘米；至道元年（995）净众院塔基地宫出土鎏金银塔1件（图右），高36.3厘米。

▶ 永安寺塔

在涿州市刁窝乡塔照村北，俗称塔儿照塔。全国重点文物保护单位。辽代建。八角十三层密檐式砖塔，现存八层，残高19.1米。（图右为复原图）。

◀ 永乐石塔

原在涿州市双塔街道永乐村东兴寺，寺塔毁于“文化大革命”，构件存涿州市文物保管所。辽代建，八角十三檐幢式石塔。高6米余。塔身浮雕行龙，下部门侧浮雕护法神。镌刻《大辽涿州范阳县永乐村感应舍利石塔记》《大悲心陀罗尼经》及捐助人题名。

易县

◀ 荆轲塔

在易县易州镇荆轲山上，又称圣塔院塔。全国重点文物保护单位。辽乾统三年（1103）在荆轲衣冠冢冢上建塔、寺。金大定七年（1167），刺史刘楷以舍利子200粒葬于地宫，复建塔于上。明万历、清康熙、乾隆年间重修。八角十三层密檐式砖塔，高26米。

▲ 燕子塔

在易县高陌乡燕子村西，又称观音禅寺塔。相传纪念太子丹始建于辽，明正德五年（1510）、1985年重修。八角十三层密檐式砖塔。首层有塔心室。高16.5米。

▼ 白塔与黑塔

在易县高村乡，相传元代为纪念燕国名士左伯桃和羊角哀始建，明正德十二年（1517）重修。白塔（图左）在八里庄村北山，四角三层楼阁式实心砖石塔。高约15米。黑塔（图右）在西市村西山，六角密檐式砖石塔，高约13米。1996年倒塌。

▲ 镇灵塔

在易县血山村，也称血山镇灵塔、血山塔、血山村塔。元中统二年（1261）建。二层嵌石匾“大朝易州开元寺尊宿敖公尚座灵塔”。四角密檐式砖石塔，残存三层，残高约7米。

▲ 双塔庵双塔

在易县西陵乡太宁寺村西北太宁山双塔庵。又称太宁寺双塔、净觉寺积翠屏双塔。全国重点文物保护单位。南塔（或称西塔）六角三层密檐式实心砖塔，南宋绍兴十四年 （1144）建，明万历年间重修。高10.58 米。北塔（或称东塔）八角十三层密檐式实心砖塔，辽代建，明万历年间重修。高17.4米。

▲ 千佛宝塔

在易县西山北乡塔峪村南，俗称黄四娘塔。清顺治五年（1648）建。六角七层楼阁式砖塔，高17米。首层南门嵌“千佛宝塔”石额。

定兴县

► 广明石塔

在定兴县南蔡乡大留村。建于金泰和三年（1203），20世纪60年代被拉倒，1996年恢复。高2.7米，八角七层密檐式石塔。塔身南面刻佛龛，其它各面刻《广明大师灵塔之记》。

唐县

▼ 孚公禅师灵塔

在唐县军城镇娘子神村金牛寺旧址。孚公禅师是创寺主持。辽代建。八角七层幢式石塔。高5.5米。

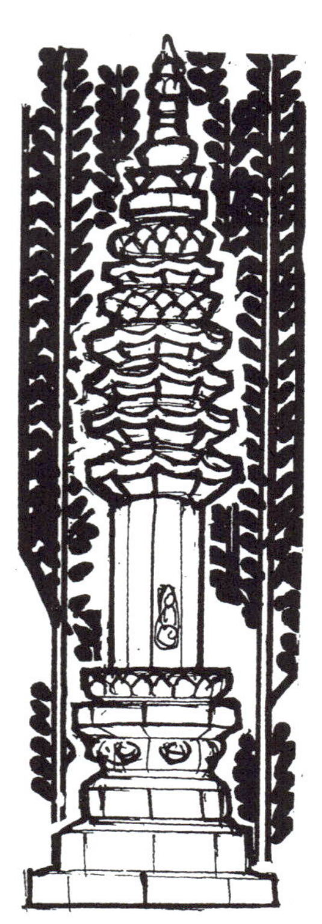

涞水县

▼ 龙严寺塔

在涞水县娄村乡水东村西，也称水东塔、镇江塔。全国重点文物保护单位。辽代建，明正德、万历、嘉靖间重修。四角七层密檐式砖塔。高14米。

► 西岗塔

在涞水县城西岗。全国重点文物保护单位。辽代建。八角十三层密檐式砖塔，高36米。塔内由塔壁和塔心柱构成八角环形回廊，可至顶层。转角砖雕经幢。

◄ 金山寺塔

在涞水县东龙泉村金山上，全称金山寺无量寿千佛舍利塔。全国重点文物保护单位。元大德四年（1300）建。八角十三檐幢式石塔。高8.18米。塔柱正中浮雕无量寿佛，各面浮雕或阴刻840多个形态各异佛像。

◀ 广慧禅师塔

在涞水县东龙泉村金山上。元六角幢式石塔，现仅存塔身柱。

▶ 玉泉寺禅师塔

在涞水县娄村乡木井村西北云溪山中，正称朔州清源略禅师塔。21世纪初被盗贼推倒，塔基被挖，塔身被盗走，仅剩部分残石构件。

▲ 皇甫寺塔

在涞水县皇甫寺村东北毗卢寺遗址。全国重点文物保护单位。金大定年间建，明嘉靖八年（1529）、1984年重修。八角十三层密檐式砖塔，高22米。

▲ 灵泉寺石塔

在涞水县娄村满族自治乡釜山半山。寺毁于20世纪六七十年代，今存两石塔。道公禅师寿塔（右），金大定二十年（1180）建，八角七檐幢式石塔。近年被推倒，村民重修，个别构件放置有误。高4.1米。辉公禅师塔（左），建造年代不晚于元代。部分构件新补。

▲ 庆化寺花塔

在涞水县北洛平村北龙宫山庆化寺遗址。全国重点文物保护单位。辽遗构。八角花塔式砖塔，高13米。须弥座束腰雕吹、拉、弹、舞乐伎，转角雕力士。塔身东西南北券门顶两尊飞天。上部八层砖砌120个小佛。

顺平县

▶ 伍侯塔

在顺平县腰山镇南伍侯村。全国重点文物保护单位。《保定府志》载："平阿侯王潭不肯从王莽之乱，同其五子避于此地。东汉光武帝嘉之，封五子为侯，故名伍侯。"辽代建。六角五层密檐式砖塔，通高22.5米。琉璃莲花宝珠式塔刹。

曲阳县

▶ 修德寺塔

在曲阳县城内北岳庙南。全国重点文物保护单位。隋文帝颁赐舍利，隋仁寿元年（601）建，部分塔体为宋天禧三年（1019）修建。1953年重修。八角六层砖塔，上部楼阁式、下部花塔式砖塔，32.29米高。塔身砌小型塔龛120座。塔顶残存蕉叶刹座。1953年重修在塔基出土北魏至唐代的汉白玉石雕佛教造像，现藏故宫博物院和河北省博物馆。

◀ 文昌阁塔

在曲阳县城文昌东街内。也称文昌塔、文峰塔，清乾隆年间建。2000年重修。八角七层楼阁式砖塔。高17.6米。

安新县

▶ 山西村明塔

在安新县三台镇山西村制鞋厂院内。明洪武元年（1368）建，万历二十四年（1594）、清康熙四十九年（1710）重修。八角七层楼阁式砖塔，高15米。塔门上额砖雕“五印浮图”，顶层刻“三台文笔”。塔内壁画上层龙体盘绕，中层佛像，下层菩萨像。第二层可以登临，首层下部八面嵌重修经过及题诗文石碑。

◀ 烈士塔

在安新县安州镇西角村。1946年为纪念抗日战争、解放战争、抗美援朝时期献身的2300多名安新儿女而建。1955年重修。八角五层楼阁式砖塔。高30米。

阜平县

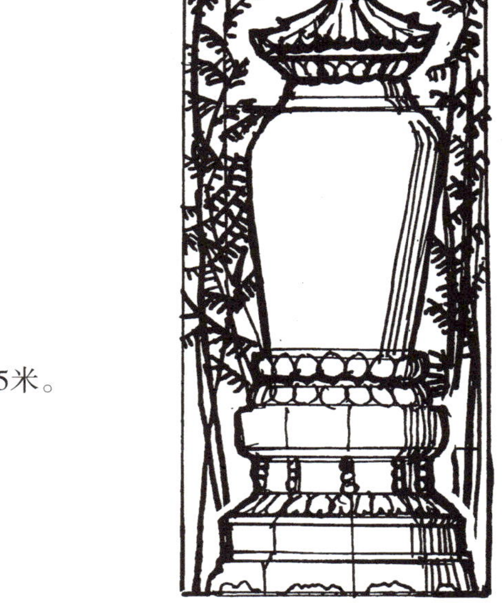

▶ 苍山石佛堂塔

在阜平县苍山村西侧石佛堂第四窟前。明清时建。覆钵式空心石塔，高约5米。

博野县

◀ 解村兴国寺石塔

在博野县程委镇解村小学。全国重点文物保护单位。唐景龙四年（710）建。四角十五层檐式白玉石塔，高7.51米。首层塔心室券门左右雕持剑守护神，内刻一佛二弟子及供养人。

沧州市

南皮县

▶ 焦山寺塔

在南皮县潞灌乡焦山寺村。清同治六年（1867）建。“文化大革命”中扒毁。八角七层楼阁式砖塔，高约20米。南门额“修德塔”，首层塔心室一砖井。各层供铜坐佛，五层铜佛一米多高。七层立枣木塔心柱。铜刹。

盐山县

◀ 贾牛村石塔

在盐山县盐山镇贾牛村牛留寺遗址。金大定元年（1161）建，高七八米。“文化大革命”中被毁，2003年村民将原构件复建，2009年塔身石雕佛像被盗。

衡水市

桃城区

▶ 宝云塔

在衡水市桃城区旧城村东北原宝云寺内，原名擎天塔。全国重点文物保护单位。隋唐初建，北宋初重建。明代大修，2013年重修。八角九层楼阁式砖塔，高35米。由底层至第四层为穿壁绕平座式，五层以上为空筒式。各层风格各异，或为鸳鸯斗拱，或为梅花斗拱等。

冀州区

▼ 西堤北石塔

在衡水市冀州区门庄乡西堤北村东，亦称震雹塔。元代建，明嘉靖三年（1524）、清乾隆十六年（1751）、1976年重修。高8米，四角基座，六角四层楼阁式石塔。

故城县

▼ 庆林寺塔

在故城县饶阳店镇饶阳店村东，又称饶阳店塔。全国重点文物保护单位。北宋初期建，1957、1976、1983、2011年重修。八角七层（现为六层）楼阁式砖塔，通高35.67米。

景县

► 开福寺舍利塔

在景县城内开福寺遗址。原名释迦文舍利宝塔，全称景县开福寺舍利塔，俗称景州塔。全国重点文物保护单位。始建于北魏永平年间，北宋元丰二年（1079）重建，历代重修，1949年后四次维修。1973年维修时在塔顶铜葫芦里发现明朝木版佛经及释迦牟尼涅磐铜佛一尊。八角十三层楼阁式砖塔。高63.85米。

邢台市

桥东区

▶ 弘慈塔

原在邢台市开元寺塔林遗址。全称弘慈博化大士之塔。元代建，“文化大革命”中炸毁。为开元寺古塔林代表作，八角七层密檐式砖塔，八隅隐砌七层檐小塔。高十余米。

◀ 万安塔

原在邢台市开元寺遗址，万安法师真身舍利塔。全称大开元寺万安恩公塔，元代建，由设计元大都城的邢台人刘秉忠设计。八角七层密檐式砖塔，高近20米。“文化大革命”中被毁并打开塔基地宫，其中供养万安真身舍利像，像前檀木盒里分层放置银函、金函、雕玉船，瘗藏一颗佛牙舍利。

▶ 虚照禅师塔

在邢台市天宁寺遗址（今红星街北侧西寺西街天宁小区内）。虚照为元天宁寺主持，1252年圆寂建塔。梁思成1935年、刘敦桢1936年到此测量。1966年“文化大革命”中被毁。六角三层密檐式砖塔，下部为平座勾栏，三层仰莲，塔身塔顶为双层覆钵上立相轮塔刹。高约20米。

邢台县

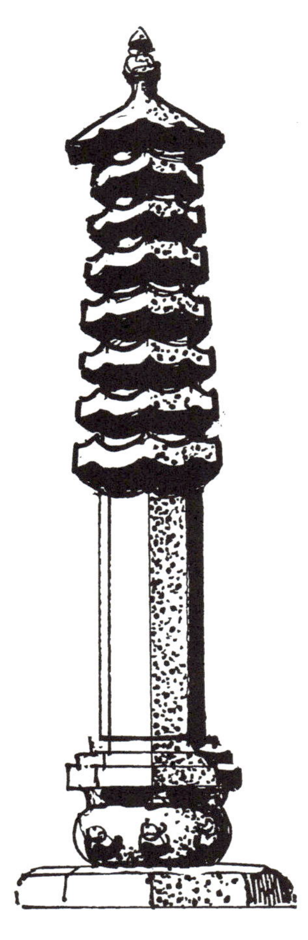

◀ 万松大师舍利塔

原在邢台市净土寺遗址，元至元十九（1282）建，毁于“文化大革命”。八角七层密檐幢式石塔，高约8米。

▶ 小开元寺塔

在邢台市龙泉寺村东山龙泉寺（又名开元寺）遗址。本名宝峰长老贵公寿塔。建于明正德三年（1508），2011年倒塌。六角五层密檐式砖石塔，高约17米。塔首翘立石雕雄鸡。

▲ 开元寺塔林

原在邢台市申家庄村南，分南北两处，分别是天宁寺与开元寺从唐至清各代僧人墓塔，20世纪50年代面积约2.6万多平方米，尚存一百二十多座。1967年存78座，后尽数被毁。原塔有密檐式、经幢式（下中）、覆钵式（下左），或四角（下右）、六角、八角，砖塔或石塔。大型砖塔多为八角七层，中型砖塔多为六角五层，小型砖塔多为四角三层或五层。

塔林公园石塔

在邢台市原开元寺塔院遗址。塔林在“文化大革命”间被毁，现于原址建公园，以元代石塔构件复建七座石塔，另散落石制构件。从存字可辨年号“至元”。通理大师都提点隐公塔形制最大，另有百泉瑀禅师塔、昙公禅师之塔、欣公藏王之塔、弘济大师之塔。圆融大师和通悟大师名字在同一座石塔上。

隆尧县

石佛寺舍利塔

在隆尧县尹村镇染红村石佛寺遗址。始建年代无考，北宋风格。八角六层砖塔，高8米，其下两层以砖雕代替塔檐，三层以上檐下设斗栱。

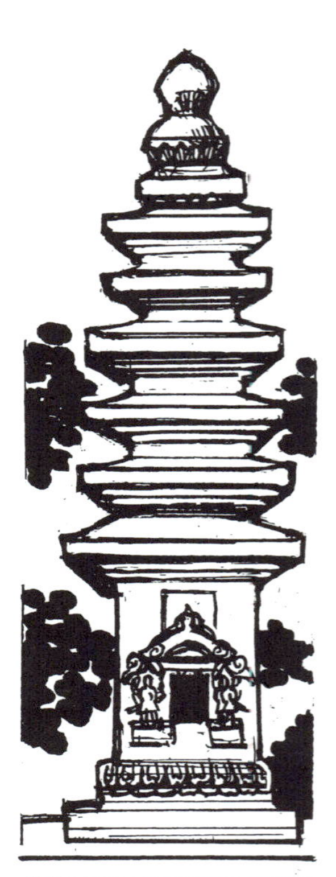

南贾乡石塔

在邢台市石门镇南贾乡村。全国重点文物保护单位。四角七层密檐式石塔，村民后加1层及塔刹。通高4.6米。正面佛龛龛口两侧有力士，内供一佛二弟子。明代续有“天启”题记。佛龛部分被盗走。

南宫市

普丹彤塔

在南宫市北旧城村普彤寺。始建东汉永平十年（67），三国魏、唐、宋重修，明嘉靖十五年（1536）重建。全国重点文物保护单位。八角九层楼阁式砖塔，高33米。七层以上实心。塔心有一砖井。1966年邢台地震，塔顶震掉红铜佛像3尊，最大一尊41厘米高观音菩萨，背部铭文：“永平十五年正月十五日摩腾建，竺法兰大耳三藏公至太和四年正月初五日海和尚重修，至嘉靖十五年七月十五日重建。”

临城县

▶ 普利寺塔

在临城县城东北部，全国重点文物保护单位。宋皇祐四年（1052）建，明嘉靖、万历年间重修。四角八层楼阁式砖塔，高33米。外、内壁分别刻974、40个佛像，又称万佛塔。塔内有井，有志云异僧持佛牙舍利葬于内，又称舍利塔。

◀ 普利寺僧塔

在临城县普利寺，三座八角幢式石塔，四角攒尖顶。高约5米。中间一座可辨认北宋“嘉祐”年号字迹。前座为“彭溪大和尚灵塔”。

邯郸市

峰峰矿区

▶ 南响堂寺塔

在邯郸市峰峰矿区全国重点文物保护单位响堂山石窟，始建隋开皇年间，清嘉庆年间重建，宋代风格，八角七层楼阁式砖塔，高约30余米。

北响堂寺长乐寺塔

在邯郸市峰峰矿区长乐寺遗址，北齐建。八角三层楼阁式实心石塔，残存两层多，残高近3米。

北响堂寺石窟石雕佛塔

在邯郸市峰峰矿区北响堂寺石窟1号窟，北齐造。单层亭阁式浮雕石塔。高约2米。

水浴寺妙用禅师塔

在邯郸市峰峰矿区南沟村北山腰水浴寺遗址。水浴寺主持妙用禅师灵塔，约建于元代。覆钵式石塔。宝顶已失。残高约3米。

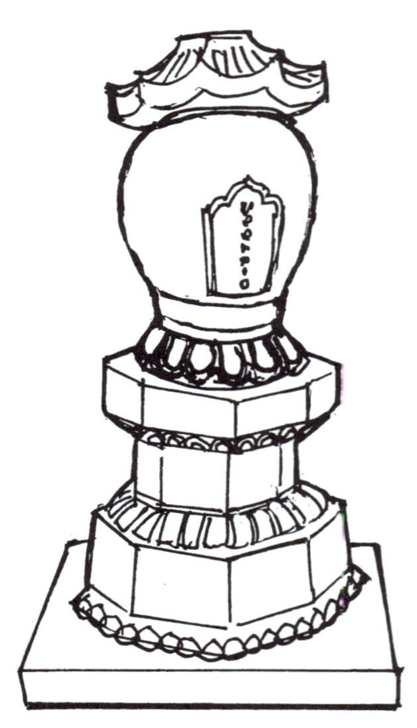

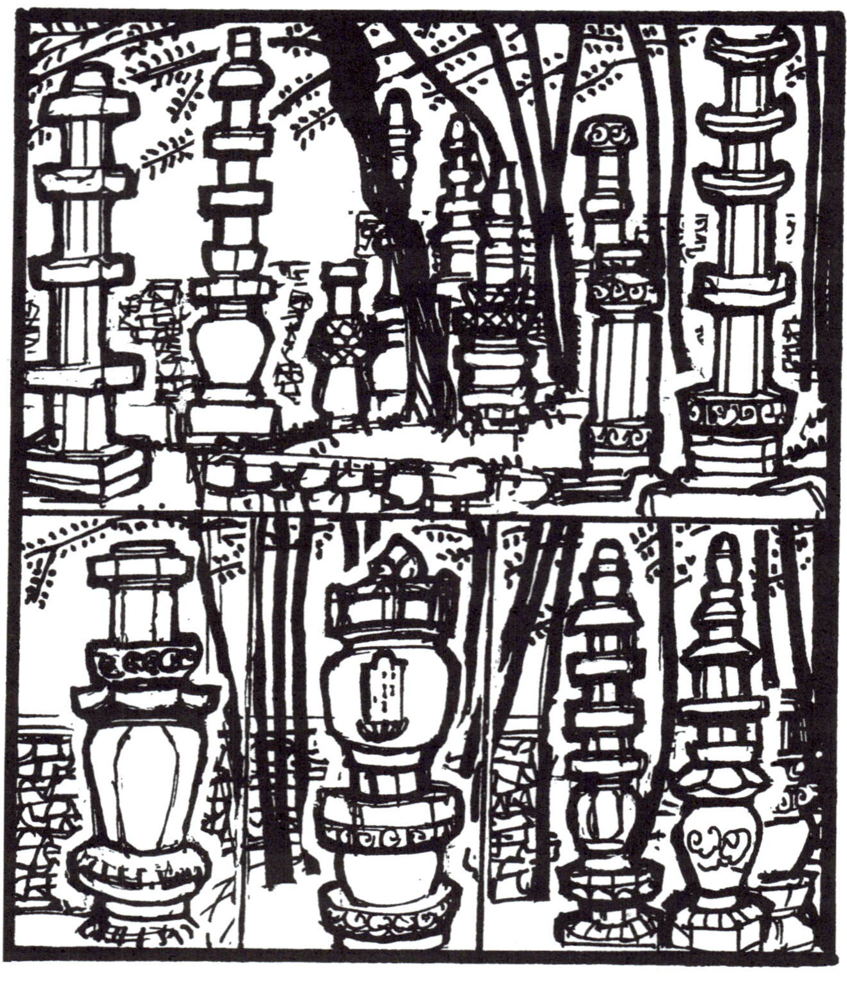

武安市

禅果寺塔林

在武安市活水乡寺沟村定晋岩景区，现存明高僧灵塔13座。形制各异石塔，高约四、五米。

▼ 禅果寺宋塔

定晋岩景区，宋代建。单层亭阁式砖塔。现存两座，一位于明石塔旁（图右），高约2米。一位于禅果寺大殿遗址后峭壁（图右）。薄青砖片砌建，外裹灰泥。塔刹已失。高约3米。

► 妙觉寺舍利塔

在武安市城区，宋元祐六年（1091）建。八角十三层楼阁式砖塔。38.71米高。塔心为八角形塔柱，内外层间台级达第九层。地宫方形穹隆顶，内壁有10尊石佛，题铭《宋元祐六年重修十方佛记》。

◄ 禅果寺明塔

定晋岩景区峭壁下。建于明嘉靖五年（1526），四角三层楼阁式十字顶石塔。高约5米。

▼ 野河塔

在武安市淑村镇野河村村南。宋代建，1994年重修。圆形七层楼阁式砖塔，高约十米。

▲ 沿平寺石塔

原在武安市午汲镇沿平村沿平寺，移至县城城隍庙。唐四角密檐石塔。残高3.12米。塔身正门侧各雕一力士。塔心室刻一佛二菩萨。背面雕妇人掩门（图右）。

► 南岗塔

在武安市磁山镇南岗村西。宋代建，明嘉靖三十六年（1557）重修。八角三层楼阁式砖塔，高约22米，地宫八角穹隆顶，高3米。

◄ 北安庄塔

在武安市北安庄乡。明代建。八角七层楼阁式砖塔，高二十余米。四层以上实心。四层和七层檐下斗拱加仰莲瓣承托。越往上棱角越不明显，至顶层几近圆形。

► 玉峰塔

在武安市午汲镇玉泉岭村山上，宋代建，1990年代重修。八角五层楼阁式砖塔，塔刹已残。高20余米。

◄ 郭宝珠塔

在武安市西土山乡西土山村后。郭宝珠为塔主名字。明代建，八角楼阁式砖塔，残存三级，高约5米。

► 圆音大师寿塔

在武安市管陶乡小店村外净明寺。元至正十三年（1353）建。幢式石塔，明万历三十九年（1611）和清道光三十年（1850）重修。被盗。

魏县

► 秦师塔

在魏县大马村乡曹堤村南。道士墓塔。明嘉靖四十五年（1566）建。鼓形石塔。高约3米。塔身刻有“大明坐化玄门秦师塔志铭”。

邱县

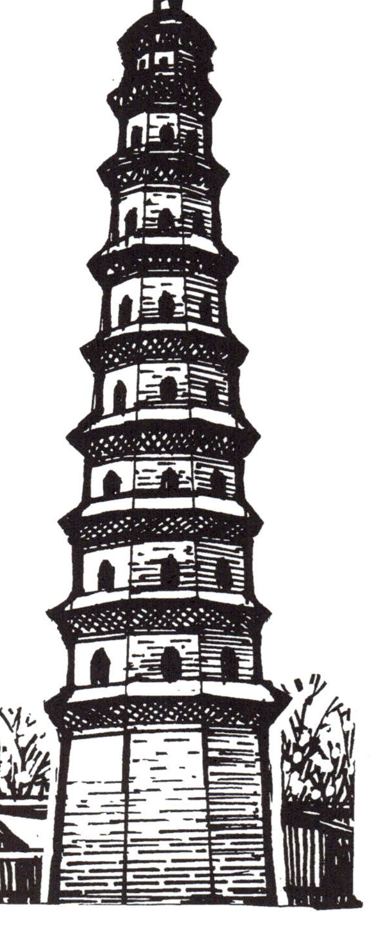

► 文峰塔

在邱县邱城镇洪济寺东南。宋皇祐五年（1053）建。明嘉靖、清康熙年间重修。六角七层砖塔，高三十余米。1950年倾圮。

涉县

◄ 铜佛寺石塔

在涉县辽城乡曲里村铜佛寺。明弘治十六年（1503）建。四角三层楼阁式石塔。高3米余。

◄ 铜佛寺千佛塔

在涉县辽城乡曲里村铜佛寺。各层浮雕佛像，称千佛塔。明嘉靖十三年（1534）建。八角七层楼阁式石塔。高约5米。

► 千佛洞石塔

原在涉县辽城乡曲里村外铁马岭山上。明代建。八角四层幢式石塔。“文化大革命”中被推倒，2011年残石重立千佛洞小庙前。高约2米。

▼ 昭福寺石塔

在涉县西戌镇昭福寺弥勒殿前，共两座。唐代建。四角八檐幢式石塔。高约6米。

▼ 曲里普同塔

原在涉县辽城乡曲里村。曾被盗，文物部门追回后存于娲皇宫景区一寺庙中。建于明嘉靖二十年（1541）建。八角楼阁式石塔，仅存上两级和塔刹。高约2米。

▼ 史家庄普同塔

在涉县木井乡史家庄村西北圣寿庵，明正德十一年（1516）建。五层幢式石塔，首层塔身圆鼓形，二至五层四角或八角。高8.69米。

▲ 静因寺凌云白塔

在涉县静因寺。清康熙三十二年（1693）重修。立于巨岩顶上，六角双层楼阁式石塔，高2米余。下图为寺内幢式塔残件。

成安县

◀ 元符寺二祖塔

在成安县东二祖村，是禅宗二祖慧可舍利塔。唐开元二十四年（736）建，唐天复、宋嘉祐、明永乐、清康熙年间重修。塔下八宝宫有铁链吊起石棺，银质内棺安放二祖舍利。“文化大革命”中拆除。八角三层楼阁式砖塔。高约30米。

山西省图谱

中国古塔全谱

太原市

迎泽区

▶ 四美园琉璃塔

原在太原市东米市四美园中，1959年移至迎泽区文瀛公园。清代造，一说为明代烧制。六角十二层楼阁式琉璃塔，高约6米。

◀ 永祚寺双塔

在太原市迎泽区郝庄永祚寺。全国重点文物保护单位。北塔因明宣文太后出资建塔称宣文塔，又称文峰塔；南塔称舍利塔。先后建成于明万历三十六年（1608）、四十年（1612）。均为八角十三层楼阁式砖石塔。北塔高54.85米。南塔高54.78米。

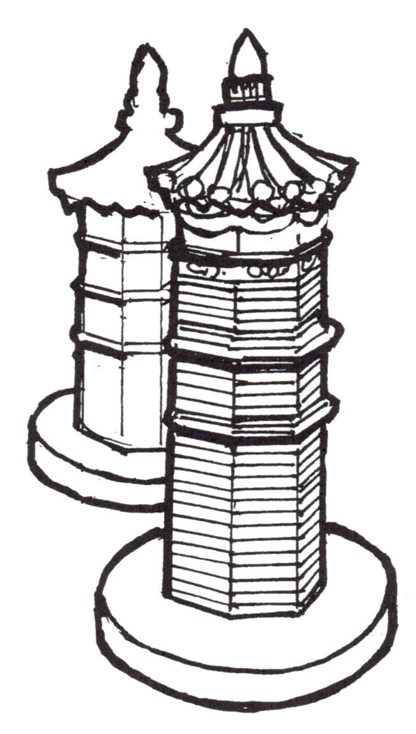

▶ 永祚寺外双塔

在太原市迎泽区郝庄永祚寺外。东西并立。清代建。均为六角三层楼阁式实心砖塔。东塔较矮，西塔较高，约五六米。

晋源区

▶ 奉圣寺塔

在太原市晋源区全国重点文物保护单位晋祠南端。始建于隋代（一说唐代），宋代重建时取名舍利生生塔。清乾隆十六年（1751）重建。八角七层楼阁式砖塔，高30余米。

◀ 难老泉分水塔

在太原市晋源区晋祠难老泉中分流处。时代不详。传说为纪念排解村民争泉之张郎所建。八角单层亭阁式石塔。高约2.5米。

▼ 悬瓮山万佛塔

在太原市晋源区悬瓮山麓。清乾隆十六年（1751）重建晋祠奉圣寺塔发现塔内充满石雕及泥塑佛像，特建万佛塔保存这批佛像。四方基座，宝瓶状砖塔，石额“无障碍”。通高6.7米。

▼ 惠明寺舍利塔

在太原市晋源区营村。又称阿育王塔。全国重点文物保护单位。隋仁寿二年（602）建。宋太平兴国四年（979）、明洪武十八年（1385）重建，清康熙年间、2016年重修。覆钵式砖塔，高53米。

◀ 观音塔

在太原市晋源区晋祠镇天龙山圣寿寺东南。清乾隆年间建，覆钵式砖石塔，高约20米。塔内供观音像，两侧十八罗汉。

▶ 正定慧公大和尚寿塔

在太原市晋源区天龙山圣寿寺内。明代建。覆钵式石塔。高约5米。

▶ 彻征老人容像塔

在太原市晋源区晋祠镇五坡村天龙山圣寿寺东南。清代建。瓶式砖塔，正面设龛供彻征老人容像。高约5米。

▲ 童子燃灯塔

在太原市晋源区西镇村龙山全国重点文物保护单位童子寺遗址。北齐天保七年（556）建。燃灯石塔。高5.03米。

▶ 圣寿寺云外什公禅师灵塔

在太原市晋源区天龙山圣寿寺外。明嘉靖五年（1526）建。覆钵式石塔。破损严重。残高约3米。

◀ 开化寺连理塔

在太原市晋源区罗城街道寺底村蒙山全国重点文物保护单位开化寺遗址。南为化身佛舍利塔，北为定光佛舍利塔。俗称连理塔。北宋淳化元年（990）建。四角单层亭阁式砖砌花塔，通高约11米。

尖草坪区

► 多福寺舍利塔

在太原市尖草坪区崛围山全国重点文物保护单位多福寺东南山顶。宋代（一说明代）建。清代重修。六角七层楼阁式砖塔，高25米。

万柏林区

► 虎狼寺高僧塔

在太原市万柏林区白道村。明代建。覆钵式砖塔。高约10米。

古交市

► 荣公和尚灵塔

在古交市邢家社乡刘庄村。明成化十三年（1477）建。六角单层幢式石塔。高3.2米。

▲ 真能和尚灵塔

在古交市邢家社乡刘庄村。明成化十五年（1479）建。2001年曾被盗，顶部修复后与原状不同。六角两层幢式石塔。高3.2米。

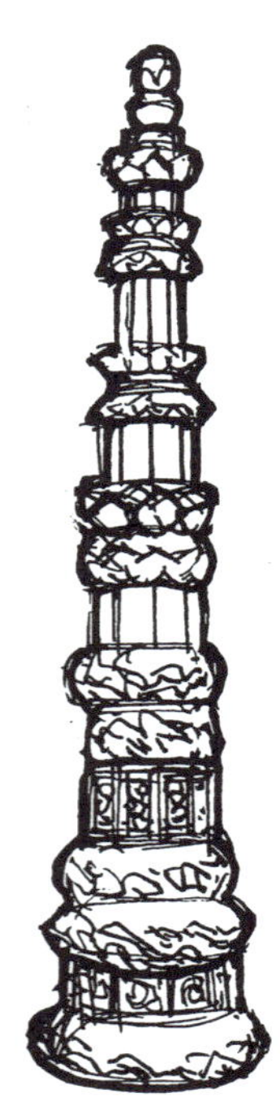

▲ 郡马墓塔

在古交市武家沟西。墓主无考。明嘉靖二十五年（1546）建。八角五层幢式石塔。高6米。

▲ 后沟塔

在古交市曹坪乡后沟村内。清乾隆三年（1738）建僧塔。覆钵式与六角三层楼阁式混合砖塔。塔顶为一小覆钵塔。高12米。

▲ 李从秀墓塔

在古交市原相乡下白泉村。明天启元年（1621）建。六角单层幢式石塔。覆莲塔檐，双层仰莲塔顶。高1.8米。

▲ 康汝利墓塔

在古交市古交镇李家社。清顺治八年（1651）建。八角三层幢式石塔。自下至上为八角、十二角及十六角。高13米。

清徐县

► 亿万峰和尚寿塔

在清徐县清原镇上固驿村。明嘉靖十八年（1539）建。八角六层幢式石塔。高15.20米。

► 梵宇寺塔林

在清徐县龙林山梵宇寺，现存唐宋元明20多座石雕灵塔。因风化，仅3座辨认出年代：宋太平兴国九年（984）、金承安二年（1197）或大安二年（1210）、元贞元元年（1294）的资公塔。小塔一般高约1米。

◄ 北宜武文峰塔

在清徐县徐沟镇北宜武村。建于清光绪三十一年（1905）。六角七层楼阁式实心砖塔。高15米。塔刹已毁。

◄ 资公塔

在梵宇寺塔林。元元贞元年（1295）建。四角单层亭阁式石塔。高25米。

▲ 文殊石塔

在龙林山梵宇寺北坡。又称梵宇寺东塔。唐贞元十三年（797）建。四角两层亭阁式石塔，高10.7米。

▲ 志公塔

在龙林山梵宇寺遗址西，又称梵宇寺西塔。五代建（一说后汉建）。四角单层亭阁式石塔。高2.4米。塔刹已毁。

阳曲县

▶ 不二寺石塔

在阳曲县黄寨镇首邑西路全国重点文物保护单位不二寺三圣殿前，存明石塔两座。一为六角三层幢式石塔，洪武三年（1370）建，高3.8米；一为残件砌成幢式石塔。

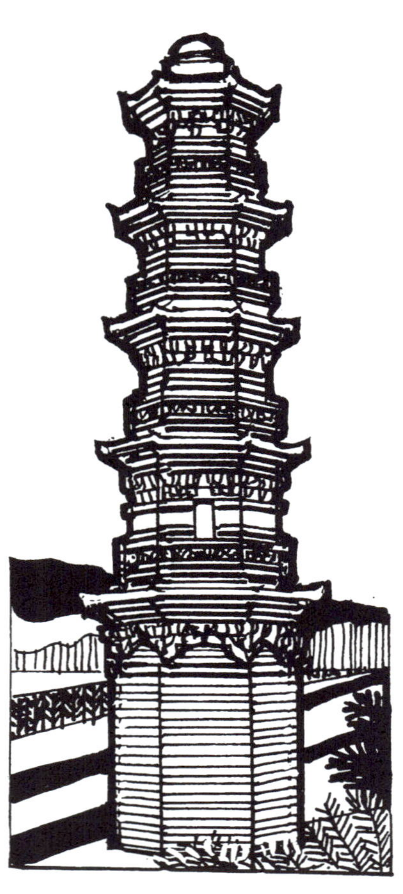

◀ 惠净禅师塔

在阳曲县黄寨镇小直峪村不二寺（1999年迁至首邑西路）原址。元至元十三年（1276）建，八角五层密檐式砖塔，高8米。

▶ 悟公和尚墓塔

在阳曲县杨兴镇杨兴村。建于元至元十九年（1282），现存八角单层石塔身，高1.15米。正面小龛有悟公和尚浮雕肖像。

▲ 帖木儿塔

在阳曲县杨兴镇史家庄村。全国重点文物保护单位。原5座，现存3座，中塔为元武德将军云南腾冲路达鲁花赤也先帖木儿大德九年（1305）为其父史仲显建墓塔，八角幢式石塔，高2.9米。两侧为帖木儿兄弟墓塔，建于元至正十年（1350）和至正十三年（1353）。八角三层楼阁式砖塔，高约7米。

◄ 鸣泰大师塔

在阳曲县东黄水镇盘威村北。建于元至元三十一年（1294），八角五层仿木构楼阁式实心塔，高8米。

► 无疑禅师灵塔

在阳曲县黄寨镇城晋驿村南。建于明正统十三年（1448）。无疑禅师为城晋驿华严寺住持。八角二层幢式石塔，通高4.35米。

◀ 三藏寺唐僧宝塔

在阳曲县泥屯镇龙泉村三藏寺山门外。据说玄奘曾游于此地。建于明万历二十五年（1597）。八角五层仿楼阁式实心塔。高12米。二层壶门内有唐玄奘塑像。

▶ 青善砖塔

在阳曲县泥屯镇西青善村。又名晋思大师塔、文慧寺塔。元延祐二年（1315）建。六角五层密檐式砖塔。高6米。塔刹已毁。

▲ 莎沟砖塔

在阳曲县黄寨镇莎沟村。又称魁星塔。清代建。六角二层楼阁式砖塔。内供文昌、魁星帝君。高6米。

娄烦县

▶ 郝相进墓塔

在娄烦县娄烦镇蒲峪村南梁上。明嘉靖年间建。八角七层幢式石塔。现存六层，残高约7米。

◀ 程怀仁墓塔

在娄烦县米峪镇国练村南。明万历十二年（1584）建。八角三层幢式石塔。高3.1米。

大同市

平城区

▶ 雁塔

在大同市平城区御河南路，又称文峰塔。建于明天启四年（1624）。1992年重修。八角七层楼阁式砖石塔。高约10米。

◀ 法华寺塔

在大同市平城区和阳街法华寺。明代建，后重修。覆钵式砖塔，琉璃相轮。高18米。塔内存一部《法华经》。

▶ 华严寺经幢铁塔

在大同市平城区华严寺大雄宝殿内两铁塔。明代造。一为立于柱上的四角悬山顶屋宇式；一为八角三层楼阁式。

云冈区

▼ 云冈石窟塔柱

在大同市云冈区全国重点文物保护单位云冈石窟。石窟开凿于北魏兴安二年到正光五年（453—524）。各窟中雕凿出中心塔柱及装饰佛龛的塔柱。

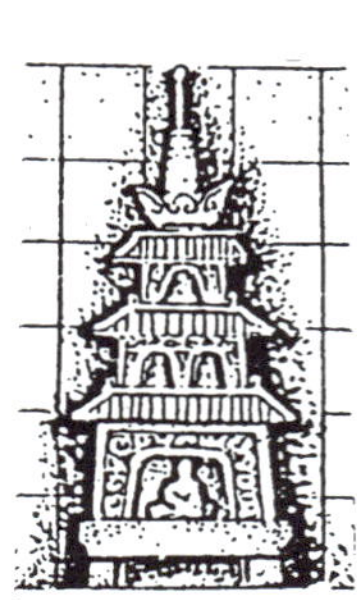

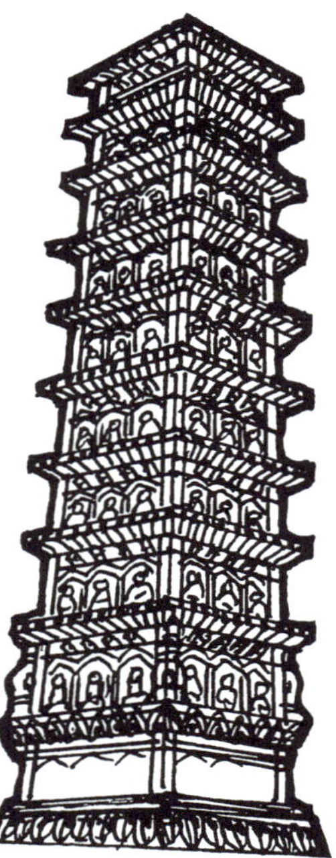

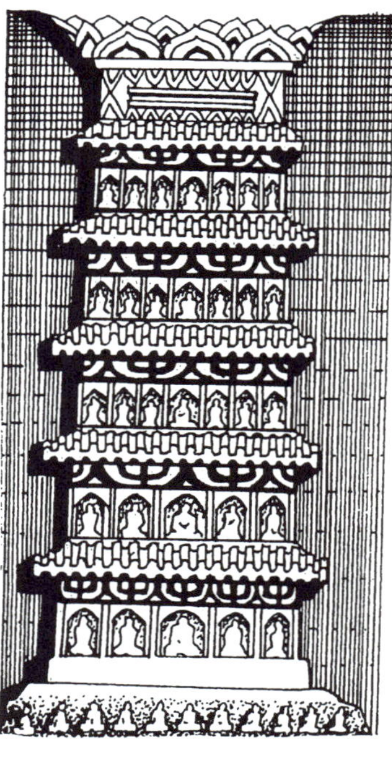

► 禅房寺砖塔

在大同市云冈区七峰山丈人峰巅禅房寺遗址。全国重点文物保护单位。辽代建，清乾隆年间、2007年重修。六角七层楼阁式实心砖塔。高约20米。

▲ 焦山寺塔

在大同市云冈区高山镇焦山寺石窟。明嘉靖年间建。四角三层楼阁式塔。塔身下部及塔顶局部石砌，其余大部分砖砌。各层内供佛像已毁，高11米。

◄ 塔山塔

在大同市云冈区口泉乡上窝寨村塔山龙泉观遗址。元代建。八角五层楼阁式砖塔，高约15米。

阳高县

► 杨塔村砖塔

在阳高县狮子屯乡杨塔村。辽代建。六角五层密檐式砖塔须弥塔座。高约8米。

天镇县

惠庆塔

在天镇县赵家沟乡柳子堡村。明代建。六角三层楼阁式实心砖塔。高约12米。

广灵县

水神堂塔

在广灵县壶泉镇壶山水神堂内。全国重点文物保护单位。清乾隆六十年（1795）建，光绪二十五年（1899）重修。六角七层楼阁式实心砖塔。高约17.5米。

灵丘县

觉山寺塔

在灵丘县红石楞乡觉山寺村。全国重点文物保护单位。北魏太和七年（483）建。辽大安六年（1090）重修。八角十三层密檐式砖塔。高约43.3米。一层塔室有木雕卧佛一尊。中心有八角塔心柱。

▶ 觉山寺佛塔

在灵丘县觉山寺外。辽代风格，四角三层密檐式砖塔。高5.3 米。

浑源县

▼ 圆觉寺塔

在浑源县城石桥北巷圆觉寺。全国重点文物保护单位。建于金正隆三年（1158），明成化年间重修。八角九层密檐式砖塔。高20米。首层塔心室塑释迦佛。铁刹尖端立翔凤随风转动。

▼ 千佛宝塔

在浑源县千佛岭千佛岭。塔下为石窟。明代建。六角四层楼阁式实心砖塔。塔刹残损。高7米。

左云县

▶ 保安堡和尚塔

在左云县管家堡乡保安堡村外。清代建。八角三层楼阁式实心砖塔。残高5.2 米。

阳泉市

平定县

天宁寺双塔

在平定县冠山镇城里村南营街天宁寺遗址。双塔东西对峙。全国重点文物保护单位。宋至道元年（995）建。历代修葺。均为八角四层楼阁式砖塔。底层四面砌佛像券洞。明嘉靖三十八年（1559）置铜塔刹。高约21米。

盂县

霞峰塔

在盂县路家村镇霞峰山巅。原名万元塔，俗称蛤蟆瑙塔。明初建。八角七层楼阁式砖塔。底层红砂岩条石砌筑，上三层空心。高28米。

秀寨村舍利塔

在盂县南楼乡秀寨村南惹寺旧址。元元贞元年（1295）建。六角五层楼阁式实心砖塔。高18.5米。

菩萨戒比丘镇庵塔

在盂县双鹤山龙兴寺旧址。清雍正五年（1727）为纪念唐比丘李通玄在此撰《新华严经论》而兴建。六角六层楼阁式砖塔。第四层塔身辟三拱龛供奉华严三圣，二、四、六层仿木构塔檐。塔顶已毁，残高8米。

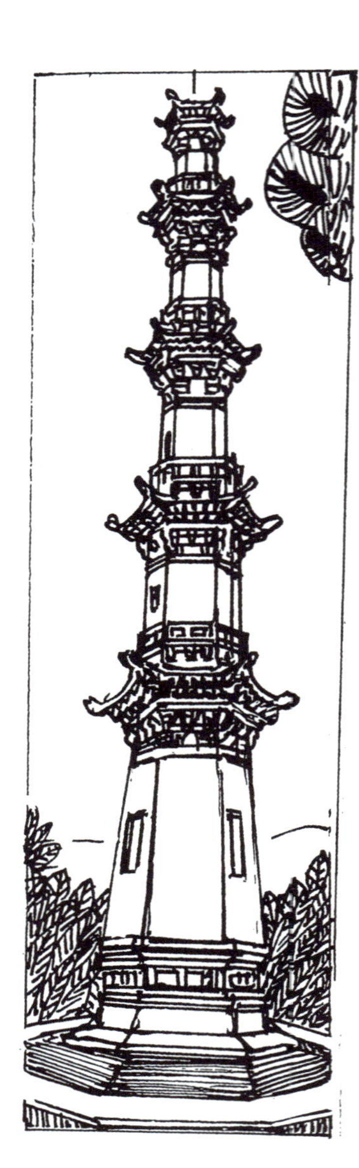

长治市

潞州区

▶ 崇教寺塔

在长治市潞州区景家庄崇教寺遗址。明代建。覆钵式塔，石砌八角须弥座。塔身砖砌。高约10米。

潞城区

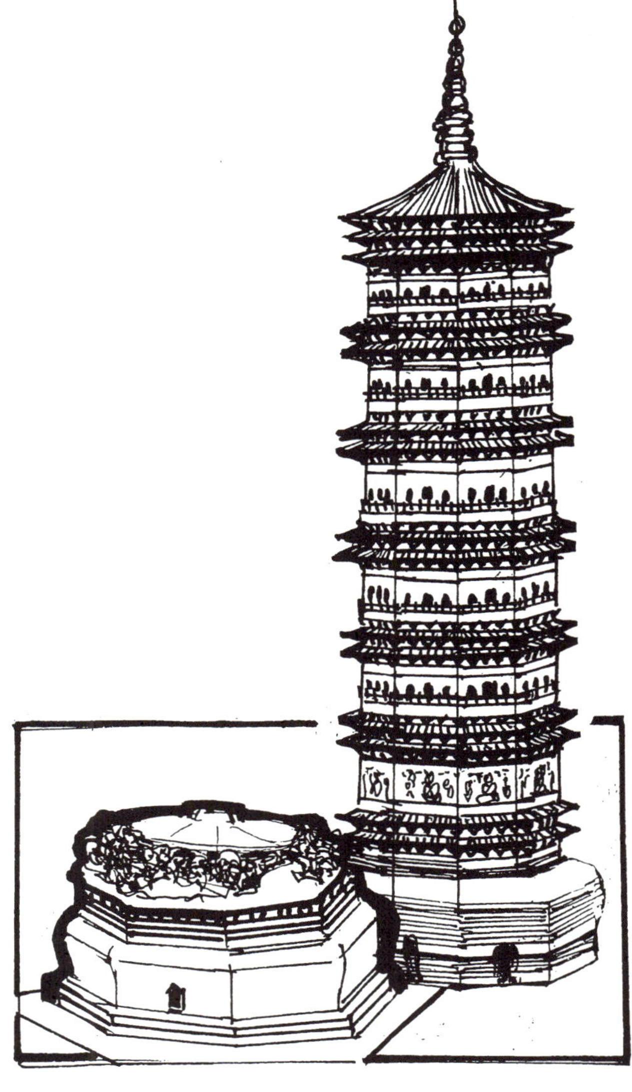

▶ 潞州六府塔

在长治市潞城区解放西路西寺巷宝瑜寺院遗址，也称宝雨寺塔。下部八棱覆钵式，上部六层十五檐空筒八角密檐式。始建于隋，金元修复。现存下部，就近按原式样建新塔。1958年在塔基中出土石椁等文物。

◀ 大圣宝塔

在长治市潞城区凤凰山巅原起寺。俗称青龙宝塔。宋元祐二年（1087）建。八角七层楼阁式砖塔。高约17米。

上党区

▼ 清化寺造像塔

在长治市上党区师庄乡青岗村羊头山清化寺及石窟周围有石塔数座。山顶北魏太和年间石雕四角造像塔，塔座状似伏羊得山名。另有北魏四角楼阁式、唐代圆筒形密檐式石塔，檐数一至七层，高度2至6米。

► 蚕姑塔

在长治市上党区南宋乡长掌村牛雨山。俗称牛雨山石塔。金皇统八年（1148）建。四角五层楼阁式塔，高约16米。三层背面镶建塔题记。

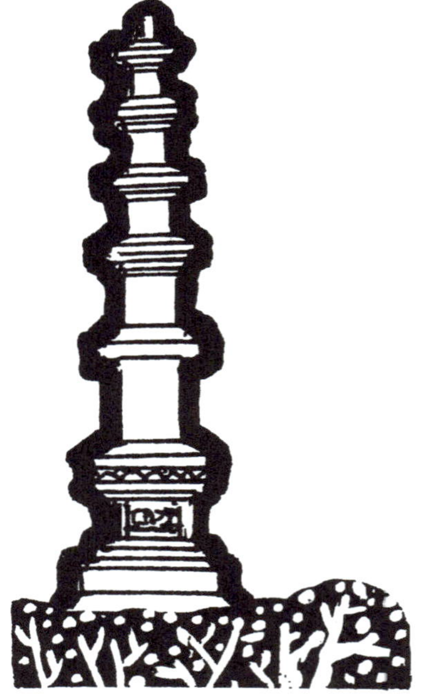

◄ 西岩寺塔

在长治市上党区荫城镇桑梓村。又称丈八寺塔。全国重点文物保护单位。初建于唐，四角楼阁式，残存八层，高约18米。三层背面镶建塔题记。

屯留县

▶ 玉溪禅院舍利塔

在屯留县西贾乡魏村南翠屏山玉溪禅院内。建于明弘治十一年（1498）。六角七层楼阁式砖塔。高约13米。

◀ 金禅寺先师和尚舍利塔

在屯留县上莲乡三峻山巅。全国重点文物保护单位。唐始建，后代修葺。四角十一层密檐式砖塔。塔刹无存。残高11.1米。

平顺县

▶ 明惠大师塔

在平顺县茏兰岩乡虹霓村海会院遗址。全国重点文物保护单位。南唐长兴三年（932）建。四角单层亭阁式石塔。塔刹由束腰、山花蕉叶、覆组成，锥形宝珠刹。高4.5米。塔身背面嵌《海会院明惠大师铭记》。

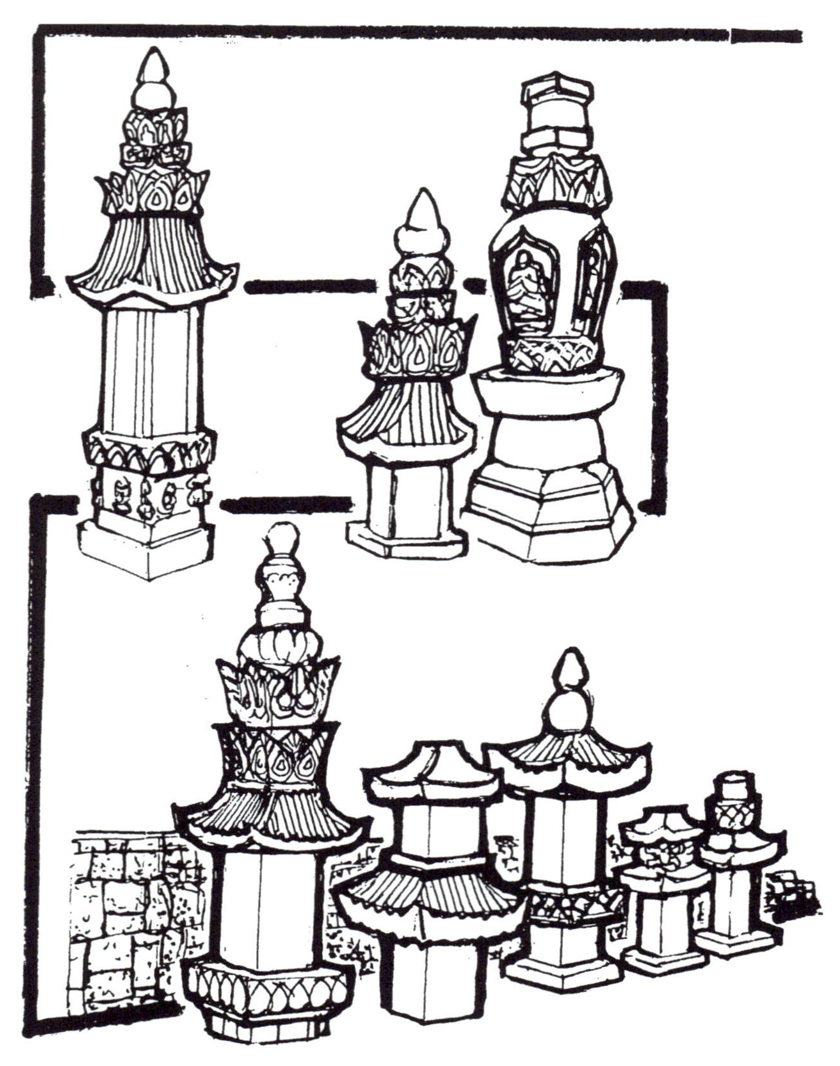

◄ 龙门寺塔林

在平顺县石灰里龙门寺外山坡。现存13座寿塔、骨塔、衣钵塔、普同塔。明代风格四角幢式、覆钵式石塔，一至三层。高5米以下。

► 圆寂和尚墓塔

在平顺县石城镇龙门寺外。清光绪八年（1882）建。四角单层亭阁式石塔。山花蕉叶仰莲宝瓶刹。残高约3米。

◄ 七宝塔

在平顺县实会乡实会村龙耳山大云寺前。后周显德元年（954）建。八角五层石塔，现存二层，下层亭阁式，上层幢式。上覆大圆盖宝珠顶。高6米。

► 金灯寺塔林

在平顺县玉峡关乡背泉村金灯山麓金灯寺旁。全国重点文物保护单位。有46座石塔，大小不等，多为覆钵式与幢式塔，少数组合式。最大的千佛塔建于明弘治十三年（1500），六角五檐幢式石塔，高约10.3米。塔身刻千余座佛像，下有地宫。

◄ 妙轮寺舍利石塔

在平顺县东寺头乡寺头村北妙轮寺遗址。元天历三年（1330）建。基座埋于土下。六角两层楼阁式石塔，高约4米。

黎城县

▼ 圣水寺三塔

在黎城县黄崖洞镇清泉村圣水寺内有三座塔。北宋初年建。分别为四角三层楼阁式、幢式（残存单层）及覆钵式石塔。高1至3米。

壶关县

▼ 下寺村塔林

在壶关县双石乡下寺村坡地。大多残损，仅明代建无瑕禅师普同石塔较完整。覆钵塔石塔，六角塔檐。塔刹已毁，高约4.5米。

武乡县

洪济院千佛塔

在武乡县东良乡东良侯村全国重点文物保护单位洪济院内。金代建。四角石塔，高约2米。

离相寺砖塔

在武乡县洪水镇小西岭村南德峰山离相寺。现存小塔两座。明代建。六角两层亭阁式砖塔，高约3米；覆钵式砖塔，高约5米。

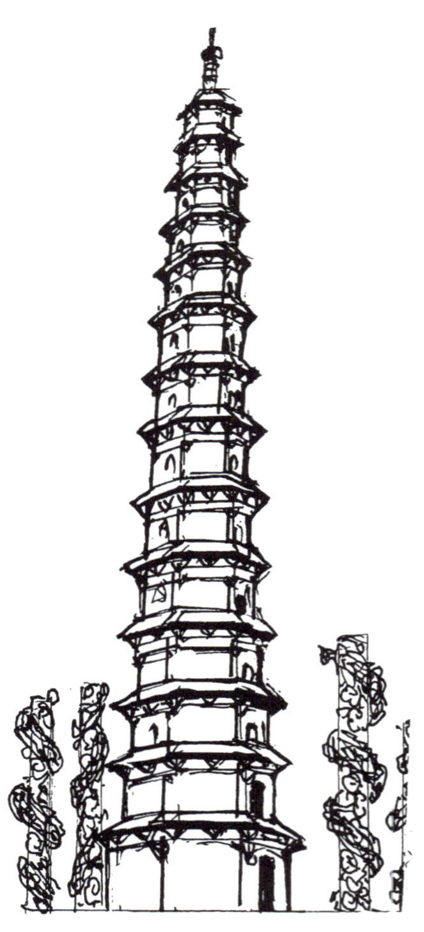

净业庵千佛塔

在武乡县段村镇净业庵。建于清康熙四十九年（1710），1982年重修。八角十三层楼阁式砖塔，高45米。第二层南门匾额“花开见佛”。金属、琉璃混合成皇冠形塔刹。

长子县

法兴寺塔

在长子县张家乡崔庄村翠林山全国重点文物保护单位法兴寺。又称石殿。唐咸亨四年（673）建。四角二层楼阁式石塔。高14米。藻井浮雕八瓣莲花，四壁壁画。塔前两侧分立八角三层幢式石塔。高2.3米。

◄ 法兴寺燃灯塔

在法兴寺内圆觉殿前。唐大历八年（773）建。八角灯亭形塔。束腰雕八个伎乐人。高2.4米。

► 法兴寺石塔

在法兴寺后院右侧。四角五层幢式石塔，塔身嵌有元至元二年（1265）碑。高约10米。

沁县

► 南涅水村石塔

在沁县定昌镇南涅水石刻馆（又名二郎山石刻馆）内。1959年在一古寺遗址出土1100余块（尊）石刻，皆雕有佛龛和各种图案。题刻在北魏永平三年至宋天圣九年（510—1031）间。展出389块刻像石组装叠垒成的53座造像石塔。分别由5—7块迭叠成塔。高3米左右。

◄ 舍利塔

在沁县迎春乡北嶂村西南。清代建。六角二层密檐式砖塔，残高2.2米。二层嵌砖雕题记。

灵应塔

在沁县张村乡侯家庄村东。1923年重修，六角三层楼阁式石塔。底层门额“灵应宝塔”。高约6米。

灵泉寺三塔

在沁县新店镇南池村二神口东。明末建。八角两层楼阁式砖塔，高4.5米。

龙珠寺三塔

在沁县牛寺乡牛寺村仙鹤山。晚清风格。三座覆钵式砖塔。高约5米。塔身设佛龛。

隆福寺塔

在沁县南泉乡西沟村。明代建。两层楼阁式砖塔，首层圆形，二层六角。高约5.5米。因遭盗掘严重受损。

灵应龙王庙道士塔

在沁县定昌镇东岭头村。清代风格。八角七层楼阁式石塔，现存两层。高5米。首层有砖雕题记。

◀ 法华寺祖师塔

在沁县松林乡后庄村安乐山，清嘉庆道光年间建。下部四角单层屋宇，上部三层楼阁式石塔，首层六角，二三层四角。

襄垣县

► 东城村塔

在襄垣县虒亭镇东城村。清代建。六角三层楼阁式砖塔，高5.2米。

▲ 百法疏主和尚灵塔

在襄垣县城关镇南里信村建封寺西侧。唐贞观九年（635）建。明代重建。幢式石塔。6.4米高。

晋城市

城区

► 景公塔

在晋城市城区凤台西街白马寺。清康熙三年（1664）重建。八角七层楼阁式砖塔，高约23米。首层塔心室供奉送子观音，塔身背面嵌康熙重修碑文。

► 文笔峰塔

又称回军塔，在晋城市城区钟家庄街道文笔峰寺旁。明万历三十七年（1609）建。八角九层楼阁式砖塔，高37米。首层立重修石碑。

高平市

◄ 南陈奎星塔

在高平市南城街道南陈村。清嘉庆十七年（1812）建，2014年纠倾加固工程。八角七层楼阁式砖塔。高16米。

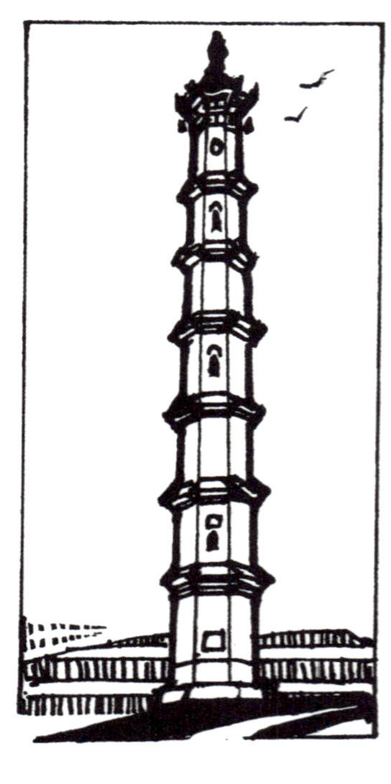

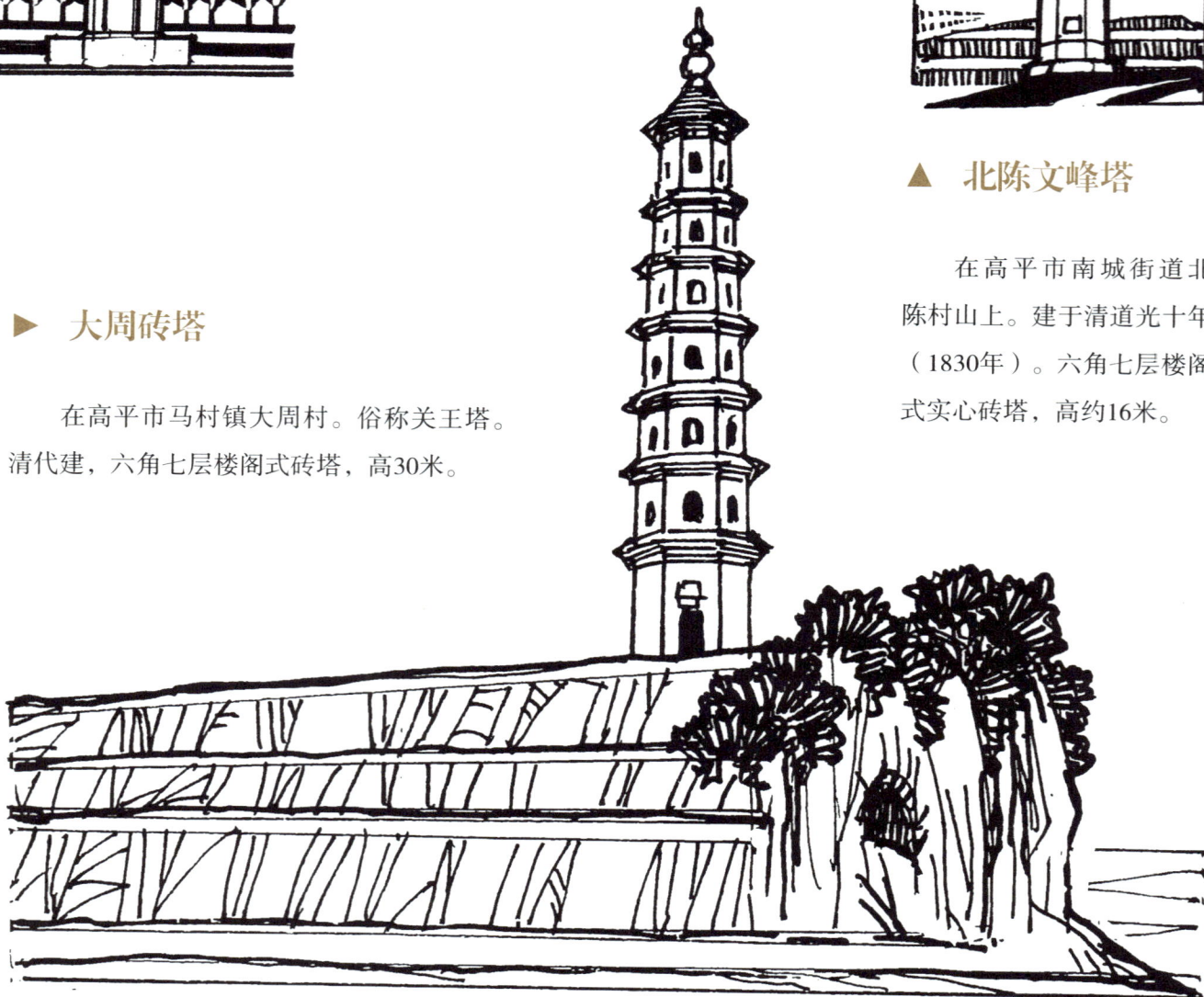

▲ 北陈文峰塔

在高平市南城街道北陈村山上。建于清道光十年（1830年）。六角七层楼阁式实心砖塔，高约16米。

► 大周砖塔

在高平市马村镇大周村。俗称关王塔。清代建，六角七层楼阁式砖塔，高30米。

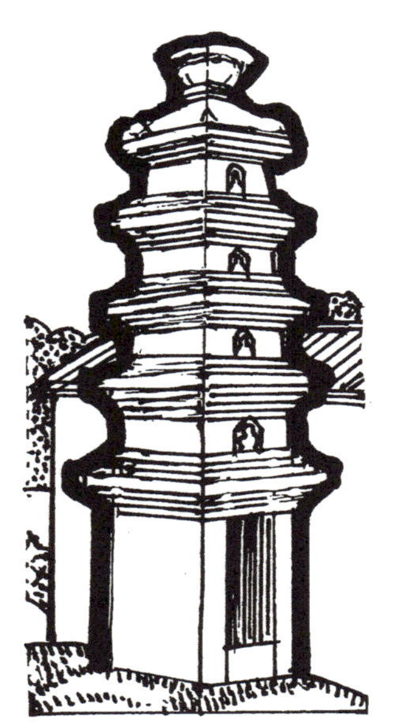

◀ 邢村唐塔

在高平市三甲镇邢村西北。唐开元十年（722）建，四角五层密檐式石塔，高4米。

▶ 神农塔

在高平市神农镇神农庙大殿前。原名六名寺塔。1923年建。八角三层亭阁式砖塔。高约6米。二层嵌“金刚舍利多佛宝塔”石匾。

◀ 游仙寺砖塔

在高平市河西镇宰李村游仙山游仙寺东侧。又称挥公讲主塔。元至元七年（1270）建。八角七层密檐式砖塔，门额刻建塔题记。

▼ 开化寺墓塔群

在高平市陈区镇王村舍利山全国重点文物保护单位开化寺外。现存五代后唐石塔4座（图左）：大愚禅师塔（图右），同光三年（925）建，四角单层亭阁式。塔刹已毁，高约4米；尊宿洪济大师灵塔；清公塔，四角三层密檐式，底层正面嵌元至顺二年（1331）铭；无名塔。

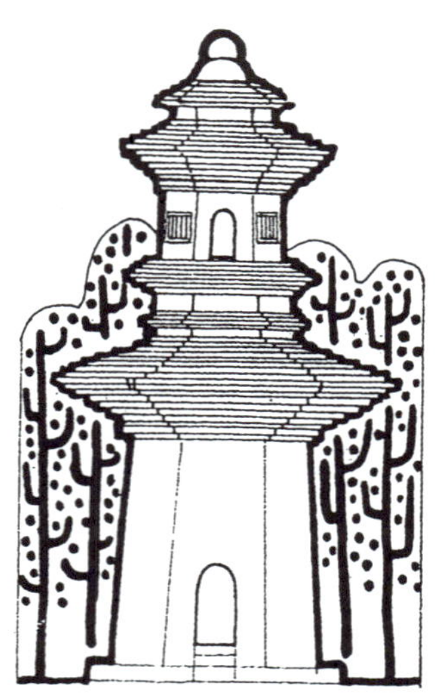

◀ 开化寺北塔

在开化寺外。宋代建。八角二层楼阁式砖塔。

▶ 开化寺南塔

在开化寺外。宋代建。四角二层楼阁式砖塔。

沁水县

▶ 尊宿无表舍利塔

原在沁水县南大村老君庙，现存沁水县博物馆，俗称南大石塔。宋开宝六年（973）建，为端氏县大义村遵宿无表舍利塔。八角单层幢式石塔。现存塔身以下部分。高2米多。

◀ 玉溪石塔

在沁水县胡底乡玉溪村。唐代建，明正统十年（1445）重修。四角五层楼阁式石塔。6.3米高。

陵川县

▶ 三圣瑞现塔

在陵川县古积镇积善村昭庆院。全国重点文物保护单位。隋创建，金大定九年（1169）重建。四角十四层密檐式砖塔。高约30米。当代仿此塔形建水塔，成双塔并立景观。

阳城县

► 圣寿寺琉璃塔

在阳城县芹池镇阳陵村圣寿寺。全国重点文物保护单位。明万历三十六年（1068）建。八角十层楼阁式琉璃塔。一至四层四面雕塑人物，偶数各层每面各施20个佛龛及须弥山画面。高约25米。

▼ 北留石塔

在阳城县北留镇大桥村。唐开元年间建。八角二层石塔。

▲ 海会寺双塔

在阳城县北留镇大桥村龙泉寺。全国重点文物保护单位。均琉璃楼阁式砖塔，塔身镶满佛像。顺敏和尚塔（图左），后梁龙德二年（922）建，宋代重建，八角十层，高26米；另一塔（图右）明嘉靖四十年（1561）建，八角十三层，高50米，下三层外围砖墙，第十层出擎檐柱外廊。

泽州县

▼ 古青莲寺舍利塔

在泽州县金村镇青莲寺南庄硖石山。俗称无影塔。明万历二十四年（1596）建，覆钵式石塔。刹顶覆钵式小塔原铜相轮在抗战中用于制作炮弹。高25米。

▲ 天柱塔

在泽州县大阳镇，俗称大阳塔，亦名提雁塔。明万历三十年（1602）建成。八角九层楼阁式砖塔，高25米。

► 周村魁星楼

在泽州县周村镇周村。明清建筑。六角三层楼阁式砖木塔。二楼檐下施斗栱。

◄ 慧峰大师塔

在泽州县金村镇硖石山青莲寺外。全国重点文物保护单位。唐乾宁二年（895）建。八角单层幢式石塔。高5米。

朔州市

朔城区

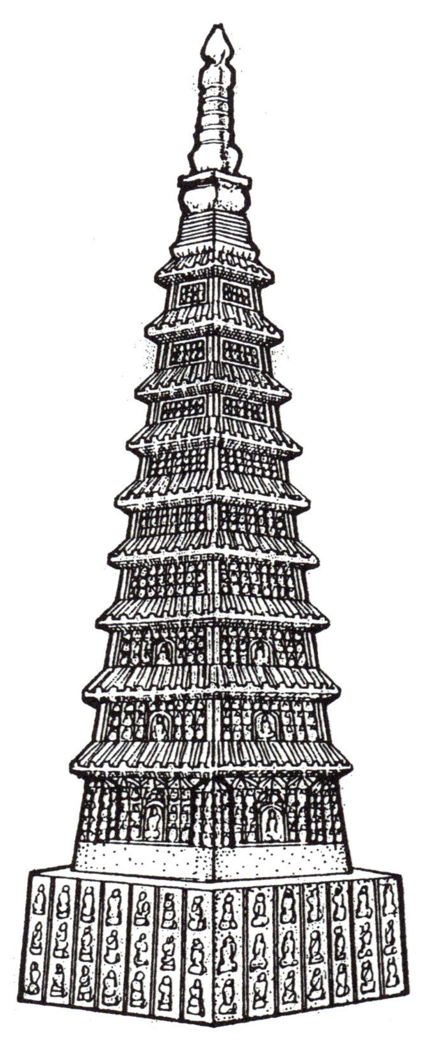

► 崇福寺小石塔

原在朔县崇福寺内，塔身流落台湾台北历史博物馆，塔刹今留朔州市朔城区东大街全国重点文物保护单位崇福寺弥陀殿。北魏天安元年（466）曹天度造千佛石塔。四角九层楼阁覆钵组合式石塔。高1.8米。

应县

◄ 木塔

在应县佛宫寺内。本名佛宫寺释迦塔。全国重点文物保护单位。辽清宁二年（1056）建。八角五层楼阁式塔。各层设夹层，实为9层。高67.31 米。底层直径30.27米。塔内供奉两颗佛牙舍利。

南上宅舍利塔

在应县南泉乡南上宅村关帝庙。辽代建。八角三层幢式石塔。

净土寺舍利塔

在应县全国重点文物保护单位。净土寺大雄宝殿前。宋天禧五年（1021）建，八角五层幢式石塔（图中背景），“文化大革命”中被毁，残存塔身八棱石构件，高约0.4米。一面刻“舍利塔”三字，另外三面刻佛像，四面刻四方佛法名。

山阴县

瑞云寺塔

在山阴县马营家乡沙家寺村瑞云寺内。明万历五年（1577）建。六角五层密檐式砖塔。高约11米。

怀仁县

清凉寺塔

在怀仁县何家堡乡悟道村西清凉山。也称清凉山塔、魁星塔。辽中期建，1993、1994年重修。八角七檐密檐式砖塔。高约11米。

晋中市

太谷区

普慈寺白塔

在晋中市太谷区南寺街全国重点文物保护单位普慈寺（原名无边寺），又称无边寺白塔。晋代建，宋元祐五年（1090）重建。八角七层（内九层）楼阁式砖塔。高43米。塔内供空望佛，“文革”中被毁，后改供水神。

凤凰山三塔

在晋中市太谷区侯城乡东山底村福禄寺遗址。又称福禄寺三塔或风云雨塔，俗称凤山三塔、雁行三塔。唐始建，明弘治七年（1494）重建。清康熙四十七年（1708）、咸丰元年（1851）重修。中塔于2007年重建。均六角五级砖塔。东塔高24米，西塔高26米。

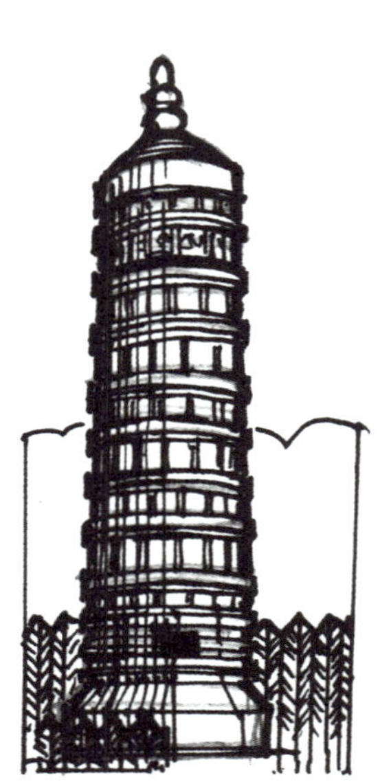

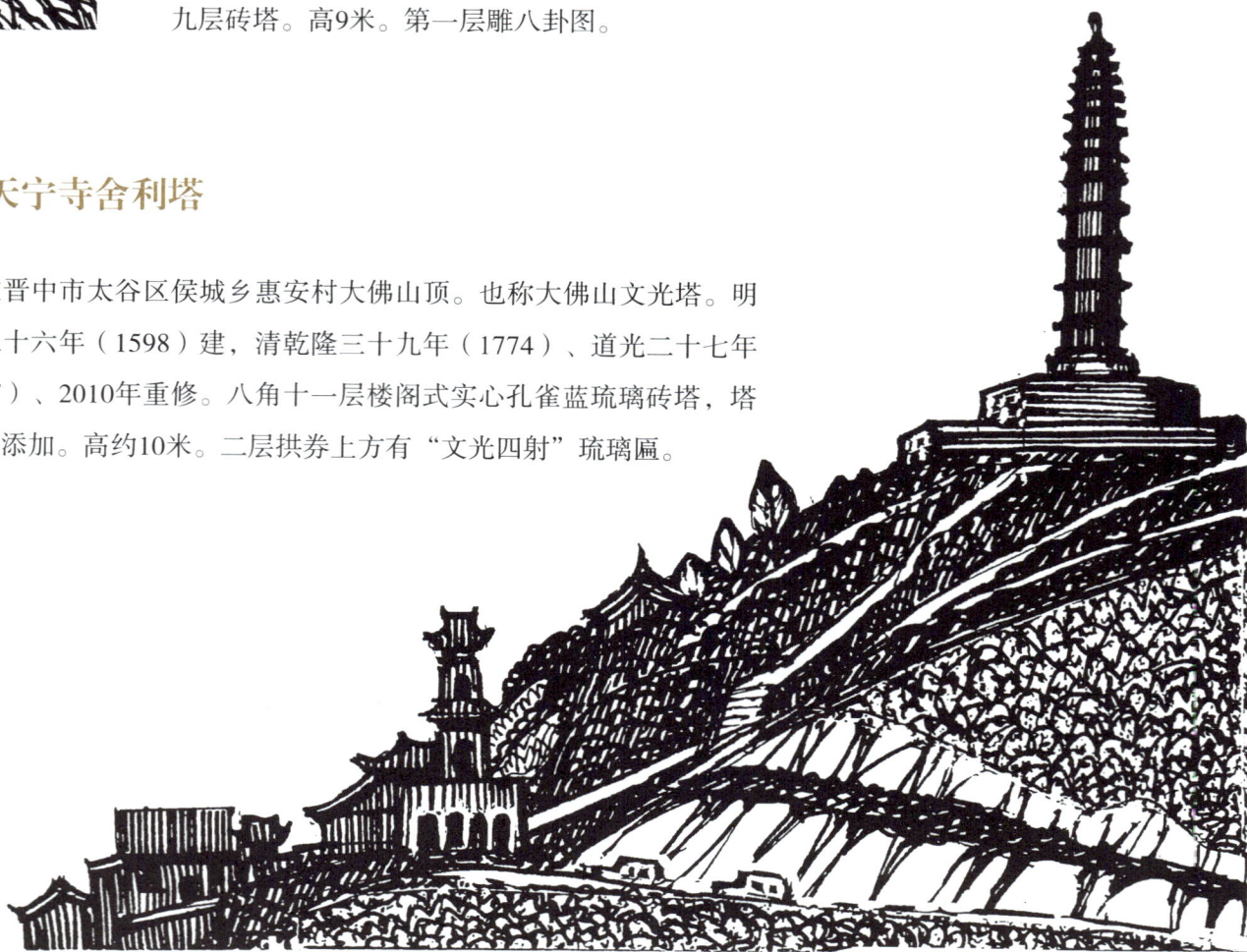

▶ 上黑峰石塔

在晋中市太谷区侯城乡上黑峰村爱黄坪。年代不详。塔身长方体，塔顶四棱锥体。高5.35米。神龛楹联：“始開衣裳主；运际昇平王。”门楣“如在其上”。石额“玉皇大帝”。

◀ 西山底石塔

在晋中市太谷区北洸乡西山底村，明代建，圆形九层，高八米，第七层雕八卦图。

▶ 浒泊村石塔

在晋中市太谷区侯城乡浒泊村。年代不详。六角五层幢式石塔。高约3米。

◀ 白城墓塔

在晋中市太谷区北洸乡白城村南。明代建。圆柱形九层砖塔。高9米。第一层雕八卦图。

▶ 天宁寺舍利塔

在晋中市太谷区侯城乡惠安村大佛山顶。也称大佛山文光塔。明万历二十六年（1598）建，清乾隆三十九年（1774）、道光二十七年（1847）、2010年重修。八角十一层楼阁式实心孔雀蓝琉璃砖塔，塔刹为新添加。高约10米。二层拱券上方有“文光四射”琉璃匾。

◀ 井神村塔

在晋中市太谷区北洸乡井神村，现存两座塔。年代无考，疑为明代建。砖塔（图左）圆柱形，上有砖雕，已塌毁一半。石塔（图上）在山顶上，六角五层楼阁式实心石塔。

▶ 三台墓塔

在晋中市太谷区北洸乡三台村梨园。又名崔家茔知府墓塔。明万历十三年（1585）建。圆柱形砖石塔。高约5米。塔身浮雕十一层图案。

◀ 燃灯塔

在晋中市太谷区范村镇蚍蜉村山崖上。据形制分析，系北朝时期建。石砌筑燃灯塔，破损不甚完整。高米余。

介休市

▶ 凌空塔

在介休市龙凤镇龙凤村。俗称龙凤塔、龙观塔、姑姑塔。唐代建，清雍正十年（1732）重建，乾隆四十三年（1778）重修。八角九层楼阁式砖塔，高38米。

◀ 史公塔

在介休市北河沿街。又称北坛塔。清乾隆十三年（1748）为纪念明知县史记事所建。八角七层楼阁式砖塔，高35米。

▶ 绵山塔林

在介休市绵山云峰寺附近，又称佛骨塔林，绵山历代高僧墓塔。现存清代建单层六角亭阁式砖塔10座、四角二层亭阁式砖塔1座。高 5米以下。

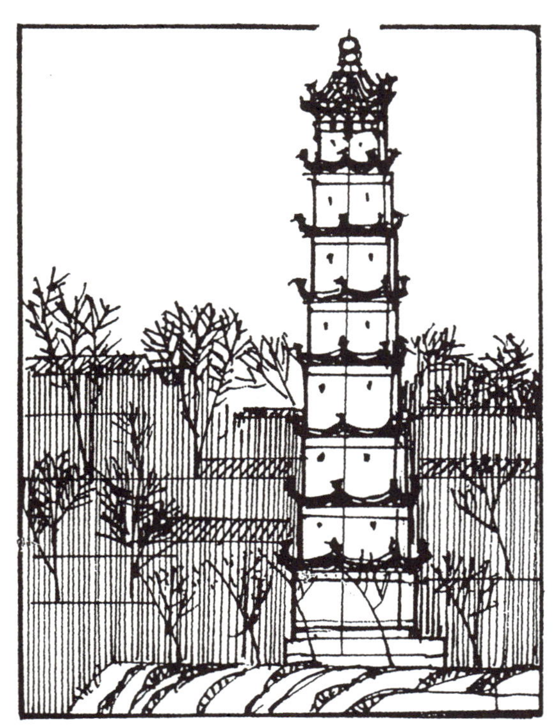

◀ 奎星塔

在介休市绵山镇焦家堡村北。清嘉庆五年（1800）建。六角七层实心砖塔，高23米，首层壶门置奎星塑像，第七层砖雕“文光射斗”匾。各层转角饰高大兽头。

▼ 虹霁寺塔

在介休市义棠镇银锭山虹霁寺。也称虹霁塔、弘（宏）济塔。明万历十八年（1590）建。八角九层楼阁式砖塔，高31米。

▲ 文峰塔

在介休市连福镇樊王乡一步崖村天峻山。明万历年间建，清同治九年（1870）重建，近年重修。圆锥形实心石塔。高25.18米。

▲ 摩斯塔

在介休市绵山镇绵山铁瓦寺北。始建明代之前，疑为清代遗存。八角七级空心石塔，塔刹已佚。高约20米。

榆社县

▶ 响堂寺禅师塔

在榆社县城关镇桑村沟庙岭响堂寺东北山巅。唐代建。四角单层亭阁式石塔。高4米。

◀ 空王佛山石塔

在榆社县河峪乡空王佛山。唐代建，明正德年间重修。四角单层亭阁式石塔。塔刹已毁。高2.52米。

▶ 青龙寺塔

在榆社县城道檐沟青龙寺遗址。宋代建。四角两层幢式石塔。高4.7米。

◀ 果老峰石塔

在榆社县河峪乡杨家沟村果老峰。北齐天统三年（567）凿造。四角四层楼阁式以整块石凿成。高3.53米，各层刻佛龛。

▶ 郝北村寿圣寺塔

在榆社县郝北镇郝北村寿圣寺。明代造。八角五层密檐式砖塔。高约5米。

▶ 邓峪塔

原在榆社县郝北镇邓峪村古庙，流落台湾中台禅寺，2017年归还入藏山西博物院。塔身刻唐开元八年（720）字样。四角二层幢式石塔。整石凿成。高3.2米。

◀ 文峰塔

在榆社县箕城镇城关村巽山。清雍正三年（1725）建。八角十三层楼阁式砖塔，高38米。

▶ 无影塔

原在榆社县温家庄乡寺沟村方山国家森林公园。明代建筑风格。覆钵式与八角十层密檐式组合石塔。高11米。

寿阳县

► 八角塔

在寿阳县平头镇董家村松罗院内。宋代建。八角两层幢式石塔。高约4米。塔身刻《佛顶尊胜陀罗尼经》。1995年被盗。

◄ 西草庄塔

在寿阳县羊头崖乡西草庄村。也称舍利塔，初步断定宋代建。八角两层亭阁式砖塔。高5米多。

▼ 兴福寺李公墓塔

在寿阳县平头镇家堙村兴福寺遗址。建于金大定十年（1183）。六角二层幢式石塔。

► 妙胜寺塔

在寿阳县西洛镇王村。明代建。六角楼阁式砖塔。残高四层约10米。

▶ 羊头崖千佛寺塔

在寿阳县羊头崖乡。清末民初建。六角三层楼阁式砖塔。高十余米。

◀ 蔚文塔

在寿阳县宗艾镇蔚家庄村。清代建。六角六层楼阁式砖塔。高12米。

◀ 文昌塔

在寿阳县南村。清代建，六角六层仿楼阁式实心砖塔。高十余米。

▶ 凌泾塔

在寿阳县南燕竹镇孟家沟村五峰山全国重点文物保护单位龙泉寺北。民国初年建。八角十二层楼阁式砖塔。首层石砌，以上砖砌，高20.7米。

▲ 方山塔林

在寿阳县温家庄乡寺沟村方山。明清僧墓塔。现存或修复十余座。多为石塔，四角、六角等，形制各异。

▲ 文明塔

在寿阳县景尚乡张韩河村。清代建。六角三层楼阁式实心砖塔。高10米。

▲ 衲云禅师墓塔

在寿阳县方山森林公园神蝠山。明万历四十八年（1620）建，1997年重修。双层覆钵式砖塔，塔前立明天启元年（1621）碑，记衲云生平。

▲ 安胜塔

在寿阳县解愁乡安胜村安胜寺遗址。宋代建。六角三层楼阁式砖塔。高约8米。

◀ 魁星塔

在寿阳县宗艾镇宗艾村东南。始建年代不详。元重建。现塔为清塔。六角两层楼阁式砖塔。高约14.5米。

左权县

► 天门寺佛塔

在左权县拐儿镇天门村天门寺内。明弘治十二年（1499）建。四角十层楼阁式石塔。高10余米。

▲ 碧绿琉璃塔

在左权县祁城村绿塔高街。俗名千佛宝塔。明代建。八角九层密檐绿琉璃塔。高6米。一层正面佛龛内为释迦牟尼坐像及迦叶、阿难立像，各面饰佛像985尊。

◄ 龙窑寺舍利塔

在左权县龙泉森林公园龙窑寺北侧。唐建，清乾隆四十八年（1783）重建。六角单层亭阁式实心砖塔。塔内存龙窑寺唐无宗和尚舍利子。

昔阳县

► 蒙山塔

在昔阳县大寨镇蒙山村蒙山。建于清雍正三年（1725）。六角三层楼阁式砖塔。高11.8米。

祁县

▶ 子洪舍利塔

在祁县古县镇子洪村西南岭圣觉寺遗址。清代建。覆钵式砖塔。高15米。

◀ 子洪双塔

在祁县古县镇子洪村西北。实称胡应奎墓塔。原有三座，称三杆塔。现存两座。明隆庆元年（1567）建。圆柱形实心砖塔。东塔高约10米，西塔略高。

▶ 镇河塔

在祁县西六支乡河湾村。明代建，清代重修，六角五层楼阁式实心砖塔，二层有穿心拱门。高6.5米。

◀ 胡累村砖塔

在祁县任村乡胡累村外。明代建。八角塔座，圆柱形塔身，高5.7米。

▶ 段家坪墓塔

在祁县古县镇段家坪村南。明代建。圆柱形六层砖石塔，高5米。

▲ 幽仙寺双塔

在祁县峪口乡北庄村幽仙寺遗址。疑建于明代。均为鼓形石塔。高米余。

▲ 幽仙寺石窟浮雕塔

在祁县幽仙寺遗址。石窟凿于北朝至唐。四角三层楼阁式浮雕塔。高1米余。

◄ 梁坪寨石塔

在祁县来远镇梁坪寨村西。清代或民国时建。圆柱型石塔，内填碎石，塔基埋于土中，圆锥形塔刹在附近地上。残高3米。

► 涧村文峰塔

在祁县古县镇段家坪村。明代建，清代重修。圆柱形六层砖石塔，高5米。塔身北面门上嵌“钟英毓瑞”砖匾。原坐落土山顶，因挖山而悬空。2014年修复塔基（图右）。

◀ 新寨墓塔

在祁县古县镇新寨村。明代建。圆柱形十三层砖石结构，高8.5米，塔刹已毁。塔基没于地下。

平遥县

▶ 铁佛寺塔

在平遥县朱坑乡龙跃村铁佛寺遗址南。年代不详。覆钵式实心砖塔，基座淤埋。塔顶残存相轮六层。残高5.7米。

◀ 白云寺塔林

在平遥县梁家滩村西宝峰山南麓。在白云禅寺右后方、左前方两片。右后侧塔林6座（图左）。明清建。均覆钵式砖塔，高约5米。左前方残留塔6座（图下），一为八角幢式石塔，残高1米。仅存须弥座及塔身，约为明代建。其余砖塔，分别为八角三层、六角三层楼阁式及八角单层亭阁式琉璃瓦。塔铭唯一能识别建塔时间为康熙三十二年（1693）的蕴照空禅师灵塔。最高的怡山和尚塔高6米。

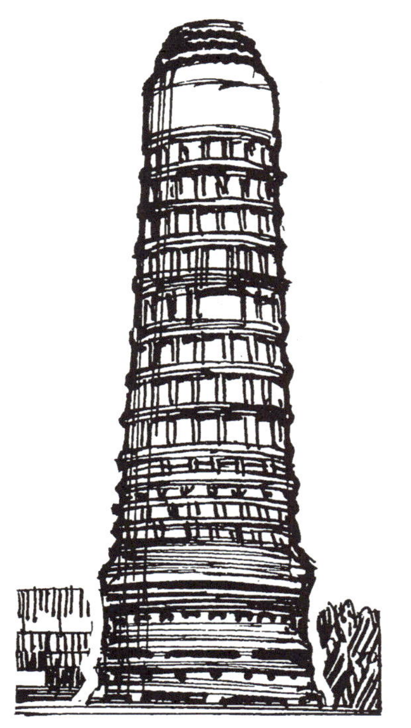

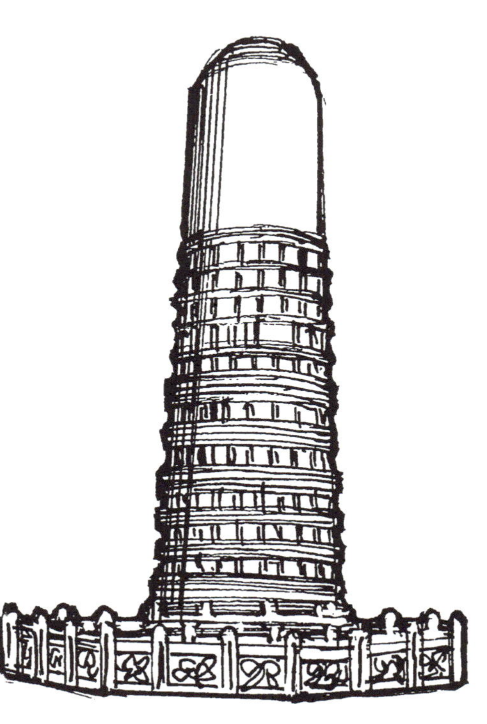

◀ 平遥东西墓塔

在平遥县城南门外，梁氏兄弟东西墓塔，分别在南环城路（左图）、外环路（右图）。明代建。八角基座圆柱形密檐式实心砖塔。东墓塔高9.8米。覆钵式塔刹。塔身刻“江山凝秀”“钟山之美”“人杰地灵”“奎曜腾辉，岳镇龙祥”字样。西墓塔九层。高12米。

◀ 冀郭小塔

在平遥县洪善镇冀郭村山上。`时代不详。八角四层实心砖塔。高约10米。

▶ 西善信墓塔

在平遥县朱坑乡西善信村南。明代建。圆柱形密檐式砖塔。17层，高15米。

◀ 梁赵文星塔

在平遥县中都乡梁赵村。清嘉庆年间建。六角锥体三重檐实心砖塔，高约16米。顶层檐下嵌石碣“文星高照”。铁质塔刹。

▶ 慈相寺麓台塔

在平遥县洪善镇冀郭村全国重点文物保护单位慈相寺内。宋庆历年间建，金天会年间重建。八角九层楼阁式砖塔，高约45米。基座用砖砌拱门形成围廊。

◀ 积福寺塔

在平遥县岳壁乡梁村积福寺。又称渊公宝塔、文慧塔、文笔塔。高僧渊公舍利塔。元元贞二年（1296）建，1988年重修。八角五层楼阁式实心砖塔。高约10米。

▶ 桑城村墓塔

在平遥县襄垣乡桑城村西。清同治十一年（1872）建。圆柱形密檐式实心砖塔，高7.8米。塔身15层，第十层雕刻八卦图形，顶层雕刻斗栱。塔刹覆钵式。

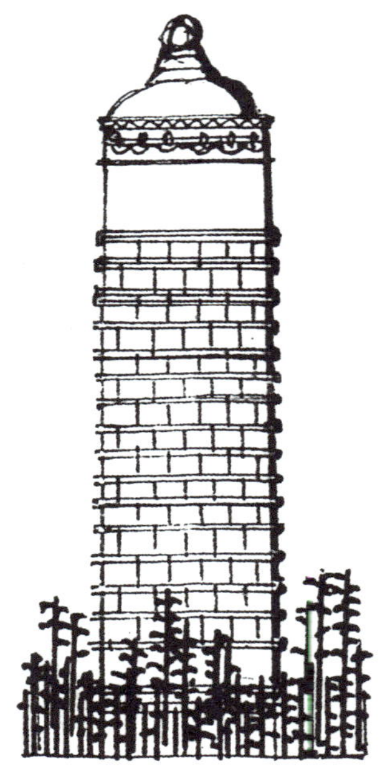

◀ 长则墓塔

在平遥县城襄垣乡长则村西。明天启四年（1624）建。砖石结构圆形密檐式实心塔，高11.3米。18层塔身，顶层雕刻斗栱。塔刹覆钵式。

► 果子沟文峰塔

在平遥县卜宜乡果子沟村外山头上。约为清代建，近年修复。圆形三级实心楼阁式砖塔。高约6米。

▲ 高林村砖塔

在平遥县岳壁乡高林村北。明代建，八角单层亭阁式实心砖塔，高7米。塔顶已损。

▲ 协同庆木塔

在平遥县城南大街协同庆金钱庄博物馆。国家一级文物红木双塔。年代未详。均八角五层楼阁式红木雕塔。高约3米。

▲ 文峰塔

在平遥县孟山乡杨家岭西宝塔山（又名棒槌山、超山）。俗称棒槌塔。年代不详，传元代建（一说明代）。2015年重修。八角七层密檐实心砖塔。高9米。

◀ 天吉祥陶塔

在平遥县城天吉祥博物馆。年代未详，当为明清遗物。八角十三级楼阁式陶塔。高约4米。

► 城隍庙双陶塔

在平遥县城城隍街城隍庙内。明清遗物。八角十三层楼阁式陶塔。高约4米。

灵石县

◀ 静升文笔塔

在灵石县静升镇静升村王家大院旁。清代建。圆柱形实心砖塔。高26米。最上端为8块石雕篆字。塔刹座为10层青砖，象征固定笔毛的箍圈。

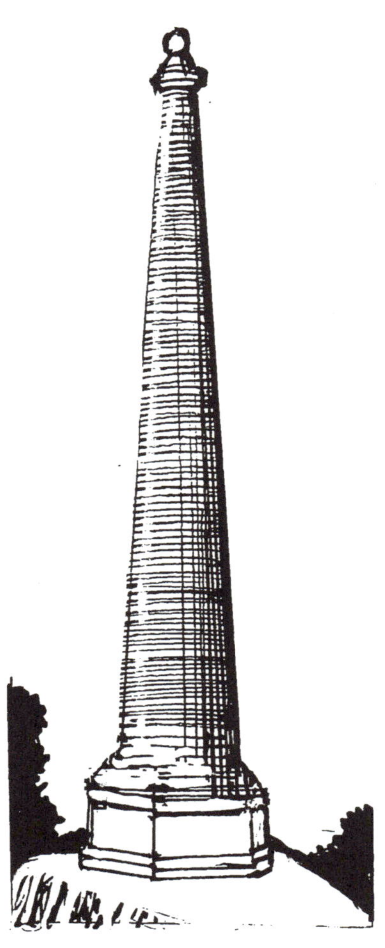

▲ 西许文笔塔

在灵石县西许乡西许村南小桃山上。清道光十六年（1836）建。六角塔基圆筒形砖塔。高13.6米。

▲ 石膏山塔林

在灵石县石膏山天竺景区罗汉顶。僧人墓塔。现存覆钵式、楼阁式砖塔7座。最早建于清康熙二十四年（1684）。1938年建普同塔最高大，高十余米。

运城市

盐湖区

► 招福寺禅和尚塔

在运城市盐湖区王范乡王范村。唐咸通七年（866）建。圆形亭阁式砖塔，宝珠塔刹已毁。残高1.6米。

▲ 泛舟禅师塔

在运城市寺盐湖区北曲村报国寺遗址。全国重点文物保护单位。唐长庆二年（822）建成。圆形亭阁式砖塔。塔侧镶塔铭。高10米。

▶ 解州关帝庙塔

在运城市盐湖区解州镇全国重点文物保护单位关帝庙崇宁殿前双铁塔，实为焚炉，分别铸造于明嘉靖三年（1524）和十三年（1534），双层八角亭阁式铁塔。

▲ 关圣家庙砖塔

在运城市盐湖区常平乡常平村关帝家庙。金大定十七年（1177）为奠祭关羽父母建。八角五层实心砖塔。高约10米。

▶ 太平兴国寺塔

在运城市盐湖区安邑镇，又名南海塔、安邑塔。全国重点文物保护单位。始建唐贞观年间，宋嘉祐八年（1063）重建。明嘉靖间地震，从顶裂至七层，万历间地震复合。2015年重修。八角十三层楼阁式砖塔。高86米。

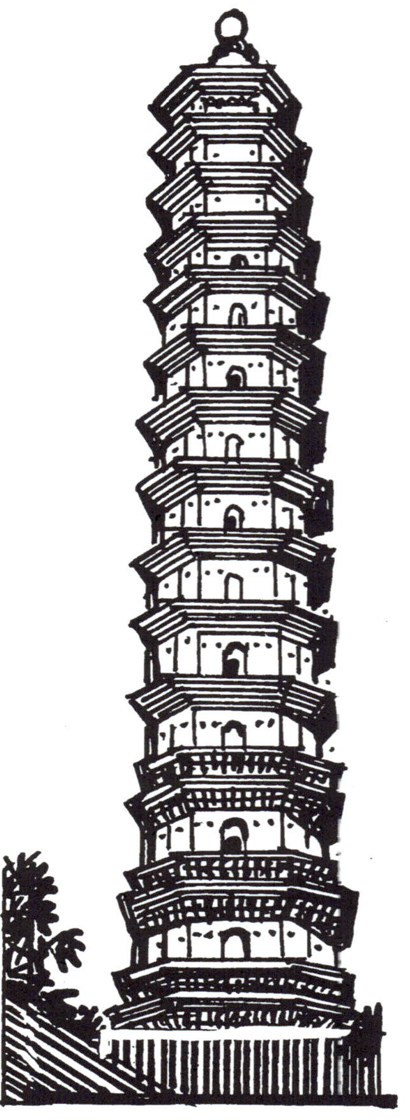

◀ 塔巷石塔

在运城市盐湖区席张镇塔巷路。唐代立。方形单檐亭阁式石构塔，高5.42米。1970年代后倒塌。

◄ 静林寺塔林

在运城市盐湖区席张镇柴家窑村静林寺（也称天宁万寿禅寺）遗址附近山上。原有30余座金元明墓塔，至1961年尚存20座，“文化大革命”毁坏，仅存明塔2座。分别为四角单层亭阁式、六角四层楼阁式实心砖塔，高约3.2米、6.2米。

▲ 静林寺塔林元塔

原在运城市盐湖区席张镇柴家窑村静林寺塔林。元代建，20世纪末尚存，现已不存。圆形单层亭阁式砖塔，高4.2米。有唐塔风韵。

永济市

▼ 普救寺塔

在永济市蒲州镇西厢村普救寺。俗称莺莺塔。全国重点文物保护单位。隋唐始建，明嘉靖四十三年（1564）重建。1990年代加建首层附阶。四角十三层密檐式砖塔。高50多米。有特殊回音，中国古代四大回音建筑之一。

◀ **万固寺多宝佛塔**

在永济市蒲州镇鹿峪村附近中条山全国重点文物保护单位万固寺。北魏正光三年（522）创建，宋代重修，明万历十四年（1586）重建。八角十三层楼阁式砖塔。高54米。塔顶长有柏树、石榴树各一株。

▲ **万固寺墓塔**

在永济市万固寺后山。两座僧人墓塔，年代未详，四角单层亭阁式砖塔。高约2米。

► **白塔寺塔**

在永济市韩阳镇祁家村东南中条山腰，或称祁家村砖塔、方塔。建于明嘉靖十三年（1534），清乾隆十四年（1749）重修。四角五层楼阁式实心砖塔。高21米。

栖岩寺塔林

在永济市韩阳镇中条山栖岩寺遗址。全国重点文物保护单位。现存26座塔，其中唐、五代、宋塔各1座，元塔2座，明、清塔21座。除宋塔外皆禅师塔。故大禅师塔（右上），唐天宝十三年（754）建，圆形亭阁式实心砖塔，高8米，背面镶塔铭。宋代舍利塔（左），六角五层密檐式石塔，高17米。还有后唐八角单层石塔，元六角二层楼阁式石塔等。

王朔石塔

在永济市城东街道王朔村，又称东阳朝石塔。唐天宝八年（749）立。四角五层楼阁式石塔。高2.96米。

河津市

振风塔

在河津市清涧街道康家庄村北，又称兴国寺镇风塔。四角十三层楼阁式砖塔，高26米。始建于唐。宋代重建。明嘉靖时地震倒毁，万历十一年（1583）重建。塔前击石有鸟鸣回音。

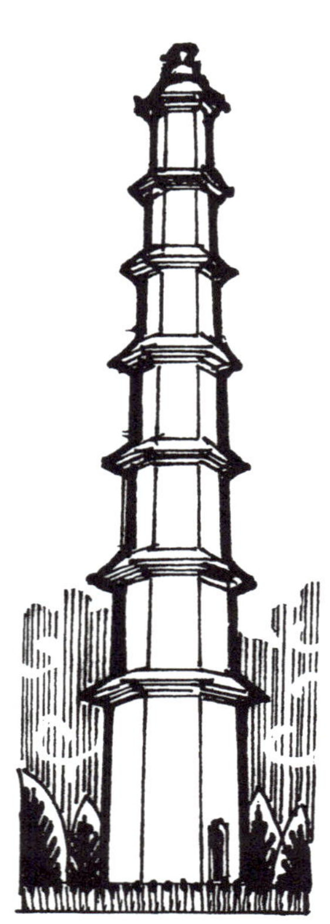

◀ 仓底塔

在河津市小梁乡寨上村。又称汾阴塔，曾称苍底塔。唐初建，明清重建。八角七层实心楼阁式砖塔。高27米。铁刹铸“汾阴文笔”。

▶ 怀远大将军墓塔

在河津市清涧镇侯家庄东。怀远大将军杨胜墓塔。元至元三十年（1293）建。四角单层亭阁式砖塔，高2.7米。塔顶四角有鸱吻。

▶ 白虎塔

在河津市城区街道修村南。又称小雁塔，俗称射雁塔（相传薛仁贵在汾河滩射雁）。清代建，当代修复。八角八层楼阁式实心砖塔。高20米。

临猗县

▶ 妙道寺双塔

在临猗县城城北街双塔公园，相距50米。又称雁塔，俗称西塔白蛇塔、东塔许仙塔（七层原画许仙像）。全国重点文物保护单位。四角七层楼阁式砖塔。西塔建于宋熙宁二年（1069），东塔建塔时间距此不远。均在明万历年间重修。东塔高23米。西塔顶层毁损，残高22米。双塔门相向。每逢农历三月和七月十六日早晨，一月和九月十四或十五日傍晚，因日月之光同时照射双塔交影。

◀ **圣庵寺塔**

在临猗县北景乡张村。全国重点文物保护单位。宋代建，六角七层楼阁式砖塔，顶层毁损，残高11.6米。一层正面辟门，以上各层实心。

▶ **永兴寺塔**

在临猗县城关镇闫原头村古郇城遗址，也称文笔塔。全国重点文物保护单位。宋初建（一说唐末五代。）四角九层楼阁式砖塔，残存八级，13.5米高。一层内设佛龛，余皆实心。

万荣县

▼ **北辛舍利塔**

在万荣县荣河镇北辛村崇圣禅院遗址。明洪武十六年（1383）建。覆钵式砖塔。高21米。

▲ **稷王山塔**

在万荣县三文乡稷王山顶。原有砖塔两座，俗称雌雄塔、公母塔，形似两根棒槌，山又称棒槌山。仅存母塔，俗称棒槌塔。全国重点文物保护单位。宋至和三年（1056）建。八角七层楼阁式实心砖塔，塔顶残损，高23米。

► 寿圣寺塔

在万荣县里望乡南阳村学校内。全国重点文物保护单位。唐武德年间建，宋代重建。八角十一层楼阁式砖塔。残高约30米。

▼ 法云寺塔林

在万荣县孤山法云寺外山坡。寺中历代僧人墓塔，均为石塔。现存八角单层密檐式塔、八角四层幢式塔，时代不详。石塔部件散落于野。

▼ 八龙寺塔

在万荣县荣河镇中里庄村八龙寺遗址。全国重点文物保护单位。宋熙宁七年（1074）建。四角七层楼阁式砖塔，高23.9米。塔内存金正隆元年（1156）铸铁钟一口。

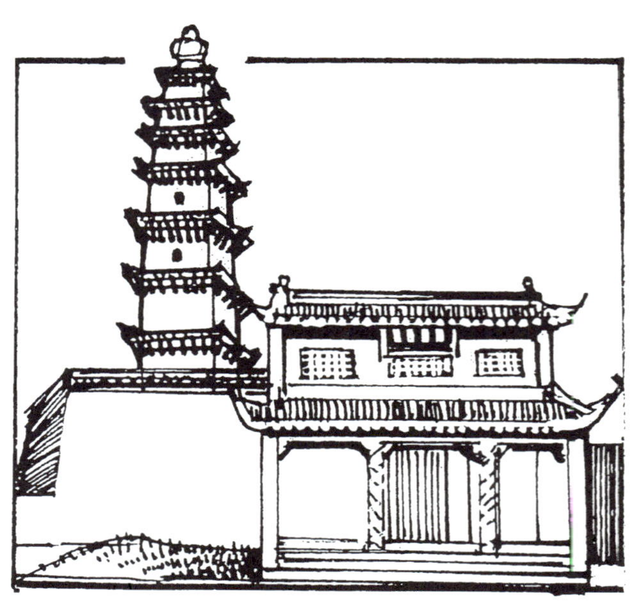

◄ 槛泉寺塔

在万荣县高村乡孤山西麓槛泉寺遗址，俗称旱泉塔。全国重点文物保护单位。宋宣和二年（1120）建。四角十一层密檐式砖塔。高31.2米。一层南面辟门，一至四层塔檐砖雕斗栱，以上迭涩出檐。

闻喜县

▶ 回澜塔

在闻喜县城西关涑水河南岸。明崇祯三年（1630）建。八角九层实心砖塔，地面7层，高约27米，额题“回澜砥柱”。

◀ 镇风塔

在闻喜县礼元镇偏店村东南。清代建。六角四层楼阁式实心砖塔。

▶ 保宁寺塔

在闻喜县东镇镇西街村。唐开元六年（718）始建唐兴塔，宋治平二年（1065）重建，改名保宁寺塔，清雍正三年（1725）重修。四角基座，八角七层楼阁式砖塔。残存六层，高约29米。

◀ 侯村石塔

原立于闻喜县侯村乡侯村，1985年迁到闻喜县博物馆（文庙）。唐开元十五年（727）造，四角单层亭阁式石塔。四面雕佛像80余尊，塔顶雕界格五层。高2.8米。

柏底石塔

在闻喜县后宫乡柏底村。唐代建。四角单层亭阁式石塔，塔顶各面雕12个佛龛。塔刹上部刻出城楼、城门、角楼三层。上置相轮七层。高3米。

西阜村砖塔

在闻喜县郭家庄镇西阜村。约建于清代。六角三层楼阁式实心砖塔。塔下台地只余塔基部分。残高约8米。

稷山县

大明寺石塔

原在稷山县华峪镇梁村大明寺，现存稷山县博物馆（马村青龙寺）。唐大中七年（853）建。四角七层密檐式石塔，1987年馆藏石塔顶部被盗。残存四层，残高2米多。

北阳城砖塔

在稷山县清河镇北阳城村。北宋宝元二年（1039）建。四角七层楼阁式砖塔，高5米。

▶ 黄龙寺石塔

在稷山县化峪镇佛峪口村紫金山峪黄龙寺遗址。推测明代建。四角亭阁式石砌塔，塔心室存放塔主舍利。

◀ 广教寺塔

原在稷山县治东。俗称稷山塔。宋绍熙二年（1191）建。八角十三层楼阁式砖塔，高约百米。明嘉靖三十四年（1555）地震，塔有裂缝，以塔为标志重建县城。1964年被拆毁。拆塔时发现每隔几层砖有枣木方子利用铆榫连接加固。塔内文物存县博物馆，“文化大革命”中大部分遗失。

新绛县

▶ 天台寺舍利塔

在新绛县阳王镇刘峪天台寺遗址。始建年代未详，重建于清。方锥形基座上立四角单檐亭阁式歇山顶砖塔。通高15米。

龙兴寺塔

在新绛县龙兴镇全国重点文物保护单位龙兴寺后。唐代建，1941年重修。八角十三层楼阁式砖塔。高42.4米。铁铸葫芦刹，重约400公斤。

白台寺舍利塔

原在新绛县泉掌镇光马村全国重点文物保护单位白台寺（又名普化寺）。元至正十五年（1355）建，八层幢式石塔。高约8米。两次被盗毁。

绛县

柴堡村文昌塔

在绛县南樊镇柴堡村文昌庙。清嘉庆年间建。八角七层楼阁式砖塔。高24米。

垣曲县

▶ 上古堆文笔塔

在垣曲县新城镇上古堆村。约建于清代，圆锥形上部砖砌下部石砌塔。高约8米。

▶ 魁星阁

在垣曲县西崖村，石砌方形基台，上为单层歇山顶亭砖阁。明清建。通高约10米。

◀ 永兴寺塔

在垣曲县华峰乡宋村全国重点文物保护单位永兴寺（原名重兴寺）。清代建。六角七层楼阁式实心砖塔。高约10米。

芮城县

▶ 圣寿寺舍利塔

在芮城县城关镇巷口村圣寿寺遗址。全国重点文物保护单位。北宋天圣年间建，元明清重修。八角十三层楼阁式砖塔。下三层檐下仿木斗栱。塔内存部分宋代佛教壁画。高46米。塔旁建塔寺宋碑“文化大革命”中被毁。

▶ 方家文峰塔

在芮城县东垆乡方家村。清道光八年（1828）建。两层台阁式砖塔。下层四角，二层八角八卦式穹窿藻井。高近十米。圆锥形石刹，塔身嵌建塔碑刻。

忻州市

忻府区

◀ 子范大师之塔

在忻州市忻府区奇村镇龙泉寺。1923年建。1949年重修。亭阁与覆钵式组合砖石塔。高约10米。正面刻“子范大师之塔”。刹顶宝珠和十字形风标，以示子范之师梁硕光倡导五教合一思想。

五寨县

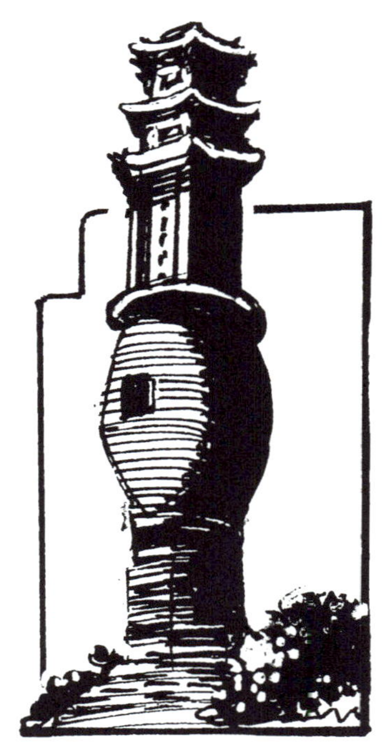

▶ 南庄窝舍利塔

在五寨县经堂寺办南庄窝村。元末明初建，2012年重修。覆钵式与六角三层楼阁式组合石塔。高8.6米。一层六面刻佛教梵语。底部设地宫。

原平市

◀ 土圣寺灵牙舍利塔

在原平市阎庄镇水油沟村土圣寺（又名灵泉寺）前。又名万佛塔、灵泉寺塔、灵崖塔。金泰和五年（1205）建。石砌塔基，八角四层楼阁式砖塔，二三层雕刻排列坐佛。塔顶覆钵式小铁塔，通高约15米。

◀ 义公墓塔

在原平市大林乡中苏鲁村崇福寺遗址。金泰和四年（1204）建。八角幢式石塔。高2米余。束腰莲座由6只狮子承托。塔身正面线刻坐佛，侧面刻《佛顶尊胜陀罗尼经》和塔铭。现已不存。

▲ 上石寺塔

在原平市崞阳镇上石寺村。明正德四年（1509）建，覆钵式石塔，高7米。

◀ 崇福寺石塔

在原平市大林乡中苏鲁村崇福寺遗址。从形制看似唐代遗物。四角亭阁式石塔。正面火焰形壶门，两边立浮雕力士，上刻飞天。塔顶四面各雕两层楼阁式佛龛。高米余。现已不存。

▶ 奎光岭塔

在原平市东社镇营房村奎光岭隘口。1987年因修建宁长公路北迁20米。覆钵式与六角三层楼阁式组合砖塔。清代建筑风格。高13.7米。

◀ 上社墓塔

在原平市东社镇上社村西。清代风格。覆钵式石塔，塔刹已毁，残高2.5米。

五台县

▼ 显通寺铜塔

在五台县台怀镇全国重点文物保护单位显通寺清凉妙高处。又名五方佛塔。原塔五座，仅存二座：西北方妙观察智塔，又称多宝如意宝塔；东北方成所作智塔，又称南无阿弥陀佛无量宝塔，塔座土地庙供山西土地（左图）。分别铸于明万历二十四年（1596）、三十八年（1610），高5.33米、6.3米。其余三塔毁于抗日战争时期，1989至1993年相继重铸（右图）。

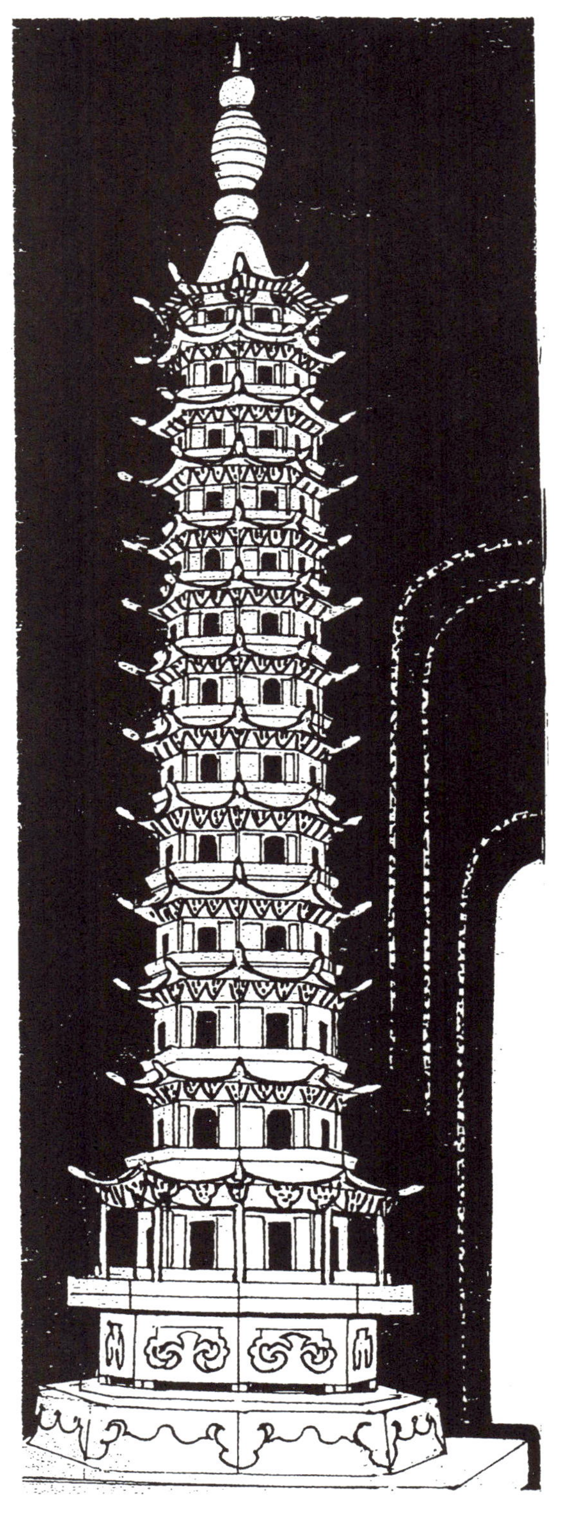

▶ 显通寺无梁殿木塔

在显通寺无梁殿东侧，八角十三层楼阁式木塔。明代制作。铁铸相轮宝珠。高15米。

◀ 显通寺水晶塔

在显通寺藏珍楼存三座水晶塔。明代造。六角塔座，球形塔身，三层宝珠塔刹。大者高10厘米；两座小塔高5厘米。

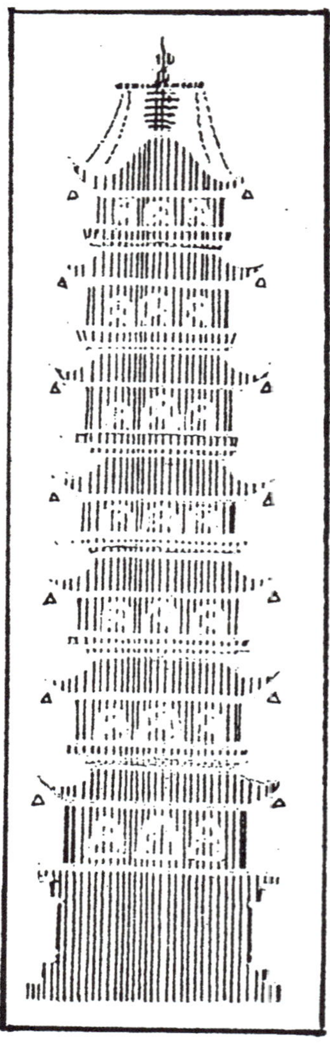

▶ 显通寺华严经字塔

原在显通寺无梁殿内，今在藏珍楼。清康熙年间，苏州和尚德兴历12年写成小楷《华严经》全文630043字，构成八角七层楼阁式塔形象。字卷长一丈七尺，宽五尺。

◀ 显通寺铜塔

在显通寺藏珍楼。具有元代喇嘛塔特征。钟形覆钵式铜塔。

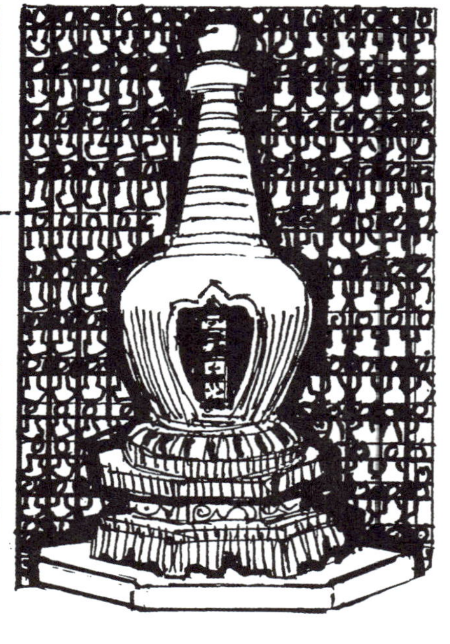

▶ 显通寺明代木塔

在显通寺铜殿文殊铜像两侧。两座明代佛塔。覆钵式桃木雕塔。大小、形制相同。塔身正面雕火焰形佛龛，分别书“释迦佛塔”“多宝佛塔”。外涂橙红色。

◀ 显通寺妙峰祖师塔

在显通寺山坡。明万历四十年（1612）建，2006年重修。八角五层密檐式实心砖塔。高约10米。

▼ 显通寺塔林

在显通寺妙峰祖师塔附近。为该寺明清至当代高僧墓塔五十座以上。覆钵式、单层亭阁式砖石塔。

◀ 五爷庙喇嘛塔

在五台县台怀镇塔院寺属庙五爷庙内万佛阁二门两侧。清代建。覆钵式石塔，西面部分没入砖墙。高约4米。

▶ 竹林寺银塔

原在五台县竹林寺舍利塔中，于1987年修复该塔时出土，现存显通寺藏珍楼。八角十三层密檐式银塔。一层存放舍利，各层仿木构雕饰，覆钵式塔顶。

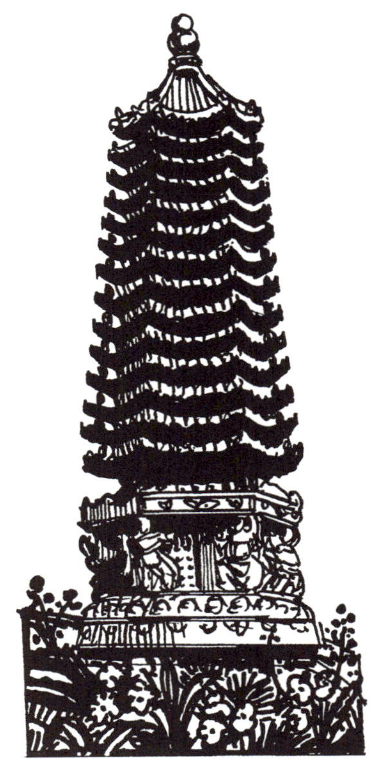

▶ 竹林寺银塔

1987年修复五台县竹林寺舍利塔时出土四座楼阁式银塔，现存显通寺藏珍楼。六角七层、六角三层各两座。

◀ 广仁寺鱼湾普同塔

在五台县台怀镇杨坊村东南。清道光年间建以存放和尚骨灰。八角石座，覆钵式砖塔。高约12米。

▶ 塔院寺文殊发塔

在五台县台怀镇全国重点文物保护单位塔院寺内。俗称小白塔。元大德五年（1301）始建，据传塔内藏文殊菩萨显圣遗留金发。明万历十年（1582）、清嘉庆三年（1798）重建。覆钵式砖石塔，高10米。

◀ 罗睺寺文殊塔

在五台县台怀镇广仁寺罗睺寺梵东院。又名松树灵塔。全国重点文物保护单位。明代建。覆钵式石塔，高7.5米。塔腹饰文殊菩萨偈。

◄ 圆照寺室利沙舍利塔

在五台县台怀镇圆照寺。印度高僧室利沙舍利埋葬处。明宣德九年（1434）建。金刚宝座式覆钵式砖塔，高17米多。

► 广化寺塔

在五台县台怀镇广化寺外，宋元丰三年（1080）建。八角单层亭阁式石塔。高约4米。塔身上方书“宋故金坛郎十宫德之塔”匾。

▼ 塔院寺舍利塔

在五台县塔院寺。又称大白塔。北魏始建。明万历十年（1582）重建，将原瘗藏佛舍利的慈寿塔藏于塔腹。1952年、1988年重修。覆钵式砖塔，高56.3米。

◀ 广化寺石塔

在五台县台怀镇广化寺。建于宋或明。八角单檐幢式石塔两座，高约2米；覆钵式石塔三座，高约3米。

▶ 龙泉寺普济墓塔

在五台县台怀镇龙泉寺内。1920年建。覆钵式石塔。塔身四面佛龛置弥勒佛，束腰刻坐佛108尊，塔檐竖匾“普济墓塔”。高10米。

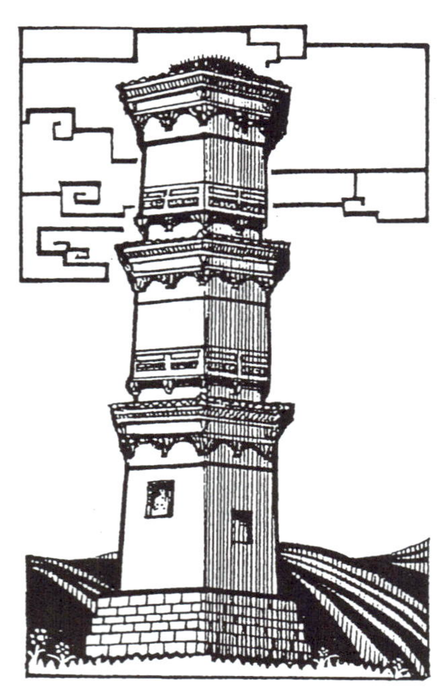

◀ 龙泉寺令公塔

在五台县龙泉寺北。龙泉寺原为杨家将家庙，杨家后代为保存名将杨业遗骨在晋北建70座谜塔，仅存此塔。六角三层楼阁式实心砖塔，高12米。

龙泉寺岫净文公大和尚塔

在五台县龙泉寺西院文殊殿前。为南山寺住持岫净文公墓塔。建于1920年。覆钵式六角塔檐石塔。

万佛洞祖弘教禅师灵骨塔

在五台县台怀镇万佛洞外。元前期建。六角五层楼阁式实心砖塔。高20米。一层塔壁仿木构栏杆。塔顶为覆钵式小塔。

万佛洞石塔

在五台县台怀镇万佛洞祖弘教禅师灵骨塔前。约明代建。覆钵式石塔。高约4米。

碧山寺塔群

在五台县台怀镇碧山寺前，有覆钵式砖、石塔十数座，多为明嘉靖、隆庆年间所建。图为其中七座石塔（图上）、二座砖塔（图下）。八思巴塔元代建，覆钵式砖塔，高约13米。

◄ 古峰岩公塔

在五台县台怀镇火厂村西北。明代建。覆钵式砖塔，残高3.2米。须弥座束腰刻“明故圣水堂上开山第一代主持古峰岩公大和尚舍利宝塔记”。

▼ 菩萨顶双塔

在五台县台怀镇龙鹫峰全国重点文物保护单位菩萨顶山门外阶下分立一对藏式覆钵式砖塔。清代建。高约3米。

▲ 菩萨顶札萨克塔林

在五台县菩萨顶外山坡上。菩萨顶有过18位扎萨克大喇嘛，其中8位的墓塔在塔林，清代建，覆钵式石塔。

曹魁祖墓塔

在五台县台怀镇极乐寺（又称南山寺）大雄宝殿前。元僧人曹魁祖墓塔。覆钵式砖石塔。高10.5米。

普济衣钵法塔

在五台县极乐寺祖堂院。普济和尚衣钵法塔。1913年建。覆钵式石塔，塔身正面雕弥勒佛佛龛。10.5米高。

章嘉国师灵塔

在五台县台怀镇镇海寺永乐院。十五世章嘉活佛灵塔。清乾隆五十一年（1786）建。覆钵式石塔。高10米。

镇海塔

在五台县台怀镇镇海寺外。年代不详，明代风格。覆钵式砖塔。高约7.5米。

◀ 燃灯佛母塔

在五台县台怀镇宝华寺。清乾隆年间建。相传其塔座、塔身、塔刹分别飞自西藏、西宁塔儿寺、五台山，又称飞来塔。仿照尼泊尔“掐荣卡笑塔”兴建之藏式金刚宝座塔，通高10米。

► 古州和尚塔

在五台县台怀镇阳柏峪村灵峰寺。宋宝祐元年（1253）建，八角五层密檐楼阁式组合实心砖塔。高约二十米。首层门上悬匾“佛日圆明舍利宝塔”。旁侧有覆钵式小塔（图左）。

▲ 竹林寺塔

在五台县台怀镇竹林寺。明弘治年间建，嘉靖年间重修。八角五层楼阁式砖塔。高约25米。

► 金刚密迹塔

在五台县台怀镇杨滩子村，也称金顶宝塔。明代风格。六角十三层密檐式砖塔。高12.4米。

◄ 光明寺塔群

在五台县台怀镇光明寺后山五座塔。年代无考。覆钵式砖塔。约4米高。

► 都纲塔

在五台县台怀镇碧山寺对面山坡上。元代建。覆钵式石塔。高约5米。

◄ 黛螺顶白塔

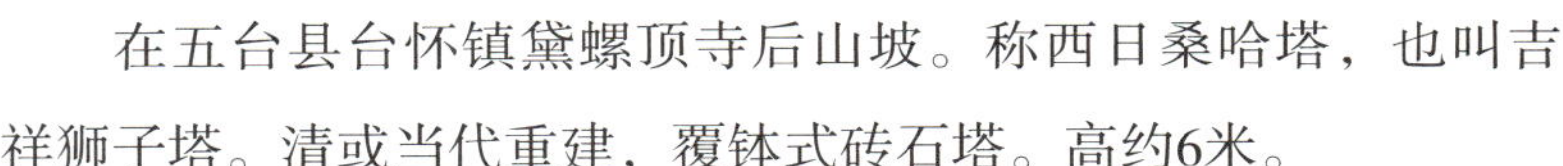

在五台县台怀镇黛螺顶寺后山坡。称西日桑哈塔，也叫吉祥狮子塔。清或当代重建，覆钵式砖石塔。高约6米。

► 佛陀宝利舍利塔

在五台县台怀镇垚子村北。元代风格。覆钵式石塔，高约7米。

▲ 金阁寺塔林

在五台县金阁寺后山麓。也称金阁岭塔林。明代建。10余座高僧墓砖塔，多为覆钵式，一座密檐式。

◀ 含空大师塔

在五台县金阁寺。1946年建，覆钵式砖塔，高十余米。

◀ 含空舍利塔

在五台县金阁寺西院。1946年建，覆钵式砖塔，高十余米。

▲ 车沟砖塔

在五台县台怀镇下庄村西。明龙泉寺遗构。覆钵式砖塔。八角基座各面置佛龛；正面嵌塔铭已毁。

曹洞宗派传承图塔

在五台县台怀镇下庄村西。八角二层幢式石塔。明嘉靖六年（1527）建。残高4.3米，塔刹坠地。一层刻《陀罗尼经》及曹洞宗派传承图。

笠子塔

在五台县台怀镇望海寺。宋宣和年间建。覆钵式石塔。高5.2米。

宽公无量和尚塔

在五台县台怀镇南庄西北。明万历三十七年（1609）建。覆钵式砖塔。高约7米。

演教寺舍利塔

在五台县台怀镇中台顶演教寺。也称中台舍利塔或塔中塔。传说唐蓝谷法师向梵僧索来舍利，总章二年（669）于文殊殿前造铁塔瘗藏，复建石塔于外。“文化大革命”期间石塔被毁，1995年于铁塔之外重建覆钵式砖塔。

◀ **演教寺祈光塔**

在五台县演教寺西南文殊说法台前。明成化年间建。立于四角基座上幢式石塔。通高约5米。1987年翻修时，在塔基下发现一坛计2000余枚北宋“淳化元宝”金币。

► **普贤舍利塔**

在五台县台怀镇南台顶普济寺东。元以前建。覆钵式石塔。高16米。

▲ **下凤林寺塔**

在五台县台怀镇新坊村凤林寺。约清代建。覆钵式石塔。高约9米。

► **玉华寺塔林**

在五台县台怀镇中台玉华寺附近。居中为喇嘛国师塔，明弘治三年（1490）淖吉坚参国师圆寂建塔。覆钵式石塔。高约5米。其南边为二十余座藏僧塔，东边为三十余座汉僧塔。

◄ 佛光寺祖师塔

在五台县豆村镇全国重点文物保护单位佛光寺。北魏孝文帝时期建。六角二层楼阁式砖塔，高约8米。首层开券门，塔室供无名（大德方便和尚）、慧明祖师塑像。上层实心。

► 志远和尚塔

在五台县佛光寺大殿后山塔群中。唐会昌四年（844）建。现存最早覆钵式塔实物。塔刹已毁，高4米多。

► 解脱禅师塔

在五台县佛光寺西北塔坪。建于唐长庆四年（824）。四角两层砖砌花塔。塔顶小形方塔，塔刹宝珠已毁。高约10米。

▲ 无垢净光塔

在五台县佛光寺东山坡。也称佛像塔。唐天宝十一年（752）建。覆钵式石塔。现仅存八角基座，塔下出土建塔时制作的汉白玉石雕像数躯。

► 大德方便和尚塔

在五台县佛光寺东山坡。唐贞元十一年（795）建。六角单层亭阁式砖塔。顶部残缺。残高约5米。嵌塔铭一方。

▶ 杲公禅师塔

在五台县佛光寺西北塔坪。金泰和五年（1205）建。六角砖砌花塔。塔身六面嵌石，顶作仰莲瓣五层，塔刹已毁。高约5米。

▼ 花塔

在五台县台怀镇，金代无名小花塔三座。一在佛光寺西北塔坪（右），形制与杲公塔相同，高3米余；一在佛光寺解脱禅师塔东侧山沟（左），六角砖砌，高3米余，顶部莲瓣堆叠；一在古竹林寺附近（中），金皇统五年（1145）建，四角实心砖砌，无刹，残高4米。

◀ 无名砖塔

在五台县佛光寺西北塔坪。年代无考。推断为明代建。六角两层楼阁式砖塔，刹部已塌，残高5.5米。

▶ 法华寺大华严经塔

在五台县豆村镇法华村北法华寺。元代建。八角五层楼阁式实心砖塔（左图），残存首层高五米。2012年重修成三层楼阁式砖塔（右图）。高十余米。

▼ 法华寺金塔

在五台县豆村镇法华村北法华寺旁山腰。金代建尼姑塔，共三座。六角单层楼阁式实心砖塔。残高2米多。

◀ 法华寺唐塔

在五台县法华寺旁山腰。唐代建。六角单层亭阁式砖塔。塔顶山花残损。高约3米。

▶ 下福圣寺温公塔

在五台县豆村镇伏胜村西北福圣寺后院。金正隆三年（1158）建。八角幢式石塔。高2.32米。

◀ 千佛宝塔

在五台县金岗库乡金岗库村南古佛寺。民国年间建。塔底地宫存正圆法师舍利。八角七层密檐式石塔。高30米。

▼ 涌泉寺塔

在五台县石咀乡小新庄村东佛林寺（原涌泉寺）。现存明塔三座。八角三层密檐式砖塔为仰崖法师庆公墓塔，万历四十年（1612）建，高约9米。六角单层砖塔为澄方清公大和尚墓塔，崇祯六年（1633）建，高约8米。覆钵式砖塔，高5米余。

◀ 南禅寺唐塔

在五台县阳白乡李家庄南禅寺。唐代遗存。1974年翻新，2012年被盗。四角五层楼阁式石塔，须弥座和塔刹已毁，高51厘米。各层浮雕佛像。底层四角有圆形单层小塔角柱，是金刚宝座塔雏形。

► 淮公砖塔

在五台县柳院乡寺沟村西南。又名寺沟塔。元至正十二年（1352）建。六角五层楼阁式砖塔，高约15米。

◄ 淳峰善公大和尚塔

在五台县城北二十公里蒋坊乡西峡村山峪尊胜寺外。约建于明清或民国。覆钵式青砖塔。

► 胡家庄花塔

在五台县陈家庄乡胡家庄村西南山凹。现存两座六角金代砖砌单层花塔，相距16米。高2.6–3米。

◄ 檀公墓塔

在五台县陈家庄乡檀家沟村南。八角幢式石塔。元建。残高3.5米。

► 许家庄僧人墓塔

在五台县蒋坊乡许家庄村西北。年代不详。覆钵式砖塔，塔刹已毁。残高4米。

尊胜寺万藏塔

在五台县蒋坊乡西峡村山峪尊胜寺塔院。唐代建，1932年重建。十二角九层楼阁式砖塔。高约39米。

东峡文笔塔

在五台县蒋坊乡东峡村东南。清代建。自然石砌圆形基座，通高7米。上部筑六角单层亭阁式砖塔。圆锥形塔顶，尖状石塔刹。

松岩口王家坟墓塔

在五台县耿镇镇松岩口村西北。清代风格。八角单层砖塔。残高2.6米。

神池县

大磨沟舍利塔

在神池县太平庄乡大磨沟村西摇铃山。北魏年间（或称清代）建。八角幢式石塔。高4.6米。

◀ 圆明观塔

在神池县龙泉镇丁家梁村北圆明观老君殿右侧。清代风格。八角六层楼阁式塔，高约20米。

定襄县

► 回凤塔

在定襄县受录乡回凤村普贤寺遗址。也称霞映古塔、定襄砖塔。宋元祐元年（1086）建。2019年重修。六角七层楼阁式砖塔。高17米。

▼ 神山魁星塔

在定襄县神山乡神山村神山之巅。清乾隆二十三年（1758）建。圆柱形三层砖塔。高约12米。六角攒尖顶铁刹。

繁峙县

◀ 狮子窝琉璃塔

在繁峙县岩头乡大草坪村富家庄西南大护国文殊寺。又称文殊舍利塔、万佛塔、佛像典翠琉璃塔。建于明万历十四年（1586）。重修于2019年。八角十三层楼阁式琉璃塔。高35米。

▶ 秘密寺木叉祖师塔、普同塔、玄觉寺大师塔

在繁峙县岩头乡岩头村东，全国重点文物保护单位秘密寺前，现存唐、五代、明砖塔各一座。木叉祖师塔，也称秘魔岩禅师塔（上），唐代建四角两层亭阁式塔，明代重修增加覆钵式塔身和塔刹。高约10米。玄觉大师塔（下左），五代北汉天会七年（963）建，六角二层砖塔，上层花塔，下层亭阁式，高约3米。塔身镶碑一方。普同塔（下右），明万历六年（1578）建，六角三层楼阁式砖塔。高约9米。

◀ 普润庵尼姑墓塔

在繁峙县横涧乡平型关村东北。清代建筑风格，六角三层楼阁式砖塔，高3.8米。

▶ 齐城道士墓塔

在繁峙县大营镇齐城村西。唐代建，圆形覆钵式砖塔。残高3米。

代县

▶ 阿育王塔

在代县上馆镇东大街圆果寺遗址。俗称白塔，又名圆果塔。全国重点文物保护单位。隋仁寿元年（601）建木塔，元至元十二年（1275）重建砖塔，2006年重修。覆钵式砖塔。高40米。

▲ 极乐寺衣钵法塔

在代县峨口镇上木角村南狮子山。共5座极乐寺住持僧墓塔，覆钵式石塔，明代建。高2.4-2.6米。另有民国初年所立清一禅师墓塔。

▲ 洪济寺浮图塔

在代县上磨坊乡东若院村北。建于隋仁寿初年（601），宋乾德五年（967）大修，塔身有明万历重建题刻。六角二层砖塔，上层花塔，下层亭阁式。残高4米。塔顶中段饰鸟纹和太阳纹。

► 洪福寺塔

在代县峪口乡政府院内。金元建，明嘉靖四十五年（1566）重建。八角五层楼阁式砖塔，高19.5米。从石砌三层塔基中层券洞门进塔。第三层四面各凿9个佛龛。

宁武县

► 云仰头陀塔

在宁武县涔山乡小石洞村翔凤山巅西禅院，又名晓祖宝塔。建于清康熙五十一年（1712），六角四层楼阁式石塔。高8.5米。相传明崇祯帝四子逃亡至此出家，法号晓安。塔基原有四皇子塑像。

◄ 太子殿

在宁武县西马坊乡达摩庵村芦芽山巅。清康熙八年（1669）重建。四角单层亭阁式塔。高约5米。

◄ 跑泉沟砖塔

在宁武县东马坊乡跑泉沟村南。清代风格。六角三层楼阁式砖塔。塔刹已毁。残高约4米。顶层龛内刻“依爵”二字。

岢岚县

► 北寺塔

在岢岚县岚漪镇北寺塔公园内。明正统九年（1444）建，清康熙四十九年（1710）重修。六角七层密檐式砖塔。高约17米。

► 兜率寺塔

原在岢岚县神堂坪乡深山村，今移岢岚县岚漪镇城北寺塔公园。八角五层幢式红砂岩石塔，明弘治十七年（1504）建，高5.94米。一层刻经文，二至五层四面雕佛龛。

▲ 雁塔

在岢岚县岚漪镇牛家庄村南。原名舍利塔，又称东山塔。明代建。八角五层楼阁式实心石塔。高约18米。

河曲县

► 墕头村塔

在河曲县鹿固乡墕头村北。明代风格。六角三层楼阁式砖塔。塔刹已毁。残高8.68米。

▲ **河曲文笔塔**

在河曲县文笔镇大东梁村东。清乾隆五十九年（1794）建。2005年重修。圆柱形砖塔。高31米。

偏关县

► **文笔凌霄塔**

在偏关县新关镇东山。明天启元年（1621）始建七层，崇祯八年（1635）加建为九层。清康熙十八年（1679）、咸丰七年（1857）重修。八角楼阁式砖塔。高35.7米。“文笔凌霄”石额，塔顶绘太极图。三层外壁砌八卦图。

◄ **老营文笔塔**

在偏关县老营镇老营村南。清康熙二十七年（1688）建。圆锥形实心石塔。塔尖已毁，残高11米。

临汾市

尧都区

► 方塔

在临汾市尧都区大云寺。唐贞观年间建，清康熙五十四年（1715）重建。六层琉璃塔，一至五层四角，第六层八角。高30余米。首层置高6米的唐代铁佛头。

侯马市

◄ 传教寺塔

在侯马市史店乡驿桥村传教寺遗址。宋嘉祐八年（1063）建，清康熙四十八年（1709）重修。四角七层楼阁式砖塔。高约18米。

◀ 风水塔

在侯马市上马街道斗龙沟村南。清代建。圆形土叠基台上圆筒形石塔。高约6米。

霍州市

► 雁塔

在霍州市城关镇南坛村南塬上，又称南塔。始建不详，明嘉靖四十二年（1563）重修。八角五层楼阁式砖塔，高16米。

▲ 观堆塔

在霍州市陶唐峪乡观堆村。光绪二年（1876）建。圆锥形七级楼阁式砖塔，高23.3米。门匾“梯云步月”。

▲ 成庄塔

在霍州市陶唐峪乡成庄村。清同治十一年（1872）建。圆锥形砖塔，高9米。

◀ 凌云塔

在霍州市大张镇贾村娲皇庙西北。清同治十一年（1872）建。圆锥形砖塔。高9米。

▲ 下马洼塔

在霍州市辛置镇下马洼村。清代建。圆锥形砖塔。高10米。

◀ 节板村塔

在霍州市李曹镇板节村外。约清代建。六角七层楼阁式黄土夯实心砖塔。高约10米。石塔刹掉落。

▶ 辛置佛塔

在霍州市辛置镇，靠山而筑。年代不详。五层六角实心砖塔，各层为平座，顶层亭阁式。

► 风水塔

在霍州市辛置镇，年代待考。圆锥形砖塔。

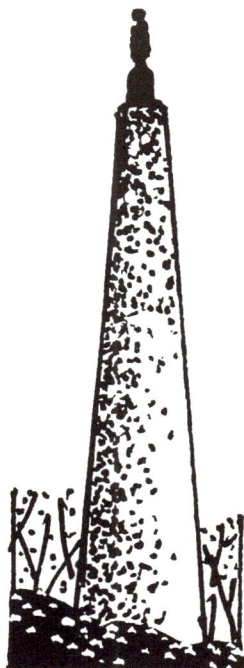

曲沃县

▼ 感应寺塔

在曲沃县乐昌镇西南街村感应寺遗址。俗称西寺塔、裂破塔。宋乾道元年（1165）建。八角十二层黄泥砖塔。元大德七年（1303）、清康熙三十四年（1695）两次地震，塔身两层以上裂开，仍俨然壁立。2007年加固修缮。今存七层，残高约44米。

► 东常砖塔

在曲沃县史村镇东常村。清代建。原为土塔，现修为四角单层亭阁式砖塔。通高十余米。

► 大明宝塔

在曲沃县史村镇东宁村土冈上。明代建。八角八层楼阁式砖塔，塔顶已毁，残高13.12米。三层以上实心，四面造龛。

► 杨谈文峰塔

在曲沃县杨谈乡万户村。又称杨谈佛塔、大砖塔。清代建。圆形七层实心砖石塔，高26.5米。

▲ 魁星塔

在曲沃县曲村镇小巨村苗圃园，四角砖砌基座和房屋后壁连成一体。清代建。六角五层楼阁式砖塔。高7.05米。第五层神龛内供魁星塑像，砖匾“桂籍”。

► 靳家庄砖塔

在曲沃县高显镇靳家村。清代建。六角三层密楼阁式砖塔。宝顶已毁。残高7米。

◄ 郑村土塔

在曲沃县高显镇郑村。年代无考。四角椎形土塔，坍塌成两部分。

翼城县

▶ 唐兴镇双塔

在翼城县唐兴镇翼城中学东南。五魁塔（图右）又称北关塔。文峰塔（图左）又称南关塔。各建于明崇祯二年（1629）、清乾隆元年（1736）。石砌方座，圆形五层实心砖塔。分别高约15米、20米。顶层四面佛龛。

▲ 陵下文昌阁

在翼城县唐兴镇陵下村，也称魁星楼、奎星楼、鼓楼。清康熙九年（1670）建。八角四层楼阁式砖塔。通高十余米。

▲ 南关砖塔

在翼城县唐兴镇南关村。清代建。圆形四层楼阁式砖塔。高约15米。

▶ 感军文昌塔

在翼城县里砦镇感军村。建于清雍正十二年（1734）。圆形三层实心砖塔。高约8米。

▲ 文衡塔

在翼城县里砦镇感军村外。清代建。圆形五层楼阁式实心砖塔。高十余米。

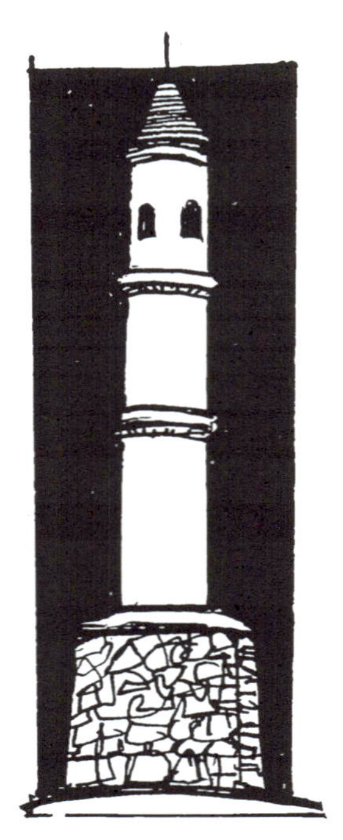

▲ 里砦文昌塔

在翼城县里砦镇里砦村。清代建。圆形三层楼阁式实心砖塔。高约8米。

▲ 南常文峰塔

在翼城县南梁镇南常村。清代建。塔座湮地下，圆形五层实心砖塔。高约12米。第五层四面设佛龛。

◄ 南梁文峰塔

在翼城县南梁镇南梁村。清代建。通高约8米。石砌圆形须弥座，圆形五层实心砖塔，第东面设佛龛。

► 东午寄文昌阁

在翼城县里砦镇东午寄村。也称文星塔。清代建。六角三层楼阁式砖塔。高约10米。

◀ 东午寄文峰塔

在翼城县里砦镇东午寄村。清代建。圆形五层楼阁式砖塔，高十余米。

▶ 下石门双塔

在翼城县隆化镇下石门村。北砖塔为清康熙五十六年（1717）建，道光二十三年（1843）重修，圆形三层楼阁式实心砖塔，高12米（图右）。南砖塔清康熙五十六年（1717）建，为圆形五层实心砖塔，高约13米（图左）。

▲ 东下坪塔

在翼城县南唐乡东下坪村。清代建。高约20米。圆形五层楼阁式实心砖塔。

▲ 晓史塔

在翼城县南唐乡晓史村河滩中。清代建。圆形五层实心砖塔。高约14米。

▲ 符册塔

在翼城县南唐乡符册村。清代建。圆形五层楼阁式实心砖塔。高18米。

▲ 北唐塔

在翼城县南唐乡北唐村。清代建。高21米。圆形五层楼阁式实心砖塔。

► 翔山文峰塔

在翼城县王庄乡高家洼村西南翔山巅。清顺治十四年（1657）建，光绪年间、2017年重修。圆形五层楼阁式实心砖塔。高约20米。

◄ 郑庄文峰塔

在翼城县王庄乡郑庄村。清代建。圆形三层楼阁式实心砖塔。高约20米。

▶ 朱村塔

在翼城县王庄乡朱村。清雍正四年（1726）建。圆形三层楼阁式实心砖塔。高15米。

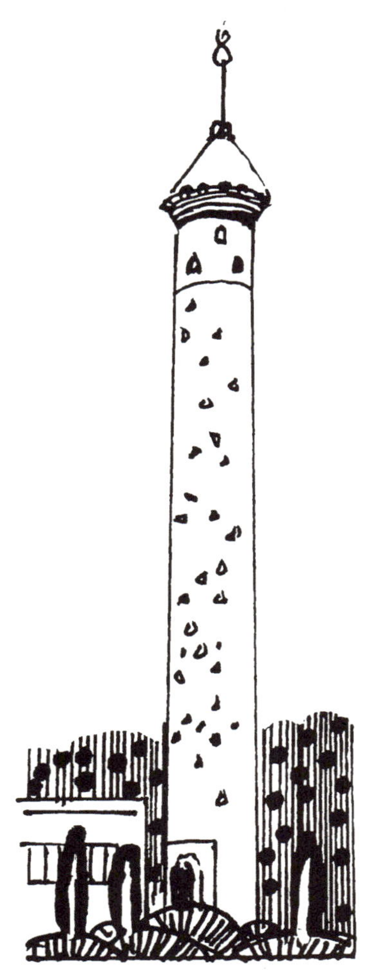

◀ 北冶魁星塔

在翼城县王庄乡北冶村北治完小内，又称北治砖塔。王应魁星塔。建于清康熙二十九年（1690）。高约18米。圆柱形实心砖塔。

▶ 王庄魁星塔

在翼城县王庄乡王庄村，也称文星塔、砖塔。清代建，高4.82米。圆形五层楼阁式实心砖塔。

◀ 北丁塔

在翼城县王庄乡北丁村。清代建。高约20米。圆形二层楼阁式实心砖塔。

▶ 北地魁星塔

在冀城县王庄乡北地村。清代建。圆形三层楼阁式实心砖塔。高4.82米。

▼ 白驹塔

在冀城县桥上镇东白驹村。清代建。四角楼阁式砖塔。残存首层。高约4米。

▲ 西浮图塔

在冀城县中卫乡西浮图村。清代建。圆柱形实心砖塔。高约4米。

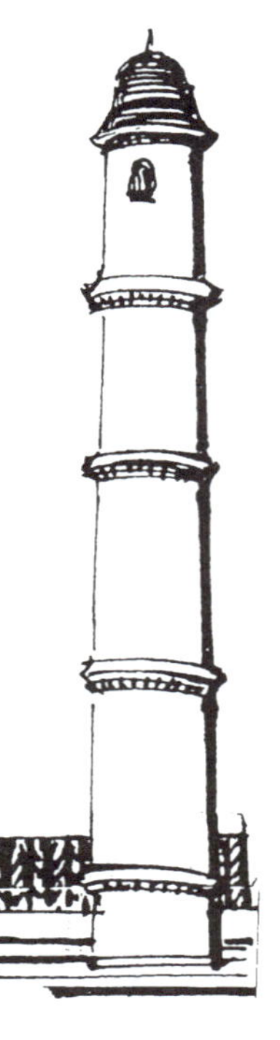

◀ 砂圪料塔

在冀城县中卫乡北庙村。清代建。圆形五层实心砖塔，高约9米。第一层大部被埋。塔身用砂圪料砌筑。

安泽县

郎寨塔

在安泽县马壁乡郎寨村东。全国重点文物保护单位。宋建（一说唐建），清嘉庆间重修。八角九级密檐式砖塔。高12米。

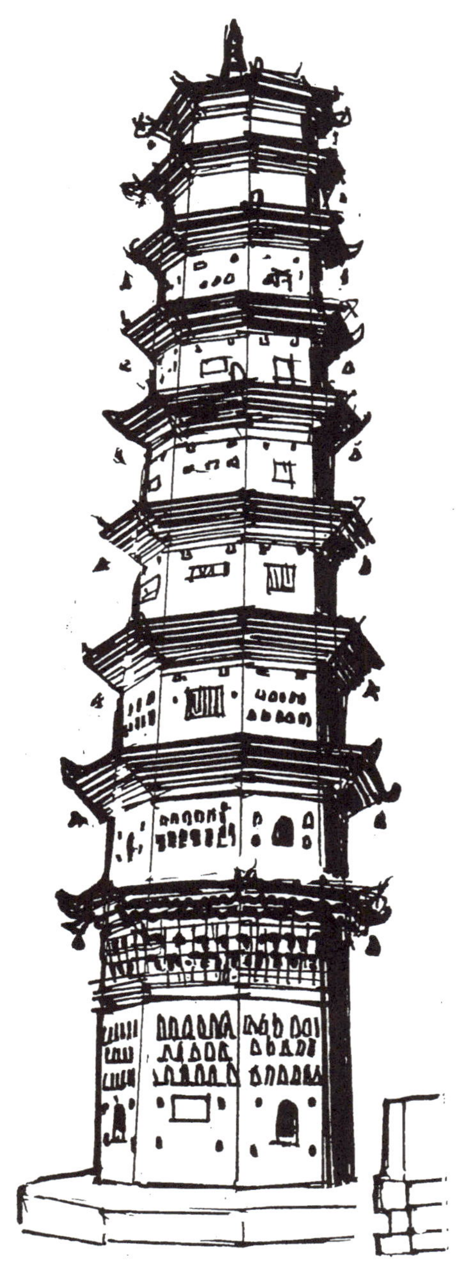

麻衣寺塔

在安泽县和川镇岭南村麻衣寺。全国重点文物保护单位。金大定年间建。八角九级密檐式砖塔。残高20.19米。尚存砖雕佛像315尊。

襄汾县

文峰塔

在襄汾县襄陵镇东街村东关。清代建。八角九层楼阁式砖塔，通高约30米。二层与首层间有夹层。一层塔身嵌琉璃碣。

◀ 文塔

在襄汾县汾城镇鼓楼西原贡院内。又称文峰塔、学前塔、南寺塔。全国重点文物保护单位。明代建，清咸丰九年（1859）重建。八角九层楼阁式砖塔。高24米。

▶ 普敬塔

在襄汾县汾城镇北膏腴村善慧寺遗址。俗称善慧寺塔或膏腴砖塔。北齐天统年间创建，历代修葺，2014年重修。明代风格。八角九层楼阁式砖塔。高20余米。

◀ 灵光寺琉璃塔

在襄汾县邓庄镇北梁村西。全国重点文物保护单位。唐贞观年间始建，金皇统年间重建。八角十三层楼阁式琉璃砖塔。上六层毁于清康熙年间地震。现存七层，首层半埋入地，残高22.44米。

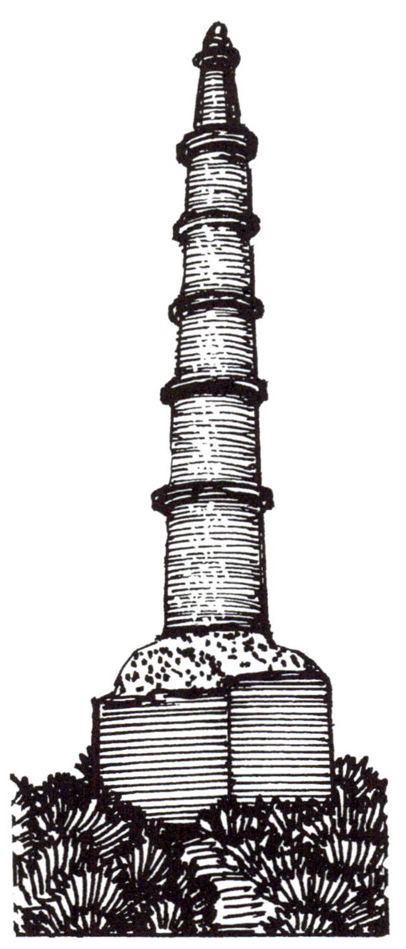

▲ 祭祀塔

在襄汾县新城镇柴村南，也称文昌塔。清代建。圆锥形六层楼阁式砖塔。通高11.6米。

▲ 柴村塔

在襄汾县新城镇柴村南。清代建，方锥体砖塔。通高8米。

▲ 鸡鸣山文峰塔

在襄汾县新城镇城儿里村东南鸡鸣山巅。明代建。八角两层楼阁式砖塔。高约6米。

► 解村塔

在襄汾县新城镇解村东南。清代建。方锥体砖塔，顶端西北向设佛龛。通高8米。

► 崇山宝塔

在襄汾县陶寺乡塔儿山。隋唐始建，清康熙年间、1998年重修。高约20米，七层楼阁式砖塔，上四层圆形、下三层八角。

◄ 杨威土塔

在襄汾县赵康镇。上部为四角双层楼阁式砖塔。下部土砌，风化严重。通高约7米。

▲ 九龙沟砖塔

在襄汾县汾城镇太常村。约明代建。八角五层楼阁式砖塔。塔刹已毁。高约20米。

▲ 曹家庄塔

在襄汾县古城镇曹家庄，又称圆天塔。清道光四年（1824）建。八角楼阁式砖塔。高12米。首层四角，二层以上八角。

◄ 李庄文峰塔

在襄汾县陶寺乡李庄。清代建。六角四层楼阁式砖塔。高十余米。

► 福寿魁星楼

在襄汾县南辛店乡福寿村。清代建。六角五层砖塔。下四层密封，最上层亭阁式。高十余米。

► 邓庄砖塔

在襄汾县邓庄镇邓庄村东南，清代建。六角十层密檐式砖塔。通高9米。

► 上西梁村塔

在襄汾县大邓乡上西梁村东南和西北各一座。清代建。东南塔（图左）为六角五层楼阁式砖塔，通高12米。西北塔（图右）为四层楼阁式砖塔，上两层六角，下两层四角。通高14米。

▲ 西社文峰塔

在襄汾县大邓乡西社村。建于清雍正七年（1729）。四角基座上三层砖塔，下两级为八角，上一级圆锥体。每级石刻龙、马、羊和“风云”“际会”“奎光”“中天”等字。通高9米。

▼ 西张村塔

在襄汾县大邓乡西张村东南。清代建。六角五层楼阁式砖塔。高10米。

洪洞县

► 广胜寺飞虹塔

在洪洞县广胜寺镇广胜寺上寺。全国重点文物保护单位。建于北周，明嘉靖六年（1527）重建，天启二年（1622）增建底层附阶。八角十三层楼阁式琉璃塔。金刚宝座式塔刹。高47.6 米。塔内置覆钵式石塔（左上）。

▲ 广胜寺塔林

在洪洞县广胜寺上寺山门前。明清僧人灵塔10座。有覆钵式、四角亭阁式等，砖塔为主，另有石塔。明连禅师墓塔最高大，覆钟形砖塔，高约10米。

◀ 广胜寺广修塔

在洪洞县广胜寺上寺塔院西，广修和尚墓塔。清雍正十三年（1735）建。塔身覆钵式与六角亭阁式组合。高约5米。

► 洪洞万圣寺双墓塔

在洪洞县万安镇浅沟村西罗云山。万圣寺明万历高僧墓塔两座，均六角形三级砖构，高约3米。

◀ 万圣寺舍利宝塔

在洪洞县万安镇浅沟村西罗云山上。金大定七年（1167）建，明天启六年（1626）重建，清雍正十二年（1734）、乾隆二十年（1755）重修。覆钵上八角九层密檐组合砖塔。塔刹不存。高35米。2008年被盗，塔下盗洞内发现八角十三层鎏金五彩楼阁式铜塔（右图），明万历四十二年（1614）造。高1.8米，存放舍利子72颗、各种佛像24尊。

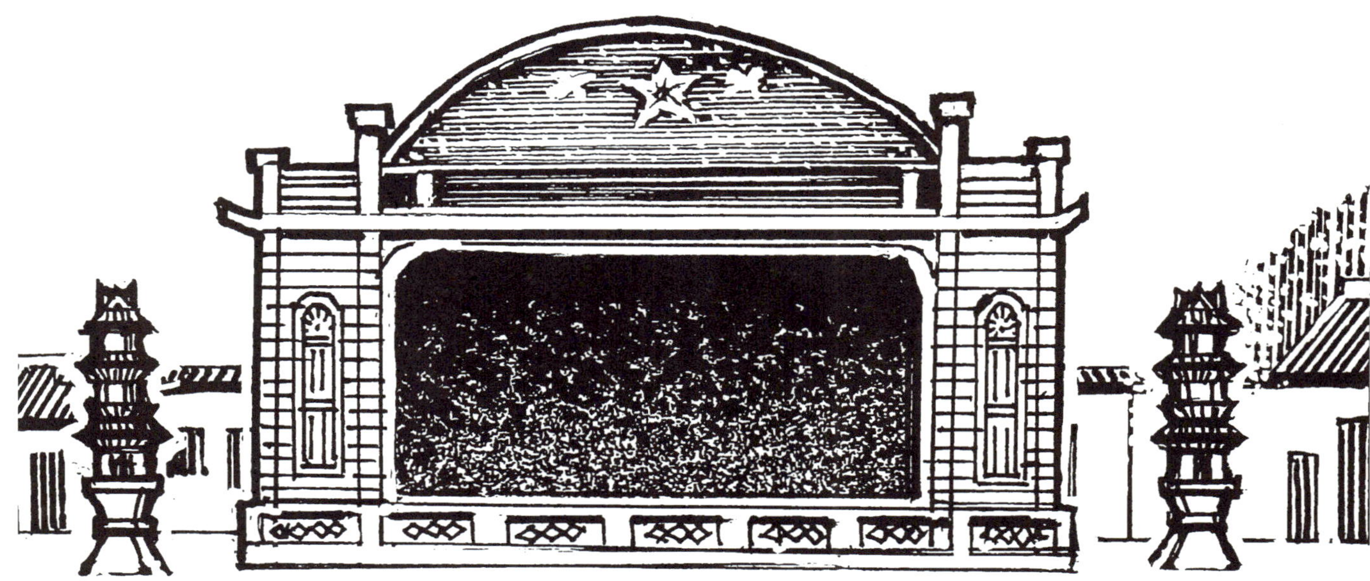

▶ 三官庙双陶塔

在洪洞县辛村乡白石村三官庙内。约为明代造。四角三层楼阁式歇山顶琉璃塔。高约3米。

◀ 梗壁文峰塔

在洪洞县大槐树镇梗壁村南，清代建。五层砖塔，上二层圆形，下三层六角。通高约15米。

▶ 西尹壁文星台

在洪洞县苏堡镇西尹壁村西。年代不详，清乾隆五十五年（1790）重修。土塔，下部八角二层，上部圆形四层。1996年重修以砖包边。高约30米。

◀ 山头魁星楼

在洪洞县苏堡镇山头村东南。清代建，2003年重修。通高约16米。四角砖石基座，中辟拱形门洞。塔楼六角二层，一层楣书“文昌”，琉璃瓦顶。

► 万安文峰塔

在洪洞县万安镇万安村东南。建于清康熙三十五年（1696），道光二十九年（1849）重修。覆钵上六角八层楼阁式实心砖塔。通高约20米。

▼ 普安村文峰塔

在洪洞县万安镇普安村，明代筑土塔八层，清道光二十九年（1849）改砖砌。覆钵上八角七层楼阁式。高约19米。

▼ 鲁生村塔

在洪洞县万安镇鲁生村东南。共三座。文峰塔与魁星楼，建于清同治元年（1862）。文峰塔为覆钵上八角六层楼阁式实心砖塔，高约13米。魁星楼，四角砖砌基座，八角二层楼阁式砖木结构塔。高约10米。土塔为残土堆，高约5米。

▶ 东梁塔

在洪洞县万安镇东梁村东。清道光五年（1825）建。覆钵式上为八角五层楼阁式石塔。高约12米。

◀ 上舍村魁星楼

在洪洞县万安镇上舍村东。清代建，2008年重修。八角二层楼阁式砖塔。高约10米。

▲ 东义村魁星楼

在洪洞县刘家恒镇义东村。八角二层楼阁式砖塔。高约9米。

◀ 杜戍村塔

在洪洞县辛村乡杜戍村东南。清代建。覆钵式上九层楼阁式实心砖塔，高约20米。琉璃覆顶。

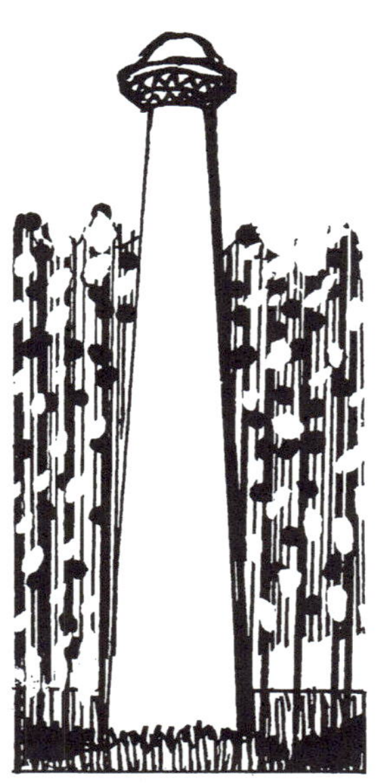

◀ 公孙堡村塔

在洪洞县辛村乡公孙堡村东南。清代建，圆形单层实心砖塔。高约9米。

▶ 辛村乡北段村塔

在洪洞县辛村乡北段村，共两座。清代建风。圆柱形实心砖塔。村东南塔底座埋于地下，高约12米；村东塔高约10米。

▼ 北马驹村塔

在洪洞县龙马乡北马驹村东南。清乾隆五年（1740）建。八角三层楼阁式砖塔，高约13米。二层砖砌贴壁栏杆，上二层圆檐。

▲ 新庄文峰塔

在洪洞县龙马乡新庄村东南。年代不详，清代风格。八角五层覆钵式实心砖塔。高约11米。塔刹葫芦系1990年重新安置。

◀ **南马驹村塔**

在洪洞县龙马乡南马驹村东南。年代不详，清代风格。八角五层楼阁式实心砖塔，高约9米。

▶ **南部村塔**

在洪洞县龙马乡南部村东南五十米处。年代不详，清代风格。八角三层楼阁式实心砖塔，高约6米。

吉县

▼ **上寺村塔**

在吉县壶口镇中寺村。清代建。三层楼阁式塔。一二层石砌，第三层砖砌。第一层四角，二三层六角。高约10米。顶层门匾“启文明”。

浮山县

▼ **贯里村塔**

在浮山县东张乡贯里村。清道光二十一年（1841）建。圆形三层楼阁式砖塔，高约12米。

◀ 南朱村塔

在浮山县东张乡南朱村。清代建。圆形三层楼阁式砖塔。高二十余米。

► 神山村塔

在浮山县天坛镇南门外神山村。清代建。七层鼓形实心砖塔，每设四个砖龛。塔刹缺失，残高7米。

◀ 东陈魁星塔

在浮山县响水河镇东陈村东。清乾隆年间建。六角三层楼阁式砖塔。高10.5米。第二层镶碑刻“奎宿东灵”。

乡宁县

► 文笔双塔

在乡宁县城南昌宁镇南玉环山隔凤凰沟东西对峙。西塔明万历三十四年（1606）于东帝君庙建状元峰，清乾隆三十年（1765）移今址，改称文笔峰。八角七层砖塔。高30米。东塔亦称文笔峰，清乾隆三十年建木塔。咸丰九年（1859）改建八角七层楼阁式砖塔。高20米。双塔首层外壁皆环绕八卦形砖。

◀ 北村塔

在乡宁县关王庙镇北村村南。清代建。圆锥形石砌塔，高约5米。

隰县

▶ 毗卢塔

在隰县黄土镇紫荆山。原称毗芦金山宝塔。明嘉靖二十年（1541）建，清乾隆二十二年（1757）重修。八角四层楼阁式实心砖石塔。高10米。琉璃宝顶。

蒲县

▼ 黑龙关村塔

在蒲县黑龙关镇黑龙关村，有北塔、南塔、中塔三座。圆锥形砖塔，黄砂石塔刹，高2.85米。

▲ 天嘉庄砖塔

在蒲县城关镇天嘉庄村。1934年建。四角四层楼阁式砖塔。高7米。第二三层八角；第四层四角。首层东西龛额书“东有启明”“西有长庚”。

吕梁市

离石区

► 弥陀宝塔

在吕梁市离石区信义镇归化村南宝峰山（又名宝盆山）。唐代建，宋代、当代重修。高约10米。四角三层楼阁式实心砖塔。宋代维修时底部东西两侧镶黑色琉璃浮雕。

▲ 安国寺塔

在吕梁市离石区乌崖山谷全国重点文物保护单位安国寺外。宋代建。八角八层密檐式砖塔。

孝义市

▶ 寂照寺双塔

原在孝义市高阳镇三多村猫儿山寂照寺，1986年迁入新义街道永安路孝义市皮影博物馆。建于明万历四十一年（1613）。八角五层楼阁式琉璃塔，高6.13米。

◀ 临黄塔

在孝义市大孝堡乡大孝堡村普化寺。原称阿育王塔，又称释迦牟尼文佛舍利塔。隋仁寿三年（603）建，清雍正十年（1732）重建，2005年重修。八角八层楼阁式实心砖塔。高20米。碑记称塔下地宫贮舍利子一粒。

文水县

▶ 梵安寺塔

在文水县孝义镇上贤村，俗称上贤塔。全国重点文物保护单位。唐代建，宋崇宁三年（1104）重建，第六层木梁上有崇宁五年（1106）题记。明隆庆间重修。八角七层楼阁式砖塔，高45米。底层附阶已拆除。塔顶原建一小庙供铁佛，抗战时期被毁。塔下地宫有地道通塔外。

汾阳市

► 奇峰塔

在汾阳三泉镇东赵村小学院内。明万历年间建。八角五层楼阁式实心砖塔。高约15米。

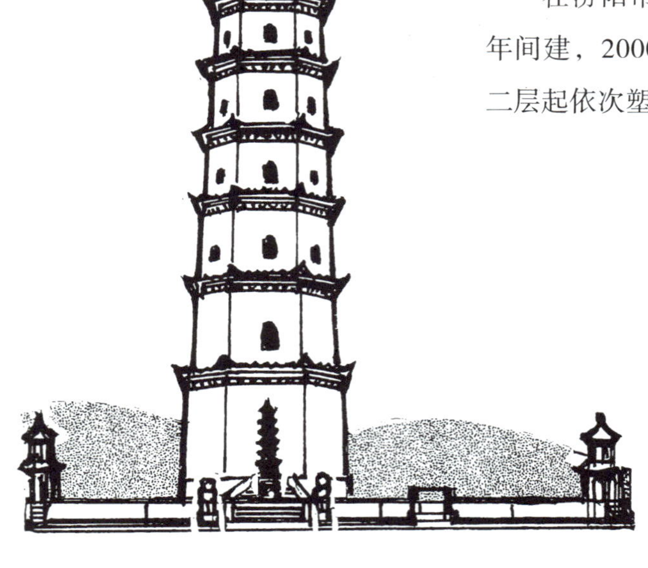

◄ 文峰塔

在汾阳市文峰街道建昌村。全国重点文物保护单位。清康熙年间建，2000年重修。八角十三层楼阁式砖塔，首层供观音像，二层起依次塑十二生肖像。高84.93米。

► 药师七佛多宝塔

在汾阳市杏花村镇小相村外灵岩寺。明嘉靖二十七年（1548）建八角七层楼阁式砖塔，后增至十三层。高约30米。五层以上不可攀登。首层、二层塔壁有明嘉靖建塔字样。

◄ 海虹塔

在汾阳市文峰街道海洪路。又称海洪（或宏）寺塔、善昭禅师塔。北宋天圣元年（1023）建，明万历年间因风水原因截去其半。清康熙三年（1664）重建。八角七层楼阁式实心砖，高28.6米。

玲珑塔

在汾阳市峪道河镇后沟村片石垒成的高崖上。明万历间建，崇祯年间竣工。八角七层楼阁式塔。下三层红石构筑，上四层砖砌。高25米。

兴县

胡家沟塔

在兴县蔡家崖乡胡家沟村。明代建，2013年重修。五层八角楼阁式实心塔，高14米。塔基及一层为石砌，上四层砖砌。

交城县

华严塔

在交城县天宁镇卦山之巅。唐代建，1984年重修。八角三层楼阁式砖塔。高约10米。

天宁寺塔内塔

在交城县天宁寺内。明代风格。八角幢式石塔。残高约2米。

◀ 华严经塔

在交城县天宁寺后山。上世纪50年代存6座，后存3座，又两座毁于“文化大革命”（下图）。现存明万历四十年（1612）八角二层幢式石塔（上图）。高2米。

▶ 天宁寺塔林

在交城县天宁镇卦山太极峰下全国重点文物保护单位天宁寺后。现存石塔14座。除四角单层亭阁式石塔“童宁□灵塔”、“空徒禅师塔”（残存一层塔身）外，多为八角幢式塔（下图）。在山脚的奎星阁石塔（上右），八角双层幢式石塔；毗卢阁石塔（上左），四角双层幢式石塔。高约2米。

▶ 童宁□灵塔

在天宁寺后塔林。金代建。四角单层亭阁式石塔。高约2米。

◀ □虚通禅师寿塔

在天宁寺后塔林。元代住持虚通禅师墓塔。六角单层幢式石塔。塔刹已毁。高一米余。

▶ 安公禅师塔

在天宁寺后塔林。元代住持安公禅师墓塔。六角单层幢式石塔。高约2米。

▲ 玄中寺塔林

在交城县天宁镇石壁山全国重点文物保护单位玄中寺两塔院，共存墓塔六十余座。南塔院30座，可辨认金1座、元9座、明6座、清1座；北塔院30座，可辨认元2座、明4座、1949年后建一座。主要有：聪公之寿塔（右二），明嘉靖二十六年（1547）建，八角三层楼阁式砖塔，高约2米；晓公庵主灵塔（右一），元延祐二年（1315）造，六角单层幢式石塔，高约2米；安吉祥禅师墓塔（右三），八角双层幢式石塔，高2.31米。

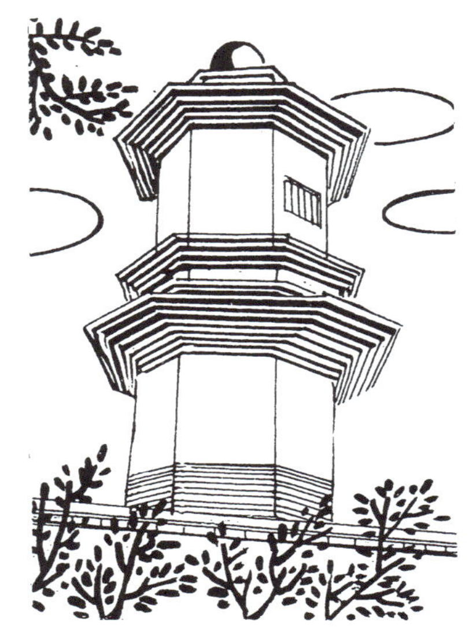

秋容塔

在交城县玄中寺东山巅。北魏延兴二年（472）始建，宋代风格，1954年重修。八角二层亭阁式砖塔。高13米。塔顶原有铁佛一尊，“文化大革命”中失踪。

柳林县

双塔寺双塔

在柳林县柳林镇贺昌村双塔寺山门后两侧，俗称“雌雄塔”。年代不详，元至正年间重建。明清重修。八角楼阁式砖塔，东塔内可攀登，西塔实心外分五层。高约19米。

石塔寺舍利塔

在柳林县穆村镇杨家坪村石塔寺。明弘治年间雕造。六角四层幢式石塔，高6米。用整块巨石雕刻而成。

▼ 南山寺塔林

在柳林县孟门镇檀越村南山寺（又名灵泉寺）西。唐贞观年间以来历代高僧墓塔，原有300余座。20世纪90年代几乎全部拆毁以为垛坝之用。残存几十座，近年部分修复。

► 杨家坪村石塔

在柳林县杨家坪村外山头上。明弘治年间建。八角双层幢式石塔。残高约4米。

▲ 柳溪舍利塔

在柳林县上镇辉大峁村柳溪寺。清乾隆三十一年（1766）建。八角八层楼阁式砖塔。高二十余米。

临县

▶ 崔家坪石塔

在临县三交镇崔家坪村。明嘉靖年间建。六角五层幢式石塔。刻有佛经及崔氏十余分支的家谱。

◀ 冯家会魁星塔

在临县碛口镇冯家会村东山巅。清末建。圆形三层楼阁式砖塔。高十余米。

▲ 临县奎星楼

在临县临泉镇文庙大成殿东南隅。清光绪五年（1879）建。八角三层楼阁式砖塔。高10米余。

▶ 临县文塔

在临县临泉镇南安业乡东榆村东岳山顶。也称东岳山文塔。清乾隆二年（1737）建七层，后增至九层，1996年重修。八角九层楼阁式砖塔，高43米。

◄ 兔坂镇石塔

在临县三交镇崔家坪村的过街桥西南。金代建，八角七层仿楼阁式石塔。高约4米。

交口县

► 北村文昌塔

在交口县康城镇北村。疑为明清遗存。楼阁式砖塔。首层四角，二三层六角，塔刹已毁。残高约8米。

◄ 千佛寺舍利塔

在交口县石口乡山神峪村千佛寺左侧。清代建。六角五层砖石结构。高11米。

内蒙古自治区图谱

中国古塔全谱

呼和浩特市

玉泉区

▶ 慈灯寺塔

在呼和浩特市玉泉区五塔寺后街慈灯寺。俗称五塔（蒙语“塔奔·斯普日嘎”）。全国重点文物保护单位。清雍正十年（1732）建，1977年重修。金刚宝座式砖石塔，高16.5米。塔身饰琉璃砖，首层檐下镶嵌蒙、藏、梵文金刚经。二到七层檐下塑1119尊镏金佛像，也称千佛塔。各排佛像据所结手印以五个为一组，表现密宗金刚界五方佛。座顶出口是一亭阁。亭北置五座四角密檐塔，中塔七层，四隅塔五层。

◀ 席力图召喇嘛塔

在呼和浩特市玉泉区石头巷全国重点文物保护单位席力图召（延寿寺）广场东侧塔院。又称长寿佛塔，相轮从宝盖下悬两个镀金铜饰，俗称双耳喇嘛塔。清乾隆年间建。覆钵式石塔，高15米。

赛罕区

▶ 万部华严经塔

在呼和浩特市赛罕区白塔村丰州故城。全国重点文物保护单位。辽代建，1977年、1986年重修。八角七层楼阁砖塔。高55.5米。塔身一二层嵌砖雕菩萨、天王、力士像。首层南门石额“万部华严经塔”。内壁嵌金代石碑六通。

土默特左旗

▼ 喇嘛洞召塔群

在和浩特市土默特左旗毕克齐镇北大青山全国重点文物保护单位喇嘛洞召（广化寺）西北。明代起历代数座活佛墓塔，覆钵式砖塔。图右为大青山壁画覆钵塔。

包头市达茂联合旗

► 百灵庙双塔塔群

在包头市达茂联合旗百灵庙镇百灵庙（蒙古语贝勒因庙转音，汉名广福寺）。庙始建于清康熙四十二年（1703）。庙前立覆钵式砖石双塔，高约10米。双塔后有16座小白塔。

赤峰市

元宝山区

► 静安寺佛牙舍利塔

在赤峰市元宝山区小五家乡大营子村北塔子山。又称永安塔，俗称辽代白塔、元宝山白塔、塔子沟白塔。2000年整理挖掘山前麓被盗掘辽代古墓，发现《创建静安寺碑铭》，记载辽建雄节度使耶律昌允妻兰夫人依丈夫夙愿，建静安寺。其子耶律佶得佛牙一颗，上附舍利七百余粒。遂于山巅深埋舍利子，其上修永安塔。塔建于辽咸雍六年至大安七年间（1070—1091）。八角三层实心密檐砖塔。密檐风化，塔身因盗掘毁损。残高18.6米。

松山区

► 百石图石塔

在赤峰市松山区大夫营子乡百石图村。原立于百石图村西山“进士”坟前，后被村民迁回村中寺庙。辽代建。六角幢式石塔，高2米。

巴林左旗

▼ 辽上京双塔

在赤峰市巴林左旗林东镇辽上京城址附近。全国重点文物保护单位。辽中期建。南塔开悟寺塔（左）。八角七层密檐式砖塔，高25.5米。首层塔壁石刻高浮雕佛、菩萨、天王、力士和飞天（左上）像。北塔传为宝积寺塔（右图），1980、1990年重修，发现玻璃舍利瓶等文物。六角五层密檐式，高约16米。

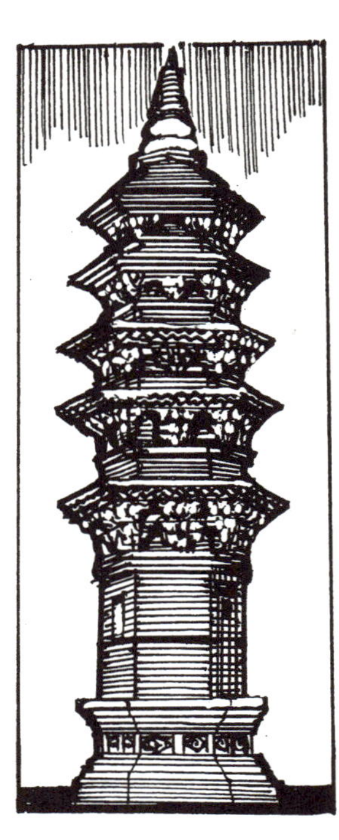

巴林右旗

▼ 庆州白塔

在赤峰市巴林右旗辽庆州城遗址。原名释迦佛舍利塔。全国重点文物保护单位。辽重熙十八年（1049）兴宗为生母章宣皇太后特建。八角七层楼阁式砖塔，高73.27米。铜制鎏金刹顶，塔身嵌装数百铜境。1989年维修时，于刹穴发现辽雕版印制佛经、佛舍利塔，其中一为顶部凤凰衔珍珠鎏金银塔，108座为柏木塔，25–45厘米高，或贴金或素面，均可拆卸，内藏经卷和玛瑙舍利的琥珀瓶等（右图），以及银制和琉璃制舍利瓶等文物。

宁城县

▶ 大明塔

在宁城县大明镇辽中京城遗址内，也称辽中京大塔（左塔）。全国重点文物保护单位。辽兴宗重熙四年（1036）建，清咸丰四年（1854）重修。八角十三级密檐式实心砖塔，高80.22米。

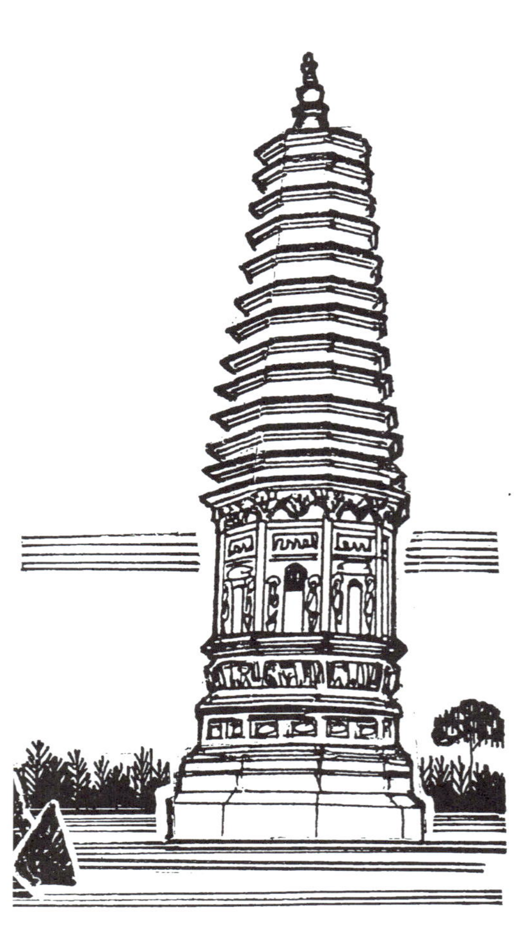

◀ 金小塔

在宁城县辽中京遗址，也称辽中京小塔（右塔）。全国重点文物保护单位。金正隆三年（1158），一说大定三年（1163）建。八角十三层密檐式砖塔。高24米。

▶ 半截塔

在宁城县大明镇辽中京遗址，也称残塔或三塔。辽清宁三年（1057）建。八角密檐式实心砖塔。上部密檐损毁，残高14米。

敖汉旗

▶ 五十家子白塔

在赤峰市敖汉旗玛尼罕乡五十家子村辽降圣州城址，也称万寿塔。辽（一说金）建，元明重修。八角十三层密檐式空心砖塔。高34米。二层有塔、佛等浮雕图案。

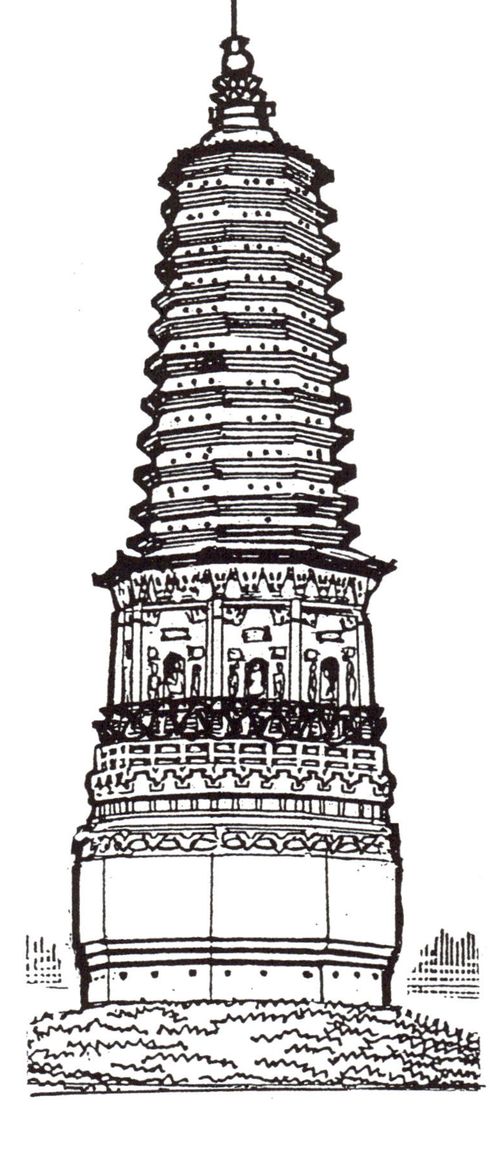

◀ 武安州白塔

在赤峰市敖汉旗南塔乡白塔子村对岸高岗上。全国重点文物保护单位。八角密檐式砖塔，残高十一层，36米。

通辽市

科尔沁区

▶ 双合尔山白塔

在通辽市科尔沁区左翼后旗阿古拉苏木双合尔山上。清雍正十二年（1734）建。“文化大革命”中毁坏，1984年恢复原貌。覆钵式砖石塔。高13米。

开鲁县

▶ 开鲁佛塔

在开鲁县开鲁镇白塔公园。全国重点文物保护单位。元至元十六年（1279）建。覆钵式砖塔，高17.7米。

奈曼旗

▶ 章古台佛塔

在通辽市奈曼旗章古台村胡硕庙（又称经缘寺）。清同治年间建。覆钵式砖塔，通高十余米。内有4尊佛像，以格鲁派鼻祖宗喀巴为首。

鄂尔多斯市

准格尔旗

▶ 准格尔召白塔群

在鄂尔多斯市准格尔旗准格尔召镇西召村准格尔召。也称灵通万寿宝塔。建筑群始建于元天启三年（1623），清康熙、乾隆间连续扩建。白塔位于建筑群中轴线后部，建于5米高台基上，覆钵式喇嘛塔5座，后排大塔2座，通高二十余米；前排小塔3座，高十余米。

◀ 十二连城陶塔

在鄂尔多斯市准格尔旗十二连城唐墓出土。覆钵式陶塔。

▶ 庙塔石窟寺石塔

在鄂尔多斯市准格尔旗薛家湾镇永胜壕村庙塔石窟寺山顶。四角塔座上覆钵式石塔。高约10米。

鄂托克旗

▶ 阿尔寨石窟摩崖塔

在鄂尔多斯市鄂托克旗阿尔寨石窟东南侧及窟门，刻多座摩崖塔。西夏至元代刻，以覆钵式塔为主，窟门左侧刻十三层楼阁式浮雕塔一座（下中），高1.6米。

乌审旗

◀ 乌审召庙白塔

在鄂尔多斯市乌审旗达布察克镇乌审召。乌审召庙建于清康熙五十二年（1713），原有203座塔及院墙上近百座小覆钵式塔。“文化大革命”被毁，仅剩一白塔。八角三层覆钵式砖木塔，前檐出抱厦。

锡林郭勒盟

阿巴嘎旗

► 石塔

在锡林郭勒盟阿马嘎旗新浩特镇汗白庙内，建于清代。1964年尚存，今不存。覆钵式花岗石砌塔，高约10米。

正镶白旗

► 布日都庙殿顶塔

在锡林郭勒盟正镶白旗布日都庙。建于清乾隆五年（1740）。大雄宝殿殿顶塔覆钵式。

阿拉善盟

额济纳旗

► 绿城土塔群

在阿拉善盟额济纳旗达来呼布镇全国重点文物保护单位绿城遗址西部。有一覆钵式残塔及已崩塌土塔残址。

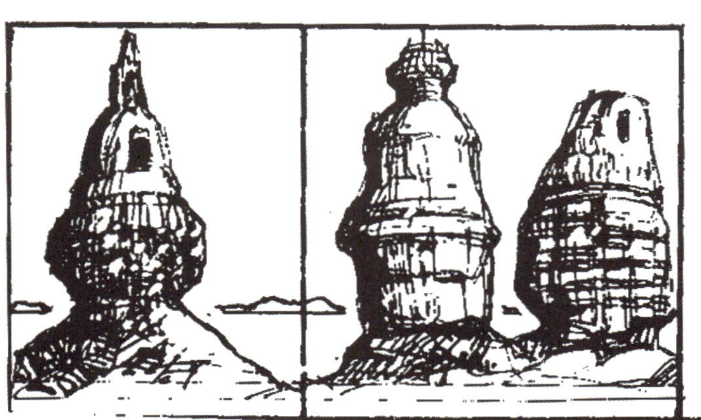

◄ 土塔群

在阿拉善盟额济纳旗达来库布镇东南15公里处。现存土塔8座，西夏、元代建。覆钵式土塔残塔，单塔、双塔及五塔分布。

► 黑城土塔群

在阿拉善盟额济纳旗达来库布镇黑城（蒙古语哈拉浩特）遗址西北角城墙上。西夏至元建，现存二十余座覆钵式土塔，其中五六座完整，最高12米。城外存两组土塔群残塔。

阿拉善左旗

◄ 延福寺殿顶塔

在阿拉善盟阿拉善左旗巴彦浩特镇延福寺（俗称王爷庙）。寺始建于清雍正九年（1731）。寺内建筑群多座殿顶有覆钵式、幢式塔。

中国古塔全谱

辽宁省

图谱

沈阳市

皇姑区

▶ 塔湾舍利塔

在沈阳市皇姑区塔湾街，又名无垢净光舍利佛塔。全国重点文物保护单位。辽重熙十三年（1044）建，清崇德五年（1640）重修。八角十三层密檐式砖塔，高34米。首层每面辟佛龛，坐佛陶像，龛侧立二胁侍，上饰宝盖，飞天、铜镜，嵌佛名砖。塔顶覆钵内为天宫。1985年修塔发现塔心室壁画、文物，地宫藏石函、舍利子等。

◀ 法轮寺北塔

在沈阳市皇姑区北塔街法轮寺。清初建。覆钵式砖塔，高33米。正南向塔龛里为六字真言。塔基方台，供奉石质金身释迦牟尼佛等诸佛36尊，四隅立小覆钵塔。

大东区

▶ 永光寺东塔

在沈阳市大东区东塔街永光寺遗址。建于清顺治二年（1645）。1984年重修。覆钵式砖塔，高33米。塔身南面佛龛内木雕梵字“南无阿弥陀佛”。

◀ 崇寿寺白塔

在沈阳市大东区北顺城路白塔小学院内。原名释迦佛生天舍利塔。辽乾统七年（1107）建，明万历五年（1577）重修，八角十一层密檐式砖塔，25.88米高。1905年日俄战争中被毁坏，1957年拆除，首层塔心室发现石函内白釉瓷罐中小木塔。中宫铁函内鎏金铜函藏120颗舍利子、银函藏178颗舍利子。

和平区

▶ 延寿寺西塔

在沈阳市和平区敦化一路。清顺治二年（1645）建成，1968年被拆时现地宫文物，1998年后复建。覆钵式砖塔，高26.33米。

沈河区

▶ 广慈寺南塔

在沈阳市沈河区南塔街南塔公园。清顺治二年（1645）建成。1905年损毁于日俄战争，1917年修复。“文化大革命”中毁坏，1986年修复并将西塔塔刹移此塔。南塔塔刹则在东塔上。塔高约二十多米。

沈北新区

▶ 石佛寺塔

在沈阳市沈北新区石佛寺朝鲜族锡伯族乡七星山主峰上，也称净居院舍利塔。辽咸雍十年（1074）建。六角七层实心密檐砖塔，现存半壁残骸。1982年地宫出土辽代石、铁、银、金套函，盛舍利子等103粒。

苏家屯区

▶ 塔山山城塔

在沈阳市苏家屯区陈相屯东塔山。原名无垢净光塔，也称陈相屯辽塔、集州塔。辽重熙十四年（1045）建，毁于1946年解放战争。六角七层密檐式砖塔，高约20米。

康平县

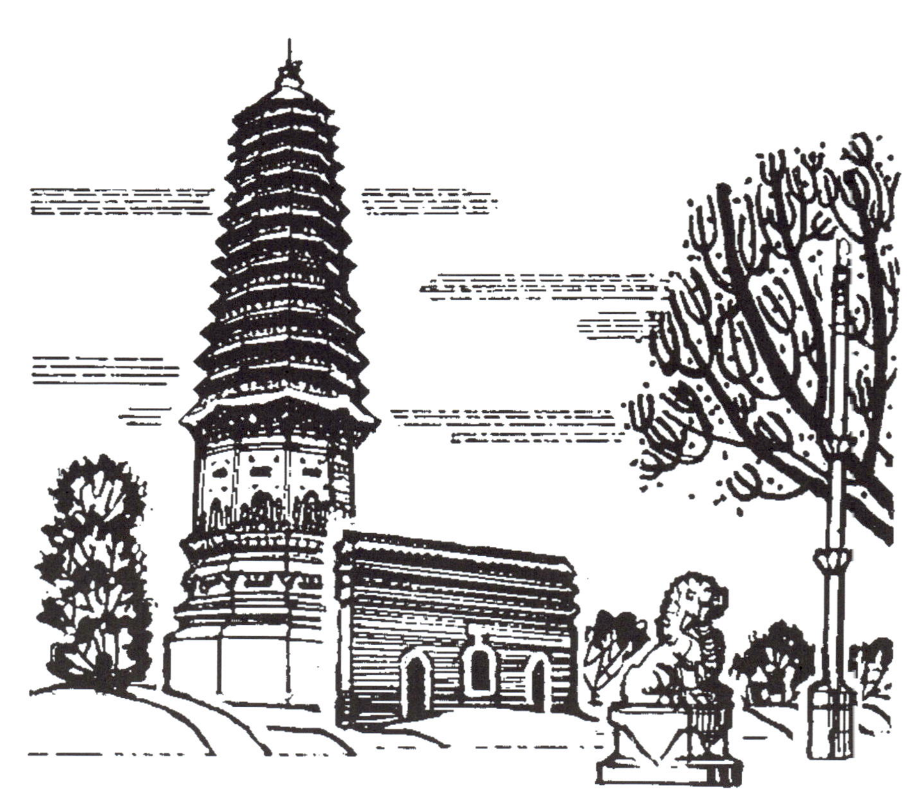

▶ 小塔子塔

在康平县郝官屯乡小塔子村东。原为宝塔寺塔。辽天赞、天显年间（922—926）建。2001、2010年重修。八角十三层密檐式砖塔，高25米。

新民市

▶ 辽滨塔

在新民市公主屯镇辽滨塔村。辽代建。八角十三层密檐青砖塔。高41.7米。1993年维修时，地宫出土佛牙、5颗舍利子及一座八角莲花座四层银塔、一座木塔。

大连市

普兰店区

▶ 金代双塔

在大连市普兰店区双塔街道。金代造。“文化大革命”中推倒，2009年修复。北塔（右）在唐屯村西山，八角五层石塔。高约7米。各层莲花座上雕佛龛。南塔（右）在墨盘乡滕屯村滕屯塔山。八角五层，由十六块圆形花岗岩砌成，5.6米高。每层雕有莲花，顶部浮雕坐佛。

▶ 白云山城石塔

在大连市普兰店区元台镇白云山九龙峰，又称镇海白玉塔。元代建，四角五层楼阁式实心石塔。高约6米。

旅顺口区

▶ 老铁山灯塔

在大连市旅顺口区老铁山大崖顶，所向海面是黄海渤海分界线。全国重点文物保护单位。清光绪二十六年（1900）建。圆筒式铁塔。14.2米高。国际航标协会评为世界历史灯塔。

瓦房店市

▶ 永丰塔

在瓦房店市复州城镇永丰村永丰寺东侧。唐代始建，辽重熙十三年（1044）重建。1997、2001年重修。八角十三级密檐砖塔，高24米。

鞍山市

千山区

▶ 无量观八仙塔、葛公塔、祖师塔

在鞍山市千山区无量观山门前，合称无量观三塔。祖师塔为开山祖师刘太琳墓塔（后右），清康熙年间建。六角亭阁式石塔。高约5米。八仙塔（左前）建于清康熙年间，六角十一层密檐砖塔，高13米。南门刻“道教无极”石额，砖雕寿星像，北面刻“万古长青”四字，余四面砖雕八仙像，“文化大革命”间砸毁，后复建。葛公塔（中）建于1933年。六角七层密檐石塔，高8.78米。塔铭“太清堂上二十代律师月潭真人明新之墓”。龛外刻葛公题绘。“文化大革命”期间，地宫中葛公遗体被掘出，随葬物品被盗走。记载张学良等筹款建塔的碑刻亦遭破坏。

◀ 香岩寺双塔

在鞍山市千山风景区全国重点文物保护单位香岩寺南、北山头上。辽金代建，2009年重修。六角九层密檐砖塔，北塔（左图）高19.79米。南塔（右图）高15.71米。

▶ 郭守真墓塔

原在沈阳市沈河区西顺城街太清宫玉皇阁，即郭祖塔。清代建，现迁鞍山市千山区。八角七层密檐式砖塔，9.7米高。

◀ 雪庵塔

在鞍山市千山区香岩寺西南麓。元雪庵和尚墓塔。巨笋状石塔，高2米，中空。前有龛，中如石臼，贮水不竭，内有石球，探之可转动。

▶ 真和尚塔

在鞍山市千山风景区悟公塔院。悟彻和尚墓塔。清康熙二十年（1681）建。六角九层密檐砖塔。高约8米。

▼ 五祖塔林

在鞍山市千山区龙泉寺。共6座。明代建。密檐与覆钵式结合石塔。高2至3.5米。

► 无幢塔

在鞍山市千山区祖越寺南山北台上，又称祖越寺南塔。明永乐年间建。六角十三层密檐实心石塔。高13米。刻明永乐八年（1410）太监田嘉禾出使朝鲜路经辽东游千山舍财建塔事宜。取铭中“无幢”二字为塔名。

◄ 灵岩寺双塔

在鞍山市千山区灵岩寺后山，又称千山双塔。东西并峙数十米。明代风格。八角七层密檐实心石塔。高约6米。

► 玲珑塔

在鞍山市千山风景区祖越寺东南山顶，也称千山祖越寺北塔。唐代建，明代重建。六角十三层密檐式实心石塔。高12.3米。

◄ 净瓶峰塔

在鞍山市千山区五老峰南坡，又称斜脊宝塔。年代待考。四角单层亭阁式砖塔，高2米。

▶ 大安寺石塔

在鞍山市千山区大安寺山门南，清代建，六角七层密檐式实心石塔（上图），高约15米。大安寺路边二塔（中图），年代未考，密檐式石塔，高约3米。覆钵式石塔（下图），在寺山门左侧，清代建，高约5米。

▲ 双龙观道塔

在鞍山市千山区仙人台北双龙观。双龙观道士张一麟墓塔。建于清嘉庆三年（1798）。六角单层亭阁式砖塔。高约6米。

岫岩满族自治县

▼ 药山塔群

在岫岩满族自治县药山镇药山，存三座石塔（右图）。传说唐始建，元明风格。分别为覆钵式、密檐式、覆钵密檐结合式石塔。高2–3米。药山妙峰寺后上山路旁存一座六角五层石塔（左图）。年代未详。高约3米。

海城市

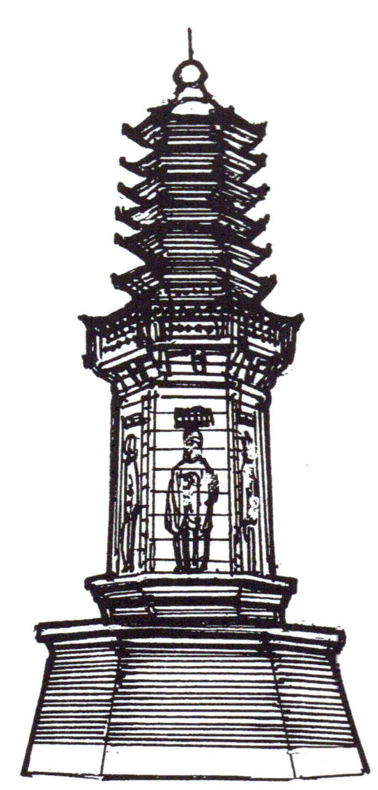

► 析木金塔

在海城市析木镇羊角峪村西山坡。全国重点文物保护单位。辽代建，近年修复。八角十三层密檐式砖塔。高31.5米。双层须弥座，一层束腰刻舞诵、侍者、伎乐人等，二层须弥座束腰刻雄狮。

▲ 析木铁塔

在海城市析木镇析木村。金建（一说辽末），2005年重修。六角七层密檐砖塔。高十余米。塔身各面砖雕立佛，塔顶覆钵式。

◄ 析木银塔

在海城市接文乡西塔子沟村北山。金代建，1953年、2009年重修。全国重点文物保护单位。六角九层密檐式砖塔。高15.58米。

抚顺市

顺城区

► 高尔山辽塔

在抚顺市顺城区高尔山西峰。辽大安四年（1088）建，历代重修。八角九层密檐式砖塔。高14.1米。

抚顺县

▶ 抚顺双塔

在抚顺县上马乡，六角五层密檐式砖塔。赵家塔（右）在赵家村西坡山岗，传始建唐代，明末清初风格。高7.3米。李家塔（左）在李家村西南，明代建，高8.2米。

丹东市

东港市

▶ 孤山石佛塔

在东港市孤山镇大孤山。1914年建。六角七层楼阁式砖塔。高7.3米。共46个佛龛，供石佛，首层石佛传为唐代所刻。“文化大革命”期间，石佛全被砸毁。

凤城市

▶ 忽必烈塔

在凤城市凤凰山风景区罗汉峰下。元代建。圆形五层幢式石塔，现存三层，高3米。

▲ 凤凰山和尚墓塔

在凤城市凤凰山紫阳观右侧，也称南无妙法通华经塔。日本敲敲和尚付高行雄墓塔。1930至1940年代建，圆顶圆柱形石塔，高2米。上刻《南无妙法通华经》。

锦州市

古塔区

► 广济寺塔

在锦州市古塔区广济寺，原名普济寺塔，也称白塔、舍利塔，俗称大塔。全国重点文物保护单位。瘗藏辽皇太后所赐舍利子。建于清宁三年（1057），1933年、1996年重修。八角十三层密檐式砖塔，高71.25米。

◄ 佑国寺塔

在锦州市古塔区士英南街佑国寺。原名永徽塔，又称古塔寺砖塔，俗称西关小塔。传为唐永徽元年（650）建，明弘治十五年（1502）地震倒塌。明正德元年（1506）重建。八角七层楼阁式砖塔，高10米。

► 北普陀寺灵骨塔

在锦州市古塔区北普陀山北普陀寺外。北普陀禅寺如信禅师灵骨塔（上右），清康熙三十九年（1700）建。覆钵式砖塔。高约5米。尊贤法师灵塔1994年建。北普陀寺殿中有清代珐琅覆钵式舍利塔两座（下左、下中）及四角三层亭阁式木塔一座（下右）。

凌海市

▶ 班吉塔

在凌海市班吉塔镇西北。塔名为半截塔谐音，又称斑鸠塔。全国重点文物保护单位。辽清宁四年（1058）建，清代及1989年重修。八角底座花塔式砖塔。塔刹无存，残高11.25米。

◀ 三清阁塔

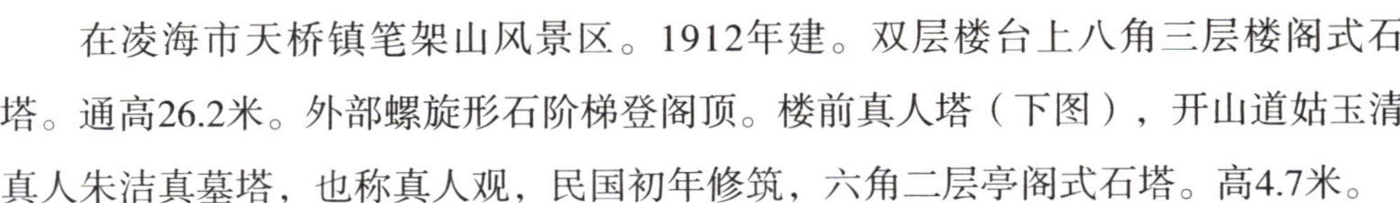

在凌海市天桥镇笔架山风景区。1912年建。双层楼台上八角三层楼阁式石塔。通高26.2米。外部螺旋形石阶梯登阁顶。楼前真人塔（下图），开山道姑玉清真人朱洁真墓塔，也称真人观，民国初年修筑，六角二层亭阁式石塔。高4.7米。

北镇市

▼ 崇兴寺双塔

在北镇市广宁镇崇兴寺前东西对峙43米。全国重点文物保护单位。辽代建，元、明、清代及1980年重修。东塔高43.85米，西塔高42.63米。八角十三层密檐式砖塔。西塔中部镶明万历二十八年（1600）《重修崇兴寺塔记》碑。

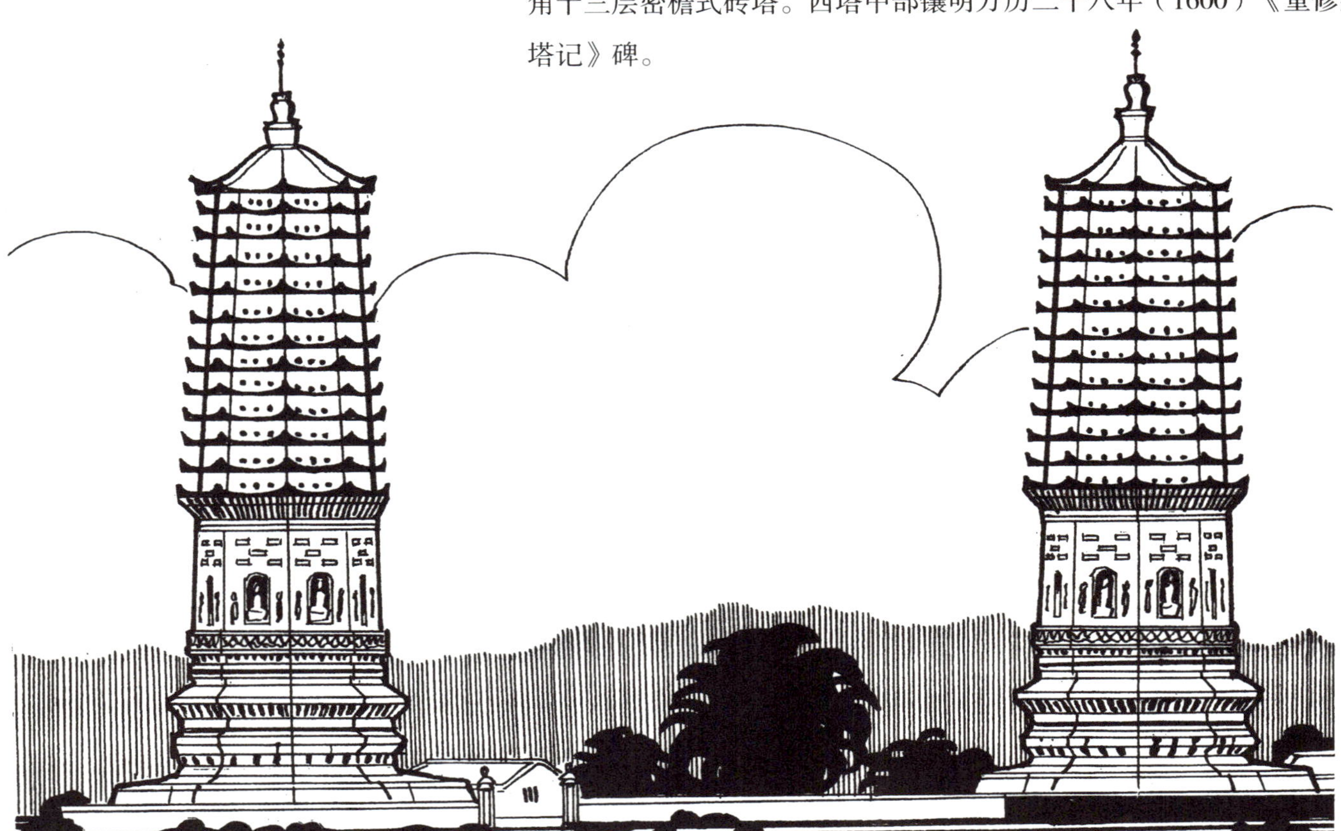

▲ 闾山塔林

在北镇市鲍家乡医巫闾山灵山风景区，现存僧塔（林）三处共13座塔。灵山寺塔林（上左），灵山寺辽代以来8座墓塔，鼓形或密檐式石塔，三至七层不等； 闾山塔林（下左），在医巫闾山山门通向道隐谷路旁，4座墓塔，鼓形三檐石塔，疑为明塔；智成长老塔（上中），在闾山老祖峰，灵山寺长老墓塔，八角座鼓形石塔，约建于清代。此外，鲍家乡桃园村境内大芦花风景区有一墓塔（上右），年代待考，覆钵与密檐式结合石塔。各塔高2–4米。

黑山市

► 蛇盘山多宝塔

在黑山市芳山镇蛇盘山双泉寺后。清道光年间建，近年重修。覆钵式石塔，高2米。佛龛刻“多宝塔”三字，铁质塔刹。中层南面佛龛内铜铸菩萨一尊被盗。

义县

▼ 八塔子塔

在义县前杨乡八塔村，又称辽代八塔，俗称八塔子。八塔建筑在一条山脊的八座山峰上，为净饭王宫生处塔、菩提树下成佛塔、鹿野苑中法轮塔、给孤园中名塔、曲女城边宝积塔、耆堵崛山般若塔、庵罗卫林维摩塔、婆罗林中圆寂塔等八大灵塔，纪念佛祖一生八个阶段的塔林。辽代建，清代重修，7号塔为1984年重建。楼阁式砖塔，平面有四角、五角、六角、八角、十角，高度在1.88米至4米不等。

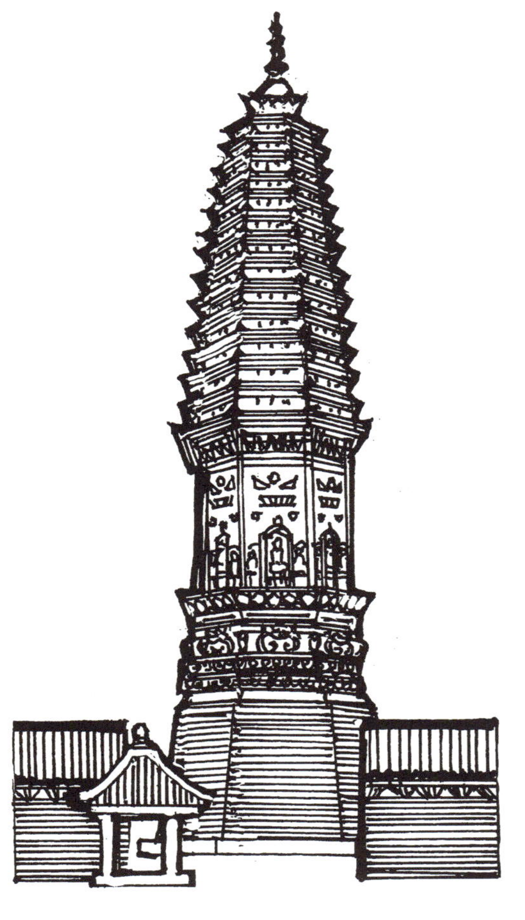

◀ 广胜寺塔

在义县义州街道广胜寺（原称嘉福寺）遗址，也称嘉福寺塔。全国重点文物保护单位。辽乾统七年（1107）建（一说辽开泰年间）。历代维修，2011年修复。八角十三层密檐式砖塔，高42.5米。

▶ 青塔寺塔

在义县七里河镇松林堡村。始建于辽乾统三年（1103），清乾隆三十八年（1773）重建。或说建于明代。清光绪六年（1880）、1998年重修。八角十三层密檐式砖塔，高14.42米。

◀ 万佛堂塔

在义县头台镇万佛堂村南大凌河崖颠全国文物保护单位万佛堂石窟山上，明成化十年（1474）建。圆柱式石塔。高3.4米。

营口市

鲅鱼圈区

▶ 望儿山塔

在营口市鲅鱼圈区熊岳镇东望儿山顶。辽金时期建，1968、1980年重修。覆钵式砖塔。高约11米。

盖州市

▶ 铁塔山铁塔

在盖州市东铁塔山上。因石色铁青故称名。明末清初风格。八角十三层密檐式石塔。高10.1米。

◀ 赤山塔林

在盖州市万福镇赤山龙潭寺东。现存明清墓塔约40座，均六角二层亭阁式实心砖塔。

阜新市

阜新蒙古族自治县

▶ 塔营子塔

在阜新蒙古族自治县塔营子乡，也叫懿州城塔，全国重点文物保护单位。辽代建，2010年重修。八角十三层密檐式砖塔。高三十余米。地宫出土舍利小金塔。

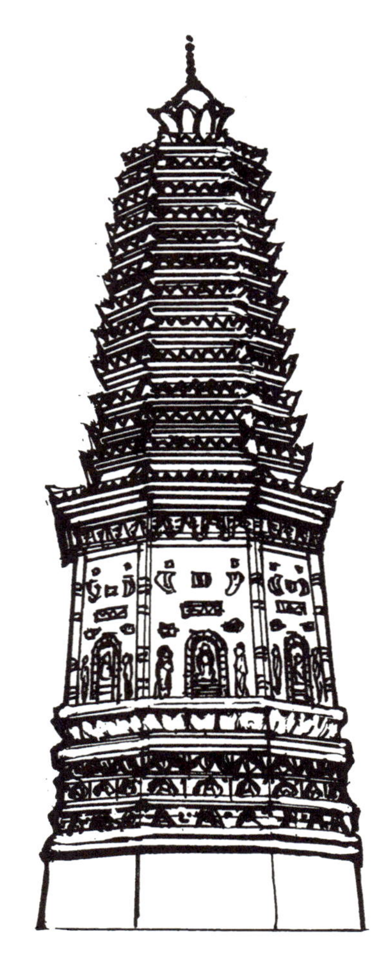

◀ 东塔山塔

在阜新蒙古族自治县红帽子乡。全国重点文物保护单位。辽中晚期建。八角十层密檐式空心砖塔。残高24.4米。地宫出土金、银小塔（图左）。

▶ 塔山塔

在阜新蒙古族自治县十家子乡塔北村南塔山，也称闾州辽塔、十家子塔。辽会同元年（984）建，1994年重修。八角九层密檐式砖塔，高28米。首层塔身转角各塑十一层小砖塔。

◀ 瑞应寺长寿双塔

在阜新蒙古族自治县佛寺镇佛寺村瑞应寺大雄宝殿前两侧。清康熙八年（1669）建。覆钵式石塔。

辽阳市

白塔区

▶ 辽阳白塔

在辽阳市白塔区白塔公园内。原称广佑寺宝塔，俗称白塔。全国重点文物保护单位。建于辽中晚期（一说金代大定年间）。八角十三层实心密檐式砖塔。高70.4米。

文圣区

▶ 永宁寺塔林

在辽阳市文圣区唐户屯清云山永宁寺后，也称圆公塔院。有7座明清高僧墓塔石塔，“文化大革命”中除广佑寺住持道圆墓塔外，其余遭破坏，近年修复。道圆和尚塔建于明正统年间，八角七层密檐式石塔，高6米。

太子河区

▶ 普公塔

在辽阳市太子河区曙光乡峨嵋村。观音寺祖师释济生普公灵骨塔，1936年建。六角单檐幢式石塔，高4.1米。

辽阳县

► 塔湾塔

在辽阳县甜水乡塔湾村塔湾山。辽金时期建，清光绪二十七年（1901）、1998年重修。八角七层密檐式砖塔。高27.66米。

铁岭市

银州区

▼ 圆通寺白塔

在铁岭市银州区圆通寺，又称白塔寺白塔。辽代（一说金大定年间）建。明万历十九年（1591）、1987年重修。八角十三层密檐式实心砖塔。高32米。

▲ 秀峰塔

在铁岭市银州区龙首山慈清寺（原名秀峰寺）东南。明弘治二年（1489）建，嘉靖二十二年（1544）、万历十九年（1591）、民初重修。八角九层密檐式实心砖石塔。高16.4米。

► 驻跸塔

在铁岭市银州区龙尾山，原名灵应寺塔，俗称城南小塔，也称龙尾山塔。至迟建于明景泰元年（1450），2000年重修。八角九层密檐式砖塔，高十余米。

铁岭县

► 懿路石塔

在铁岭县新台子镇依路村北山。明正统三年（1438）建八角十三檐密檐砖塔，光绪十一年（1885）重修。“文化大革命”中遭破坏存六层。1976修复成九檐，1999年重修。高约8米。

开原市

► 老城小石塔

原在开原市老城街道迎恩门里南大街。明代建，1945年倒塌。钟形石塔。高约5米。

▶ 济小唐镇妖塔

在开原市老城街道崇寿寺后院。明代建。六角七层幢式石塔，塔身“文化大革命”中毁失。原高约7米。

◀ 崇寿寺塔

在开原市崇寿寺内。全国重点文物保护单位。始建年代有辽、金说。明成化元年（1465）及后多次重修。塔身八面佛龛佛像各不相同，各层共挂数百铜镜，西面悬铜鼓一面。“文化大革命”期间塔面佛像全被捣毁，1980年重修。八角十三层密檐式实心砖塔，高66米。寺内存明代五层覆钵式小石塔（图右）。

▶ 龙潭寺普同宝塔

在开原市威远堡镇七鼎山龙潭寺。1930年代修塔纳僧人遗骨。砖砌墓塔，下部方形塔室为基，正面门匾“普同宝塔”。上部覆钟式四檐砖塔，葫芦式塔刹有113孔。高约7米。

朝阳市

双塔区

▶ 朝阳北塔

在朝阳市双塔区双塔街。全国重点文物保护单位。北魏太和年间始建“思燕佛图”楼阁式木塔，隋仁寿二年（602）重建为四角十五层密檐空心砖塔宝安寺塔。唐开元二十六年（738）重修。辽初和重熙十三年（1044）重修于塔外面砌砖，形成三燕宫殿夯土台基为地基，思燕佛图台基为台基，隋唐砖塔为内核，辽塔为外表的朝阳北塔。现塔四角十三层密檐空心砖塔。高42.6米。塔身四面雕密宗四方佛等。1986至1993年重修，塔基座内留出回廊，可观看原塔基结构和进入塔心室。维修中，天宫出土鎏金银塔（下右，塔身罩银丝，六角三重檐，高39厘米）、金银藏经塔（左下图，圆柱形幢式塔，高39厘米）、舍利塔（左中图，四角单檐攒尖顶金塔，高11厘米，塔内玛瑙罐藏舍利子）等千余件辽代文物，其中两颗释迦牟尼真身舍利。地宫出土辽代石经幢。

◀ 朝阳南塔

在朝阳市双塔区双塔街。全国重点文物保护单位。辽代建。四角十三层密檐式空心砖塔，高约45米。

云接寺塔

在朝阳市双塔区凤凰山云接寺内，又称摩云塔、中寺塔。辽代建。全国重点文物保护单位。四角十三层密檐式实心砖塔，高37米。

大宝塔

在朝阳市双塔区凤凰山主峰北坡。四角十三层密檐式空心砖塔，残高约17米。

海沧法师塔

在朝阳市双塔区凤凰山观音洞对面。清代建。覆钵式砖石塔。高2.7米。

龙城区

► 东平房塔

在朝阳市龙城区大平房镇东平房村塔山。全国重点文物保护单位。六角九层密檐式砖塔，高约24米。

▲ 八棱观塔

在朝阳市龙城区大平房镇八棱观村北山。全国重点文物保护单位。辽代建。八角十三层密檐式砖塔。高34.4米。

► 黄花滩塔

在朝阳市龙城区大平房镇黄花滩村北山顶。辽代建。八角十三层密檐式砖塔，高约32米。

朝阳县

▶ 青峰塔

在朝阳县西五家子乡五十家子村。又称五十家子塔。全国重点文物保护单位。辽代建，四角十三层密檐式空心砖塔，高40余米。

◀ 槐树洞石塔

在朝阳县双庙乡三官营子村西槐树洞顶。辽代建。八角楼阁式空心石塔，残存三层，高2.6米。

▶ 双塔寺双塔

在朝阳县木头城子镇郑家杖子村西北峭壁。东西相距23米。全国重点文物保护单位。辽代建。西塔为八角三层密檐式空心砖塔，高约13米。东塔是八角单檐亭阁式砖塔，高11米。

凌原市

▶ 十八里堡塔

在凌源市城关镇十五里堡村十八里堡。辽代建，八角实心密檐式砖塔，今存五檐，残高24米。

◀ 四官营子塔

在凌源市四官营子乡汤杖子村塔子沟黑山。辽代建，六角五层密檐式砖塔。高约10米。

建平县

▶ 美公灵塔

在建平县深井乡小马场村。金大定十六年（1176）建。六角五层实心密檐式砖塔，高约7米。

喀喇沁左翼蒙古族自治县

▶ 大城子塔

在喀喇沁左翼蒙古族自治县大城子街道古塔街第一中学内，辽代建。清乾隆四十九年（1784）重修。八角九层密檐式砖塔。高34米。塔下有砖木结构小阁。

◀ 三角山墓塔群

在喀喇沁左翼蒙古族自治县甘招乡东赤里村三角山复性寺内。民国时期建。并列三座僧墓塔，称极乐宝塔（上图），八角重檐覆钵式刹砖塔。另一处为孝子塔（下图），覆钵式砖塔。

葫芦岛市

南票区

▶ 安昌岘舍利塔

在葫芦岛市南票区暖池塘乡安昌岘村，辽代建，金代、2001年重修。八角七层密檐式实心砖塔。高18米。

▶ 双塔沟砖塔

在葫芦岛市南票区沙锅屯镇双塔沟村南山，原有南北二塔，分别称龙、虎塔，现存南塔龙塔。年代不详。六角七层密檐式石塔。高11.2米。

▲ 沙锅屯石塔

在葫芦岛市南票区沙锅屯镇沙锅屯村石龙山。全国重点文物保护单位。金泰和六年（1206）建。六角五层密檐式石塔。4.69米高。用10块石材雕刻接砌而成，置于一巨石上。

兴城市

▶ 白塔峪塔

在兴城市白塔峪乡塔沟村塔沟屯溪山，原名空通山悟寂院塔。全国重点文物保护单位。辽大安八年（1092）建。八角十三层密檐式砖塔。塔身中空，自塔下至塔身中、上部为地宫、中宫、天宫。高43米。

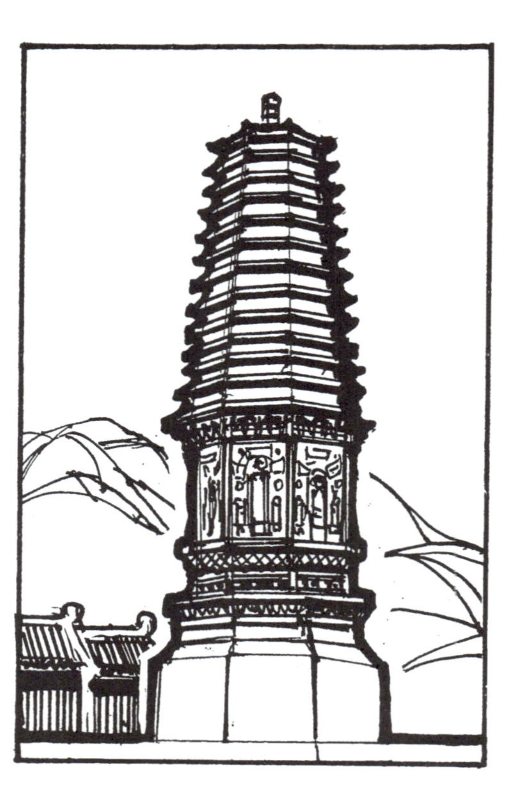

◀ 磨石沟塔

在兴城市红崖子满族乡二道边村磨石沟屯西沟上，全国重点文物保护单位。金代建，1977年修复，高17.4米，八角九级密檐式砖塔。

绥中县

▶ 妙峰寺双塔

在绥中县永安堡乡塔子沟村北妙峰山。全国重点文物保护单位。辽乾统年间建。双塔相距50米，一大一小。大塔为八角九层密檐式砖塔。塔身正南面佛像左肩雕“宣赐舍利塔”铭，正东佛像右肩上侧刻“辽天祚皇帝”铭。高20.44米。小塔为六角五层密檐式砖塔，高9.19米，形制与大塔同，无刻铭。

◀ 前卫斜塔

在绥中县前卫镇城内东南隅。古称瑞州塔，俗称瑞州歪塔。辽代建。八角三层密檐式砖石塔。残高约10米，塔身向东北倾斜12度，塔尖位移1.7米。

中国古塔全谱

吉林省

图谱

长春市

农安县

▶ 农安辽塔

在农安县农安镇。全国重点文物保护单位。辽黄龙府仅存古建筑。建于辽太平三年至十年间（1023—1030）。1953年全面修缮，塔身第十层发现砖室内藏铜铸佛像等文物。1983年续建。八角十三层密檐式砖塔。高44米。

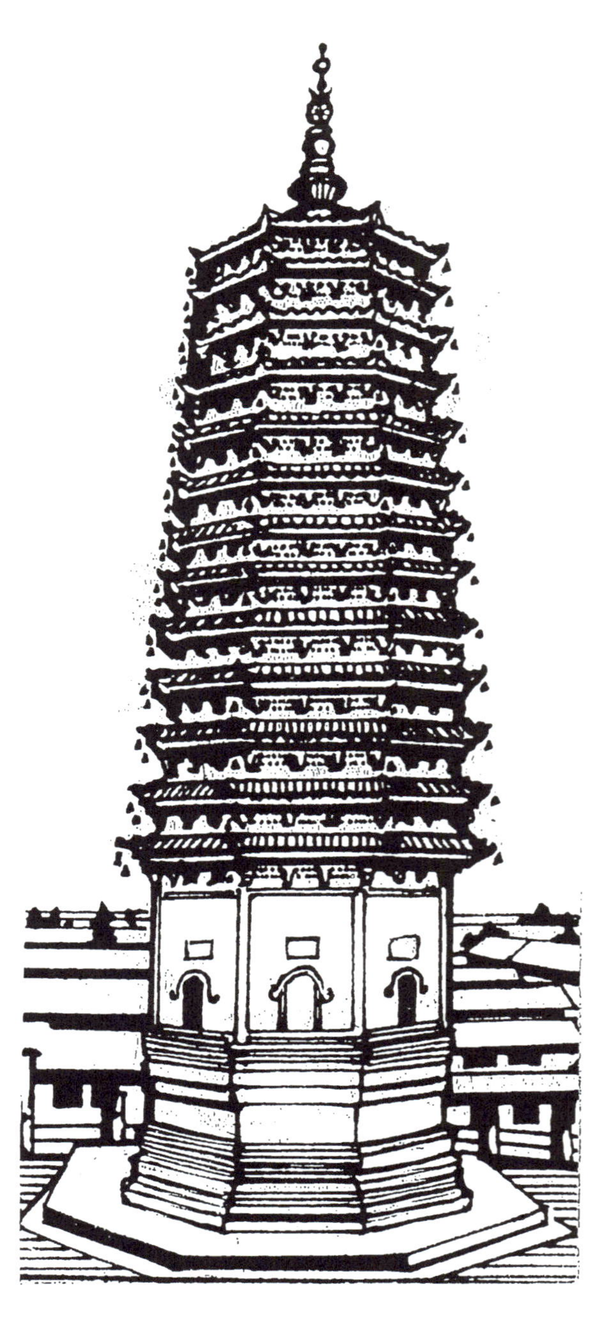

◀ 万金塔石塔

农安县万金塔乡古城北门外现存辽代塔基，俗称半截塔。1970年从塔基地宫出土石雕小塔、薄铁小塔、舍利盒等辽代文物，现藏吉林省博物馆。四角单层亭阁式彩绘石塔。高1米。

白山市

长白朝鲜族自治县

▶ 灵光塔

在长白朝鲜族自治县长白镇北山塔山公园景区。全国重点文物保护单位。唐渤海国时期建，清称灵光塔。四角五层密檐式空心砖塔，底层四面镶嵌“王、立、国、土”字型巨砖。高12.8米。

洮南市

▼ 洮南双塔

在洮南市德顺乡双塔屯。相距23.8米。清早期建筑。覆钵式砖塔。高12米。

黑龙江省图谱

中国古塔全谱

哈尔滨市

南岗区

▶ 张氏墓塔

在哈尔滨南岗区东大直街151号院内。1925年建。民族资本家张庭升父母墓塔。三层楼阁式石塔，高12米。

◀ 极乐寺塔

在哈尔滨市南岗区东大直街极乐寺。1924年建。八角七层楼阁式砖塔，高30米。塔前与地藏殿紧连。

▶ 极乐寺普同塔

在哈尔滨市南岗区极乐寺东院。1924年建。覆钵式上八角四层密檐式组合塔。高约10米。

齐齐哈尔市

建华区

▶ 卜奎清真寺砖塔

在齐齐哈尔市建华区礼貌胡同全国重点文物保护单位卜奎清真寺。清康熙二十三年（1684）建。四角三层楼阁式砖塔。塔顶1.9米高，置镀金铜制葫芦，顶刹镶月牙。每面九个圆形砖雕，上刻阿拉伯文圣主名字和圣形。正面石匾“天刻捷镜”。

拜泉县

▶ 古月宝塔

在拜泉县三道镇宝塔公园。1936年建。八角六层楼阁式砖塔。高50米。首层悬“古月仙居”门匾，三层竖匾“纪念宝塔”。

牡丹江市

宁安市

▶ 渤海石灯塔

在宁海市渤海镇兴隆寺大雄宝殿前。国家一级文物。古渤海国遗留唯一完整佛教石雕。八角基座灯塔。残高6米。由12块玄武岩石雕制砌成。

上海市图谱

中国古塔全谱

徐汇区

▶ 龙华塔

在上海市徐汇区龙华镇龙华寺前。又称报恩塔。全国重点文物保护单位。三国吴赤乌十年（247）建，北宋太平兴国二年（977）重建，晚清、1955、1985年重修。八角七层楼阁式砖木塔，高41.03米。地坪下有29层砖，下为深度超30米的木桩、垫木。

◀ 韬明法师塔

在上海市徐汇区龙华镇龙华寺染香楼前。住持韬明墓塔。清康熙六年（1667）立。六角二层幢式石塔，高2.5米。

金山区

▶ 华严塔

在上海市金山区松隐镇松隐寺。明洪武十三年（1380）建，清乾隆四十年（1775）、道光二十七年（1847）重修。1961年遭雷击，塔顶倾斜。1962、1969年重修。四角九层楼阁式砖木塔，高45米。塔顶天宫宝瓶中发现血录《华严经》等元明清文物。

普陀区

▶ 韩塔

在上海市普陀区桃浦镇春光村。据传得名于南宋建炎四年（1130）韩世忠在此建两座白塔作过渡标识。南塔毁于“文化大革命”中，现存北塔，清雍正八年（1730）、嘉庆二年（1797）重修，1990年倒塌，2003年修复。六角三层楼阁式砖塔，高3米多。塔内有砖刻观音像。

嘉定区

▶ 普同塔

在上海市嘉定区南翔镇南翔寺九品观，1987年移置古猗园荷花池中。南宋嘉定十五年（1222）建。三层幢式石塔。高6.6米。

◀ 万佛塔

原在上海市嘉定区石塔弄，1982年移置汇龙潭公园。南宋建。四角两层幢式石塔，高约4米。

▶ 万安塔

原在上海市嘉定区南翔镇泰定万安寺内。1988年移古猗园。推测元泰定年间建。残存三层塔身，修复为八角五层楼阁式石塔，高约8米。刻“严氏造舍利塔”字迹。

南翔双塔

原在上海市嘉定区南翔镇南翔寺遗址。1982年移至解放街修复。五代至北宋初年建。八角七层楼阁式砖塔。高11米。

法华塔

在上海市嘉定区州桥老街，又名金沙塔。宋开禧年间建，明、清及民国重修。1996年修复，在地宫发掘宋、元、明一批佛像文物。四角七层楼阁式砖木塔。高二十余米。

松江区

李塔

在上海市松江区塔汇镇。又称礼塔。始建年代无考。风格接近宋塔，四角七层楼阁式砖木塔，高约33米。各层壶门外壁上嵌有200尊形态各异佛雕。1997年重修，在地宫发现银佛像及银舍利塔。

西林塔

在上海市松江区中山西路西塔弄。南宋咸淳初建崇恩塔，明洪武二十年（1387）重建，改称圆应塔。正统九年（1444）迁建佛殿后，改称西林塔。明、清代三次重修。1993年重修复原，在塔刹宝瓶、塔顶天宫、地宫出土文物七百余件。八角七层楼阁式砖木塔，高46.5米。

兴圣教寺塔

在上海市松江区松江城厢镇东南方塔园，俗称方塔。北宋熙宁至元佑年间造塔，南宋、元明重修，清乾隆三十五年（1770）大修，1975—1977年重修。地宫出土唐宋钱币、及象征佛牙的象牙化石等。塔身大部分构件保留宋代原物。四角九层楼阁式砖木塔，高42.5米。

护珠塔

在上海市松江区佘山镇天马山景区。北宋元丰二年（1079）建，据传南宋高宗赐五色佛舍利藏塔内，又称护珠宝光塔。淳祐五年（1245）重修，清乾隆五十三年（1788）遭火灾仅剩塔身。八角七层楼阁式塔。残高18.82米。塔身渐倾斜，俗称斜塔。1987年按现状加固。2015年，塔向东偏离2.28米，倾斜度7.10° 。

秀道者塔

在上海市松江区佘山山腰间。又名月影塔、聪道人塔。因山上潮音庵名秀的道者参与筑塔，塔成引火自焚故名。北宋太平兴国三年（978）建，1997年重修。八角七层楼阁式砖木塔，高29米。

青浦区

▶ 泖塔

在上海市青浦区沈巷镇张家圩村。始建于唐乾符年间，四角五层砖木结构塔，高29米。原为泖河小岛上航标灯塔，历代修葺，1995年重修。塔内现存明清及民国匾联54块，发现辽刻彩印等一批文物。

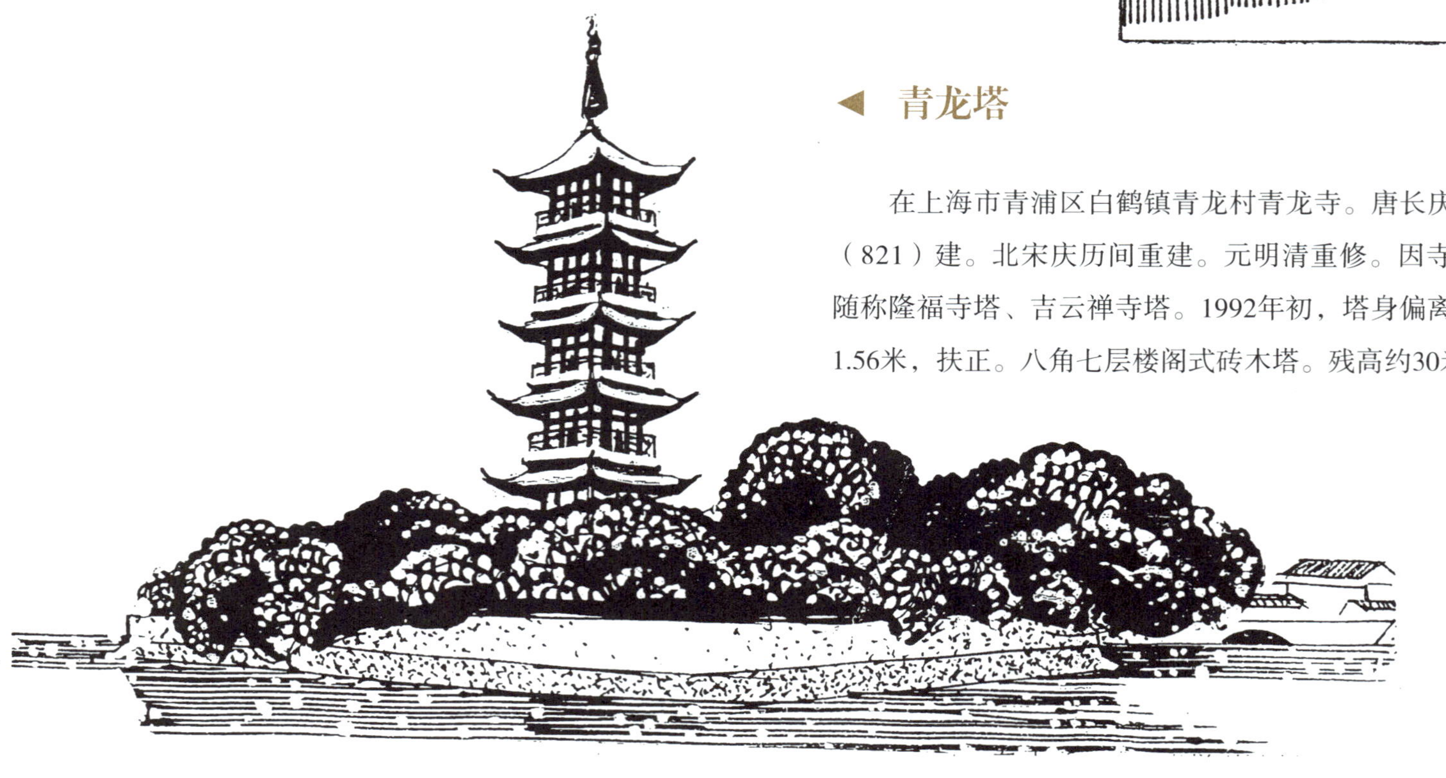

◀ 青龙塔

在上海市青浦区白鹤镇青龙村青龙寺。唐长庆元年（821）建。北宋庆历间重建。元明清重修。因寺改名随称隆福寺塔、吉云禅寺塔。1992年初，塔身偏离中心1.56米，扶正。八角七层楼阁式砖木塔。残高约30米。

▶ 万寿塔

在上海市青浦区南门外大盈浦沙洲上。俗称南门塔。清乾隆八年（1743）建，乾隆三十九年（1774）重修。光绪九年（1883）火灾，仅存砖身，2009年修复。四角七层楼阁式砖木塔。

崇明县

◀ 镇海塔

在上海市崇明县城桥镇金鳌山。清光绪十九年（1893）建。六角空筒式砖塔，高16米，内有铁梯盘旋而上。塔正面竖书“宝藏兴焉”，横书“镇海”。三面书“安”“静”“定”。

中国古塔全谱

江苏省

图谱

南京市

玄武区

▼ 诺那塔

在南京市玄武区玄武湖环洲。1937年建。八角九层钢筋混凝土楼阁式塔。高约20米。底层居正书《普佑法师塔铭碑》。

◀ 灵谷塔

在南京市玄武区紫金山灵谷寺后山，原名阵亡将士纪念塔，国民革命阵亡将士公墓组成部分。1931年建。八角九层钢筋混凝土楼阁式塔，高约60米。底层外壁石刻蒋中正题书“精忠报国”。

▶ 灵谷寺木塔

在南京市玄武区灵谷寺内。宋代制，原在北京广济寺供放佛牙，又称佛牙塔。八角十三层密檐式楠木塔。1973年，灵谷寺修复开放，周恩来总理批准将玄奘顶骨舍利（抗战时期侵华日军在大报恩寺遗址三藏殿后施工发掘出）供奉塔中，置于寺内玄奘法师纪念堂中，2016年移置地宫保存。

◀ 三藏塔

在南京市玄武区九华山公园覆舟山顶。因存放唐玄奘顶骨得名。1944年建。四角五层楼阁式砖塔，高20余米。南门额刻“三藏塔”。一层石碑刻“玄奘法师灵骨”。基台南面镶嵌玄奘西行路线图、三藏塔历史、玄奘生平事迹石碑。塔心室莲花石座上石匣原存放玄奘顶骨。

▶ 和平公园钟楼

在南京市玄武区北京东路和平公园。1941年在汪伪政府大院门前建塔，命名“还都纪念塔”（后改名和平塔）。四角三层钢筋混凝土楼阁式塔，高17米。

秦淮区

▼ 大报恩寺构件塔门

在南京市秦淮区，明永乐十年（1412）建八角九层琉璃塔大报恩寺塔（左，出自《金陵梵刹志》）。晚清毁。建塔时烧制琉璃构件一式三份，两份编号埋地下备用。1958年在南京中华门外明琉璃窑出土。陈列在2015年建成新大报恩塔中。

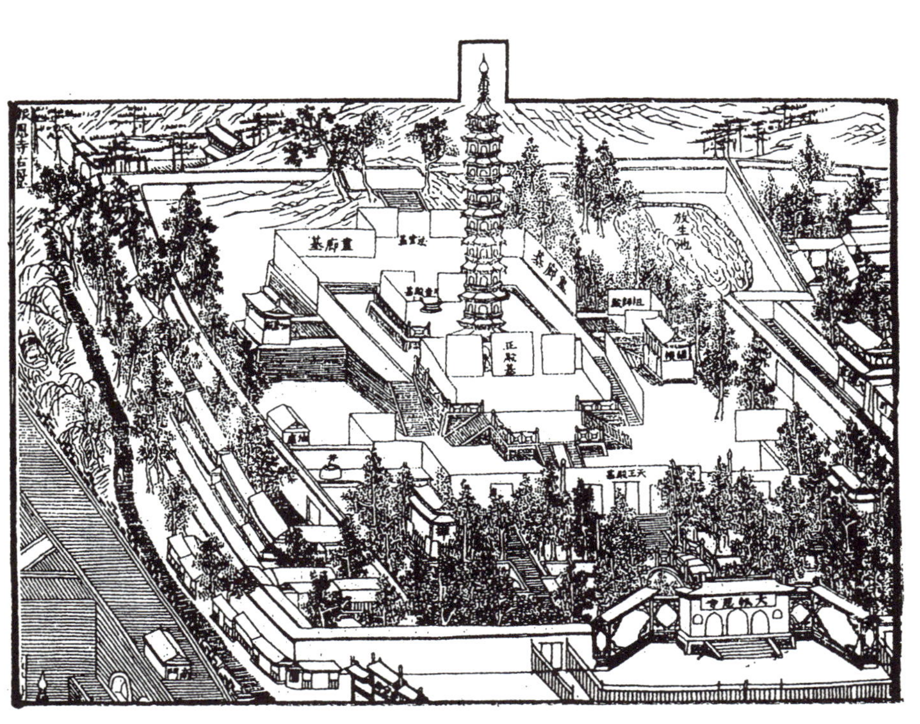

◀ 七宝阿育王塔

2008年，从大报恩寺前身长干寺地宫出土佛顶真骨及阿育王塔等。阿育王塔，北宋大中祥符四年（1011）朱诚信在扬州制造。檀香木胎，包银皮，表面鎏金。通体镶嵌佛家七宝（金、银、琉璃、砗磲、玛瑙、玻璃和水晶）。高1.2米，总重50公斤，全国出土最大的阿育王塔。现陈列南京市秦淮区大报恩塔。

▲ 杨仁山墓塔

在秦淮区淮海路金陵刻经处。1918年建成。六角覆钵式石塔，高8.88米。塔身圆门刻一梵文吉祥花字，表示十种自在具足。

雨花台区

▼ 天隆寺塔林

在南京市雨花台区石子岗玉环山。原有石塔50余座，平面四角、六角或腰鼓形，大部分单层实心，少量楼阁式和覆钵式。“文化大革命”中多被砸毁。现存较完整15座，多为明至民国古林寺、天隆寺祖师塔，其中明万历四十三年（1615）建古心全身塔最为著名。

栖霞区

▶ 栖霞寺舍利塔

在南京市栖霞区栖霞山栖霞寺东。隋仁寿元年（601）建。五代南唐重建。全国重点文物保护单位。八角五檐密檐式石塔，高18米。须弥座束腰刻象征释迦牟尼一生八相图。塔身东西浮雕文殊、普贤像，南北雕石门，余四面雕天王像。二层以上各面雕双佛龛。原刹已毁，1930年刘敦桢主持修复。

高淳区

▼ 保圣寺塔

在南京市高淳区固城湖畔，俗称四方宝塔。吴赤乌二年（239）始建，南宋绍兴四年（1134）重建。四角七层楼阁式砖塔，高33.5米。

江宁区

▼ 定林寺塔

在南京市江宁区方山定林寺。南宋乾道九年（1173）建。八角七层楼阁式砖塔。14.5米高。倾斜偏心距1.2米，1974年维修加固。

▲ 弘觉寺塔

在南京市江宁区牛首山弘觉寺。唐大历九年（774）建，明宣德八年（1433）重建。1997年修复。八角七层楼阁式砖塔。高约45米。塔室四方、隔层错角。地宫发现鎏金喇嘛佛塔等物。郑和后裔认为此塔地宫是郑和真身葬所，出土为郑和牙舍利。

溧水区

► 永寿寺塔

在南京市溧水区宝塔路。明万历三十四年（1606）建永昌塔，翌年改称永寿寺塔。清乾隆元年（1736）重修，晚清因火灾仅剩砖壁。1993年重修。八角七层楼阁式砖塔，高32.5米。

无锡市

锡山区

► 宛山塔

在无锡市锡山区羊尖镇宛山上。明嘉靖二十六年（1547）。2001年重修。六角五层楼阁式实心石塔。高12米。

滨湖区

▼ 凝春塔

在无锡市滨湖区环湖路蠡园。1936年建。八角五层楼阁式砖塔。高十余米。

▲ 念劬塔

在无锡市滨湖区湓山梅园。1930年建。八角三层楼阁式砖塔，高18米。

梁溪区

► 龙光塔

在无锡市梁溪区锡惠公园内。明初建，万历四年（1576年）重建。清多次重修。同治四年（1865）火灾毁坏。1924年重修，主要结构改成钢筋混凝土。1992年大修。八角七层楼阁式砖塔，高32.3米。

◄ 妙光塔

在无锡市梁溪区南禅寺内，北宋雍熙年间建，明正统十四年（1449）重建，历经修缮，清咸光年间遭火灾，为无顶荒塔。1926年重修，塔檐、平台护栏改钢筋混凝土结构。1983年修复，恢复附阶。八角七层楼阁式砖塔，高43.3米。

江阴市

兴国寺塔

在江阴市西横街兴国园。全国重点文物保护单位。北宋太平兴国年间建八角七层楼阁式砖木塔，元至正年间毁坏，明正统年间修复，塔身增为九层。清嘉庆二十二年（1817）火灾仅存砖壁筒体。1925年遭炮击。1986年、2002年重修。残高八层42.22米。

徐州市

泉山区

云龙山石塔

在徐州市泉山区湖东路云龙山东麓。明万历年间建。八角六层楼阁式实心石塔。高约10米。

常州市

天宁区

太平寺塔

在常州市天宁区红梅公园，又称文笔塔。南齐建。清光绪三十四年（1908）重建。抗战时被焚损。1981年重修。八角七层楼阁式砖木塔。高48.38米。

◀ 护国寺袈裟塔

在常州市天宁区红梅公园。明代于护国寺建塔，下埋抗元军民遗骨及破袈裟故名。后移天宁寺今址。八角五层幢式石塔，高2.7米。

武进区

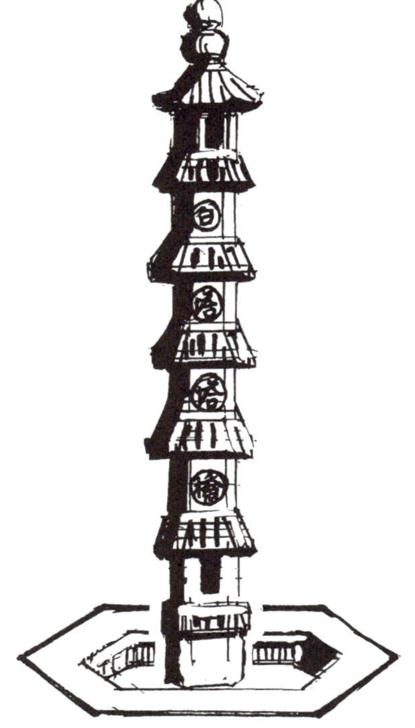

▶ 塘桥白塔

在常州市武进区塘桥北堍。六角七层楼阁式石塔，高3.4米。塔身镌“白塔塘桥”，跋：“考之志乘，稽之父老，皆谓有明以来即有此塔。”

金坛区

▶ 龙山塔

在常州市金坛区顾龙山宝塔寺后。元代建，清康熙四十年（1701）重建。1988年重修。八角七层楼阁式砖木塔。高约40米。第五层上立18.67米通天圆木以承铸铁塔刹。

苏州市

姑苏区

▶ 报恩寺塔

在苏州市姑苏区人民路报恩寺内。俗称北寺塔。全国重点文物保护单位。南梁始建十一层塔，北宋重建为九层，南宋绍兴年间重建，六层以上可能为明重建，木构件为清重修。2006年重修。八角九层楼阁式砖木塔，高76米。

◀ 罗汉院双塔

在苏州市姑苏区凤凰街定慧寺巷罗汉院。全国重点文物保护单位。建于北宋太平兴国七年（982）。八角七层楼阁式砖塔，各高33.3米。铁制塔刹高8.7米。

▶ 瑞光寺塔

在苏州市姑苏区东大街盘门内。俗称瑞光塔。全国重点文物保护单位。吴赤乌十年（247）建十三层塔。北宋大中祥符年间重建为八角七层楼阁式砖木塔。高53.6米。塔身第六、七两层及塔顶木构架为后代重修。1978年在第三层发现宝幢、木刻《法华经》。

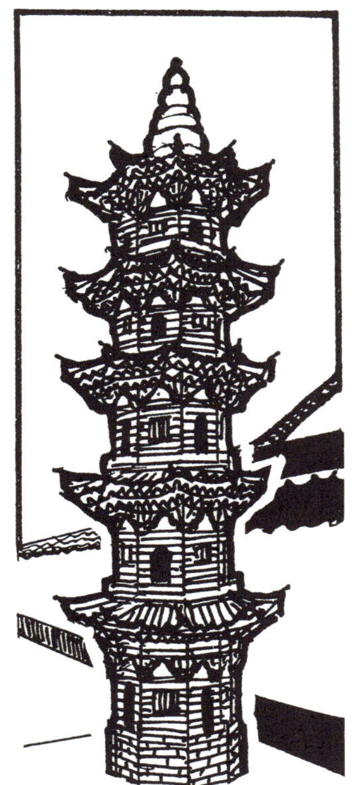

◀ 甲辰巷砖塔

在苏州市姑苏区相门内甲辰巷市桥头。全国重点文物保护单位。建塔年代待考，可能早于宋代。1993年修复。八角五层楼阁式砖塔。高6.82米。

虎丘区

▶ 虎丘塔

在苏州市虎丘区阊门外虎丘山顶。又称云岩寺塔。全国重点文物保护单位。五代后周显德六年到北宋建隆二年（959—961）建。八角七层楼阁式砖塔。宋末至清代多次遭火灾，残高47.7米。

◀ 翠岩寺塔林

在苏州市虎丘区花山翠岩寺大殿遗址后两塔院，又称禅师塔林。茂林禅师塔林（图下）共7座覆钵式石塔。广慧德禅师塔林（图上），中为广慧德禅师塔，四角单层幢式石塔；左右为隆安缘、印真铭禅师塔，六角单层幢式石塔。高3米左右。

▶ 万佛石塔

在苏州市虎丘区镇湖西华西泾村（西京村），原名禅师塔。全国重点文物保护单位。南宋绍兴年间建，元大德十年（1306）重建，1978年、1996年重修。四角单层亭阁式石塔。通高11.2米。外方内圆，塔门左侧刻“吴门石匠吴德谦昆仲造”。塔壁浮雕佛像60排共10800尊，故称万佛塔。塔旁有800年银杏树。

◀ 楞伽寺塔

在苏州市虎丘区石湖上方山楞伽寺。又称上方塔。隋代始建，北宋太平兴国三年（978）重建。八角七层楼阁式砖塔。高28米。

▶ 方塔

在苏州市虎丘区苏州大学校园内，又名文星阁。明万历十七年（1589）始建，万历四十年（1612）重建。四角五层楼阁式砖塔，高28米。

▼ 留园石塔

在苏州市虎丘区阊门外全国重点文物保护单位留园水面双塔。留园始建于明万历二十一年（1593）。清光绪二年（1876）修缮加筑。八角单层密檐式石塔，高约2米。

吴中区

▶ 尧峰山骨灰塔

在苏州市吴中区尧峰山。明末清初高僧弘储国师塔，阿育王式石塔。20世纪80年代建电视转播台时拆除。

▼ 宝带桥双石塔

在苏州市吴中区长桥镇宝带桥北端和南段水中。南宋绍定五年（1232）重建，水中塔曾倒塌，后为苏州博物馆收藏，2001年重立。八角五层楼阁式石塔，高4.5米。

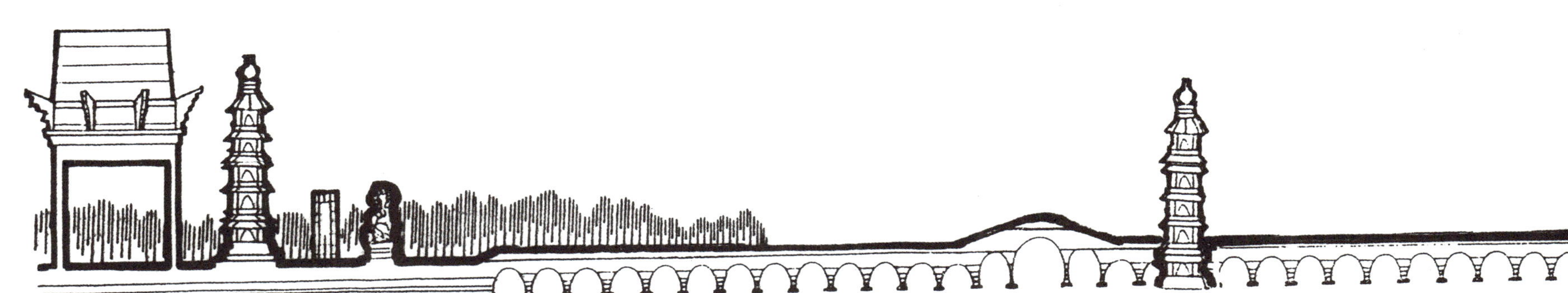

◀ 光福塔

在苏州市吴中区光福镇铜观音寺后龟山。始建于梁大同年间（535—546），唐咸通年间重建。清末遭火灾，木结构毁损，1998年修复。四角七层楼阁式砖塔，高30.5米。

▶ 灵岩寺多宝塔

在苏州市吴中区木渎镇灵岩山灵岩寺东。梁天监二年（503）建，南宋绍兴十七年（1147）重建，1990年重修。八角七层楼阁式砖塔，高34米。

◀ 天平山观音塔

在苏州市吴中区木渎镇太平山龙门峭壁上。俗称砖塔、袖珍塔。宋代建。四角四层楼阁式实心砖塔。高3.38米。塔内每层观音像无存。塔下巨石“佛”字传为苏轼书。

▶ 云中塔

在苏州市吴中区木渎镇太平山白云亭下。宋代建。八角幢式石塔。高约7米。刻“加句灵难佛顶尊胜陀罗尼咒”。

吴江区

▶ 慈云寺塔

在苏州市吴江区震泽镇。全国重点文物保护单位。宋咸淳年间建，明正统年间重建。明清多次重修，1982年重修。六角五层楼阁式砖塔。高38.44米。

昆山市

▶ 秦峰塔

在昆山市千灯镇尚书浦。全国重点文物保护单位。梁天监二年（503）建，明清重修。1994年复原。四角七层楼阁式砖塔。高38.7米。

◀ 亭林园石塔

在昆山市亭林园。公园辟于1906年。石塔年代未考。八角幢式，高约2余。

太仓市

▶ 西塔

在太仓市璜泾镇老街。清道光三十年（1850）建。六角五层楼阁式砖木塔，高15.5米。

◀ 云山塔

在太仓市浮桥乡陆公村。明嘉靖年间建，1980年重修。四角两层亭阁式砖木塔，高5米。

常熟市

▶ 兴福寺方塔

在常熟市虞山北麓兴福寺内。全国重点文物保护单位。建于南宋建炎四年（1130），咸淳间重建，1980年代多次重修。四角九层楼阁式砖塔，高69.14米。

◀ 聚沙塔

在常熟市梅李镇东街浒浦塘畔原称聚沙百福宝塔。全国重点文物保护单位。南宋绍兴年间建。2000年修复。八角七层楼阁式砖木塔。高20多米。

张家港市

南通市

▶ 光孝塔

在南通市崇川区天宁寺内，亦称支提塔。全国重点文物保护单位。唐咸通五年（864）建，明宣德五年（1430）、天顺年间重修，八角五层砖木楼阁式塔。高30米。

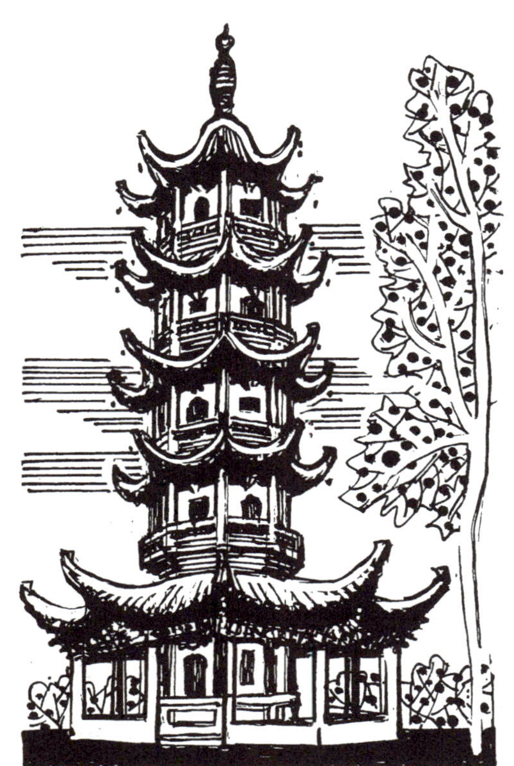

◀ 文峰塔

在南通市崇川区文峰公园文峰塔院。明万历四十六年（1618）建，清嘉庆二十五年（1820）、2005年重修。六角五层楼阁式砖木塔，高39米。

▶ 幻公塔

在南通市崇川区狼山广教寺。明嘉靖年间为纪念高僧智幻而建。四角七层楼阁式砖塔，高十余米。

◀ 支云塔

在南通市崇川区狼山广教寺。宋太平兴国年间建，1984年重修时于塔刹发现铜佛等文物，重放入镇塔。四角五层楼阁式砖木塔。高35米。底层为地藏殿。

连云港市

▶ 阿育王塔

在连云港市云台区海清寺正殿前，又名阿育王塔。全国重点文物保护单位。北宋天圣元年（1023）为供养释迦真身舍利和阿育王灵牙而建，金、明、民国重修。1975年复修。八角九层楼阁式砖塔，高40.58米。

赣榆县

► 文峰塔

在赣榆县赣马镇赣马高级中学，又名响铃塔、铭志塔。清光绪二十七年（1901）建，1984年重修。八角四层楼阁式砖木塔，高14.2米。

淮安市

▼ 文通塔

在淮安市淮安区西门大街勺湖公园内。旧称尊胜塔，又称文峰塔。东晋大兴二年（319）始建，多次重修。1958年、1966年、1979年重修。八角七层楼阁式砖塔，高约23米。

涟水县

▼ 月塔

在涟水县唐集镇，又名石橛塔、法济塔。全国重点文物保护单位。八角七层楼阁式砖塔，残存六层，通高24米。壁内折上式。

盐城市

东台市

▶ 海春轩塔

在东台市西溪镇，相传唐贞观年间由尉迟敬德监造，又称尉迟塔。全国重点文物保护单位。北宋风格，留有许多唐塔特点。1955年、1963年、1984年重修。八角七层密檐式砖塔，高20.8米。

建湖县

▶ 朦胧塔

在建湖县宝塔镇朦胧庄北。北宋始建，明重建。1998年重修。八角三层楼阁式砖塔。高约20米。地宫置石函贮“元丰八年” 银棺，内有高僧舍利子数粒、《太平通宝》铜钱多枚。

扬州市

邗江区

▶ 白塔

在扬州市邗江区瘦西湖莲心寺。清乾隆年间建。光绪年间重修。1953年重修发现葫芦顶藏血书《金刚经》及文房四宝。覆钵式砖石塔，高27.5米。须弥座砖雕十二生肖。

广陵区

▶ 文峰塔

在扬州市广陵区宝塔路京杭大运河东岸。建于明万历十年（1582），清康熙七年（1668）重修。咸丰三年（1853）倾于兵火，1923年重建。八角七层楼阁式砖木塔。石筑须弥座。高近50米。

◀ 木兰院石塔

原在扬州市古木兰院，南宋移至今广陵区石塔路。唐开成五年（840）始建。六角五层楼阁式石塔，高约十米。

仪征市

▶ 天宁塔

在仪征市城河南岸。唐景龙三年（709）建，宋崇宁中、明洪武四年（1371）重建，明迭修，光绪三年（1877）火灾仅存砖筒塔身。八角七层楼阁式砖木塔。高47.2米。

高邮市

▶ 镇国寺塔

在高邮市京杭大运河河心岛。亦称西塔。全国重点文物保护单位。晚唐始建，清乾隆四十二年（1777）火灾烧空，又称空塔。嘉庆十五年（1810）风灾摧毁三层得名断塔。光绪三十二年（1906）重修。四角七层楼阁式砖塔，唐代风格，高25米。

▶ 净土寺塔

在高邮市高邮镇琵琶路，又称东门宝塔。明万历三十四年（1606）建。清光绪三十二年（1906）、1946年、2006年重修。八角七层楼阁式砖塔，高47.46米。1963年在塔刹发现明佛经40余卷，存南京博物院。

镇江市

润州区

▶ 昭关石塔

在镇江市润州区长江路南。因塔上刻“昭关”两字故名。立于街中上方，其形如瓶，又叫瓶塔、过街石塔。全国重点文物保护单位。元至大四年（1311）建成，明清迭修。下部用块石垒砌成框架形台座，可通行人马。上为覆钵式石塔，通高4.69米。

京口区

► 甘露寺铁塔

在镇江市京口区北固山上。全国重点文物保护单位。唐宝历元年（825）建卫公塔石塔，宋元丰元年（1078）改建八角九层楼阁式铁塔，明代海啸倾塌遗存三层，重修为七层。晚清受雷雨所损，残存四层，高8米。下两层宋铸造，三四层明补配。1960年修复铁塔时发现地宫，内置石函，题刻元丰《润州甘露寺重瘗舍利塔记》、唐长庆四年（824）《李德裕重瘗长干寺阿育舍利记》、大和三年（829）《李德裕重瘗上元县禅众寺舍利记》石刻。出土佛舍利772粒。

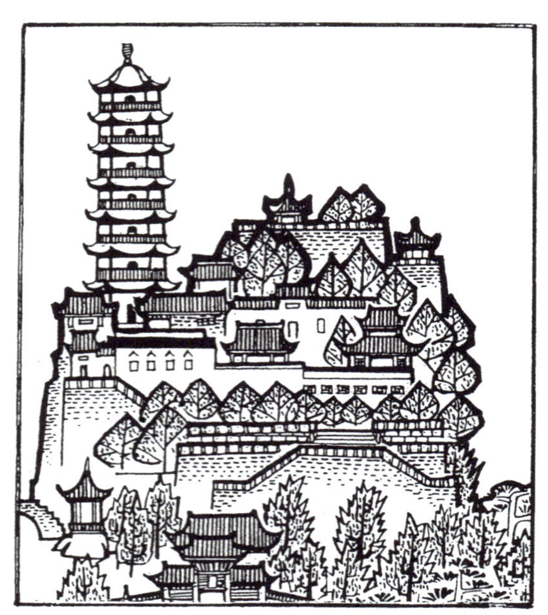

▲ 慈寿塔

在镇江市京口区金山上。始建于南朝齐梁，宋元符末年建荐慈塔、荐寿塔。明初，双塔倒坍。清光绪间重建慈寿塔。八角七层楼阁式砖木塔，高30米。

► 僧伽塔

在镇江市京口区石鼎山。南宋绍兴间建于泗州城，明万历迁今址，1981年重修。八角七层楼阁式砖塔，高32.5米。1961年从地宫出土两座鎏金小塔等文物。

圌山塔

在镇江市京口区圌山上。原名报恩塔。建于明崇祯元年（1628），一说七年（1634）。清咸丰间太平天国所毁，光绪五年（1879）重建，2008年重修时出土石函、铜盒等文物。八角七层楼阁式砖塔。高30.94米。

丹阳市

万善塔

在丹阳市万善公园中，初称万寿塔。明崇祯十年（1637）建。八角七层楼阁式砖塔，高48.6米。塔室四角，上下交错。

泰兴市

法轮塔

在泰兴市大生乡宝塔村庆云寺塔院。全称宝塔湾法轮寺塔，别名镇江塔。清顺治间建，康熙二年（1663）复建未完工，无顶无檐。1994年、2015年加塔顶塔檐。八角五层楼阁式砖塔，高约30米。

中国古塔全谱

浙江省

图谱

杭州市

西湖区

► 六合塔

在杭州市西湖区月轮山，也称六和塔。全国重点文物保护单位。北宋开宝三年（970）建，南宋绍兴二十三年（1153）重修，清光绪二十六年（1900）加建木檐。八角十三层楼阁式砖木塔，高59.89米。塔内近二百处南宋砖雕图案。

▲ 雷峰塔

在杭州市西湖区夕照山雷峰上。又名皇妃塔、西关砖塔。北宋太平兴国二年（977）建。南宋庆元间重修。明嘉靖间倭寇纵火焚烧，仅剩砖砌塔身。1924年倒塌，2001年发掘遗址和地宫，出土高35厘米的吴越国纯银鎏金阿育王塔（图右）等文物。2002年重建竣工。新塔延承原塔形制，为八角五层楼阁式彩色铜雕宝塔，高71米（图左）。

▶ 保俶塔

在杭州市西湖区宝石山上。原名应天塔，又名保叔塔、宝石塔、宝所塔、保所塔。全国重点文物保护单位。始建于五代后周，原九层，北宋咸平间重修改为七层。历代修建，1933年、1997年重修。八角七层楼阁式实心砖木塔，高45.3米。

◀ 华严经塔

在杭州市西湖区孤山顶。又名西林塔、西泠印社石塔。1924年建。八角十一层密檐幢式石塔。上八层浮雕佛理故事，九、十层刻金农书《金刚经》，石座有周承德书《华严经》和李叔同书《西泠华严塔写经题偈》，边缘刻十八罗汉像。

▶ 三潭石塔

在杭州市西湖区西湖中。全国重点文物保护单位。北宋元祐五年（1090）苏轼为湖中禁植菱芡防淤所立，明天启元年（1621）重立。三座瓶形石塔，高2.5米。

► 多宝佛铁塔

在杭州市西湖区飞来峰。全名程锡龄造多宝佛塔。清光绪年间铸。六角石经幢上立圆锥体七层铁塔。各层铸佛经及佛像、四大天王像，第四层铭文“多宝佛塔”。通高约3米。

◄ 观音窟石塔

在杭州市西湖区飞来峰观音造像石窟观音像上方。北宋凿造 。覆钵式浮雕石刻。

▼ 灵隐寺双石塔

在杭州市西湖区灵隐寺大雄宝殿前两侧。全国重点文物保护单位。吴越国时期建。八角九层楼阁式实心石塔。高11米。束腰八面刻《大佛顶陀罗尼经》。塔刹已毁。

▲ 灵隐寺理公塔

在杭州市西湖区灵隐寺龙泓洞口理公岩上，又名灵鹫塔。灵隐寺开山祖师慧理瘗骨之地。北宋开宝三年（970）建。明万历十八年（1590）重建。六角七层楼阁式实心石塔，高约8米。塔身第二层镌“理公之塔”碑记、《慧理大师塔铭》。

◀ 灵峰寺石塔

1980年代出土于杭州市西湖区灵峰寺故址，现藏杭州历史博物馆。五代后晋开运年间雕造。四角五层楼阁式实心石塔，残高1.3米。

▶ 千官塔

在杭州市西湖区烟霞岭烟霞洞口。吴越国时期雕造。四角七层楼阁式石塔，高2.8米。塔身各层刻供养人群像数百身，故称千官塔。现不存。

▲ 汉三老石室

在杭州市西湖区孤山西泠印社。1921年建。内藏《汉三老讳字忌日碑》等汉魏至明清石碑十多块。四角重檐攒尖顶，顶部为阿育王式小石塔。通高约8米。

▶ 善与人同塔

在杭州市西湖区孤山中山公园内。1927年建，阿育王式亭阁式塔。高约10米。

萧山区

▶ 祇园寺塔

原在杭州市萧山区城厢社区祇园寺山门前有吴越国时期建的两座八角五层楼阁式塔，1952年拆除。寺内大殿前有后梁大定元年（556）建的两座四角五层实心塔，砖石塔各一，“文化大革命”中拆毁。塔下出土吴越国显德五年（958）铜塔二座（上右），高约20厘米。

上城区

▶ 闸口白塔

在杭州市上城区之江路钱塘江边闸口。全国重点文物保护单位。吴越国末期建。八角九层楼阁式实心石塔。铁制塔刹，已残破。高14米。

拱墅区

▶ 香积寺双塔

在杭州市拱墅区香积寺巷。清康熙五十二年（1713）建。东塔在“文化大革命”中被毁，2000年于西塔西面复建。八角七层楼阁式石塔，高12.5米。

余杭区

▶ 安乐塔

在杭州市余杭区安乐山顶（左塔）。俗称天宝塔。吴越国建，明代重建，1985年重修。六角七层楼阁式砖塔，高35.28米。

◀ 舒公塔

在杭州市余杭区南苕溪北岸（右塔）。俗称地宝塔。与安乐塔隔溪遥峙，形成“双塔耸秀”景观。明万历间县令舒兆嘉建，因得名。四角七层楼阁式砖塔。铁葫芦塔刹。高27.46米。

▶ 慧定法师墓塔

原在杭州市余杭区运河边，毁于1966年，1985年复建于安乐山东麓。慧定法师是清末杨乃武与小白菜案女主角毕秀姑。后出家为尼。1930年圆寂。六角单层亭阁式塔。高3.08米。

富阳区

► 同兴塔

在杭州市富阳区龙门镇西石塔山。又称同举塔。建于清康熙十六年（1677）。六角七层楼阁式砖塔，石质相轮，金属塔刹。高18米。

◄ 联魁塔

在杭州市富阳区新登镇贤明山上。又名贤明塔、联奎塔。明万历四十六年（1618）建，清道光二年（1822）、2008年重修。六角九层楼阁式石塔。高23米。

临安区

► 功臣塔

在杭州市临安区锦城镇功臣山顶。全国重点文物保护单位。五代后梁贞明元年（915）建，1982年重修。四角五层仿木构楼阁式砖塔。高25.3米。

▲ 普庆寺石塔

在杭州市临安区横畈镇湖山村普庆寺南。全国重点文保护单位。建于元至治二年（1322）。六角七层楼阁式实心石塔。塔身刻佛像27尊，俗称罗汉塔。高6米。

◀ 南屏塔

在杭州市临安区昌化镇南屏山。北宋熙宁年间建，清康熙十九年（1680）、1999年重修。六角七层楼阁式砖塔，下三层北宋原构。高33米。

▶ 秀峰塔

在杭州市临安区昌化镇东塔岭。俗称东塔。建于清康熙四十年（1701），1999年重修。八角七层楼阁式砖塔。高13米。

▲ 西天目山塔群

在杭州市临安区天目山。其中藏云塔群5座（图右），元代建。六角幢式石塔。普同墓塔群二排共7座（图左），后中塔为清康熙十六年（1677）立。高近3米。

▶ 西径山塔林

在杭州市临安区集贤村西径山双林寺遗址。清至民国墓塔3处10座，幢式石塔，高约2米。

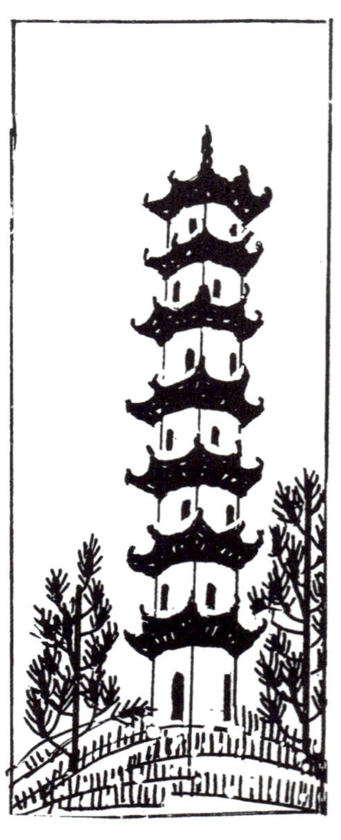

► 祈祥塔

在杭州市临安区于潜镇官堰山。明崇祯九年（1636）建，1993年重修。八角七层楼阁式砖木塔。高约25米。

建德市

► 南北峰塔

在建德市梅城镇城东三江口隔江相望。明嘉靖二十五年（1546）重建，1986年重修。八角七层楼阁式砖塔。南峰塔在新安江南岸巽峰，高57米。塔中有都御史胡宗宪撰《两峰建塔记》石碑。北峰塔在碧溪坞村卯峰，高29米。

◄ 抟云塔

在建德市大慈岩镇新叶村水口。又称巽塔、文峰塔。明万历二年（1574）建成。六角七层楼阁式砖塔。高38.8米。

桐庐县

▶ 桐君塔

在桐庐县城桐君山上，或称白塔。初建年代不详，宋景定年间、明隆庆元年（1567）重修。六角七层实心楼阁式砖塔，高17.7米。

淳安县

▶ 龙门塔

在淳安县汾口镇龙门村龙耳山下。明万历二十三年（1595）建（一说隆庆年间）。2007年重修。六角七层楼阁式砖石塔，高27米。

◀ 雁塔

在淳安县中洲镇叶村凤山，又称凤山塔。明代建。六角七层楼阁式砖塔。残高24米。

▶ 密山岛骨塔

在淳安县千岛湖区密山岛。是密山庵僧人圆寂后殓骨之所，现存三座清塔，又称三和尚塔。六角单层亭阁式石塔，主塔2.58米高，两座副塔高3.27米。地宫置遗骨。

宁波市

海曙区

▶ 天宁寺塔

在宁波市海曙区中山四路天宁寺（原名国宁寺）遗址。寺前原建双塔，东塔清光绪年间崩塌。现存西塔，全国重点文物保护单位。塔砖有唐咸通四年（863）铭文，又称咸通塔。俗称乌龟塔。1995年重修。四角五层楼阁式砖塔，高约12米。

◀ 天封塔

在宁波市海曙区大沙泥街。国家重点文物保护单位。因始建于武则天“天册万岁”至“万岁登封”年间得名。南宋绍兴十四年（1144）重建，明、清迭修。清嘉庆三年（1798）失火只余砖砌塔身。1935年重修。1984年对地宫考古发掘，出土镌“绍兴十四年”铭文银殿、银塔等文物。1989年按宋塔风貌修复。六角七层楼阁式砖木塔，高约51米。

江北区

▶ 彭山塔

在宁波市江北区妙山乡彭山，又称鹏山塔。明嘉靖年间建，2005年重修。六角七层楼阁式砖木塔，高约22米。

江东区

▼ 心镜禅师舍利塔

在宁波市江东区百丈街七塔寺。唐咸通十四年（873）建，清光绪三十二年（1906）重修。瓶式石塔。高1.2米。

鄞州区

▼ 阿育王寺西塔

在宁波市鄞州区阿育王寺西侧。元至正二十五年（1365）建。六角七层楼阁式砖塔。高36米。

◀ 阿育王寺上塔

在宁波市鄞州区阿育王寺上塔院，正名磐若塔。唐代建，元至正二十六年（1366）重建。六角七层楼阁式砖塔。塔顶毁，1990年修复。高30米。

▶ 阿育王寺舍利塔

在宁波市鄞州区阿育王寺舍利殿。清代雕造。阿育王式金漆木塔，高4米，内置七宝镶嵌佛龛。

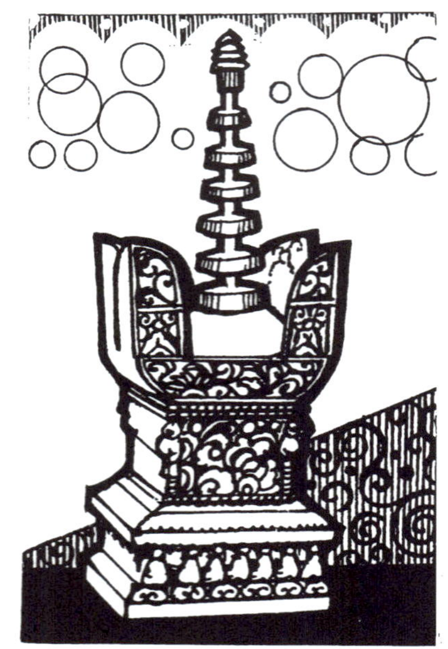

阿育王寺真身舍利塔

原在宁波市鄞州区阿育王寺舍利殿中石塔内，传说晋太康三年（282）掘地所得，供奉释迦牟尼真身舍利。阿育王式铜塔，高约0.4米。

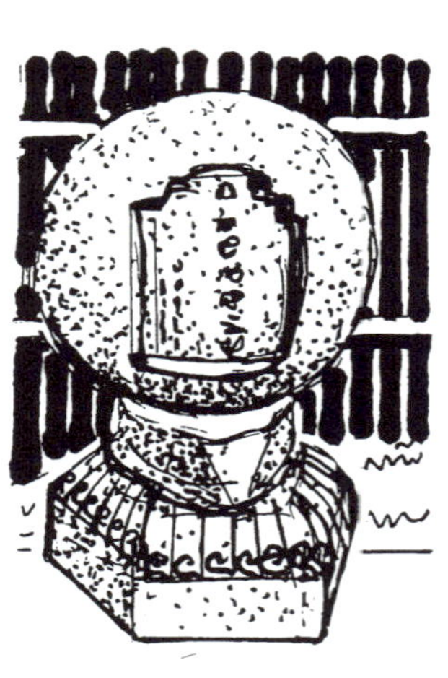

守初禅师塔

在宁波市鄞州区阿育王寺内。宋代建。球形石塔。高1米。

二灵塔

在宁波市鄞州区东钱湖镇二灵山。全国重点文物保护单位。北宋政和年间建。1986年重修。四角七层楼阁式实心石塔，高9米。塔身雕佛像39尊。首层东壁有题记“宋政和口年口月”。

七佛塔

在宁波市鄞州区全国重点文物保护单位天童寺内外两处七佛塔。南宋绍兴四年（1134）建，重修于明崇祯十年（1637）。内七佛塔在万工池旁（上图），又名七塔苑，红黑白色搭配饰面。外七佛塔（下图）在寺门外。除内七塔居中为楼阁式石塔外，均为覆钵式石塔，六角塔顶。高约3米。

◀ 天童寺东谷塔林

在宁波市鄞州区天童寺东谷塔林，为天童寺历代25座祖师墓塔，为六角单层石塔。高二米余。

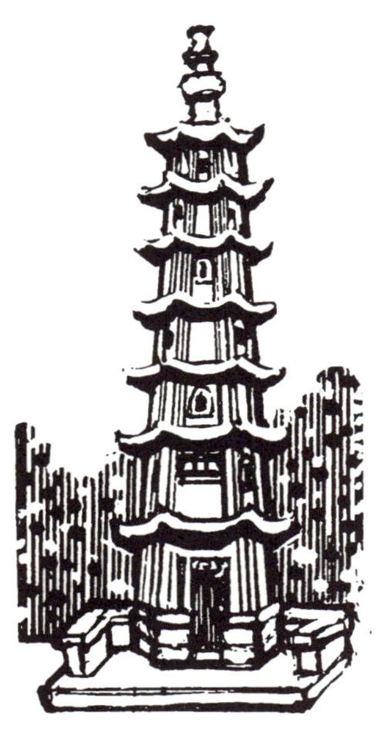

▶ 寄禅和尚墓塔

在宁波市鄞州区天童寺冷香塔院内。清寄禅和尚（八指头陀）骨塔。阿育王式石塔。1.5米高。

◀ 众安塔

在宁波市鄞州区横溪镇周夹村屯溪岭坡下。建于1935年。六角七层混凝土结构塔，高约15米。

▶ 镇蟒塔

在宁波市鄞州区东吴镇少白岭上天童寺下院，又称五佛镇蟒塔、五佛塔，俗称少白塔。唐会昌年间建，原为六角七层楼阁式实心砖塔，1914年重建为八角七层砖石塔。塔身原为白色，维修后呈红色。高35.4米。

◀ 衲道宏抒墓塔

在宁波市鄞州区横街镇龙峰路龙窟禅寺。清代建。六角幢式石塔。

镇海区

► 徐宅惜字塔

在宁波市镇海区招宝山街道胜利路徐宅故宅（现镇海区委机关）。1928年建，焚烧字纸用。六角双层楼阁式钢筋混凝土结构，高约10米。

奉化区

► 培风塔

在宁波市奉化区莼湖街道下陈村。清嘉庆元年（1796）建，2002年重修。六角七层楼阁式砖塔，底层各面嵌石碑。高17.25米。

◄ 金钟塔

在宁波市奉化区岳林街道倪家碶村。清道光年间建，2002年重修。八角七层楼阁式砖塔，高22米。

► 万元塔

在宁波市奉化区江口街道郭范村。明万历元年（1573）建。清道光二十年（1840）、光绪三十二年（1906）、1994年重修。六角七层楼阁式砖石塔，高17.2米。

瑞峰塔

在宁波市奉化区岳林街道龙潭村南山。又称南山塔。建于唐咸通五年（864）。清嘉庆十二年（1807）重建。2001年重建塔刹。六角七层密檐式实心石塔，高13.45米。东北立《瑞峰塔记》碑亭。

寿峰塔

在宁波市奉化区江口街道塔山。俗称白雀寺塔。后唐同光年间建，明嘉靖八年（1529）、清道光二十年（1840）重建。八角七层楼阁式砖石塔。高22.2米。

天峰塔

在宁波市奉化区西坞街道亭山上。俗称天坟塔。清代建。六角锥形砖石塔，高6.4米。下部实心，上部中空。各面刻坐佛，东面浮雕，余均阴刻。

罗星塔

在宁波市奉化区萧王庙镇棠云汪家村棠云岙。俗称螺蛳塔、螺形塔。明初年建，一说清代。2006年修复。圆形七层石砌塔，盘旋而上。高20米。

慈溪市

▶ 广福庵墓塔

在慈溪市掌起镇后茅山广福庵东侧竹林内。清康熙二十二年（1683）建，由墓室及墓盖顶上并排三座六角单层莲花瓣塔顶小石塔组成。墓碑刻“万载普同圣贤宝塔”。

▶ 洞山寺石塔

在慈溪市掌起镇任佳溪村洞山寺北岗阜上。宋代建。六角七层楼阁式仿木结构石塔。残存五层，残高4米。每面刻浅龛，内雕菩萨或佛像。

宁海县

▼ 紫金岩塔

在宁海县深甽镇大里清潭村，底层是一块圆形紫金岩巨石得名。圆形四层石砌，盘旋而上顶部有一朝天的碗。高约7米。

◀ 尖峰塔

在宁波市宁海县深甽镇大蔡村狮山顶。又称喇嘛塔。一说元代在村前后山顶各建一风水塔，仅存此塔。方座上建圆锥形三层砖石砌塔，高7.5米。

◀ 镇东塔

在宁海县城关镇水库下园村金山脚，建于清乾隆四十年（1775）。1948年重修。六角五层楼阁式砖塔。高14米。

▶ 文峰塔

在宁海县跃龙街道跃龙山顶。明万历十年（1582）建六角八层楼阁式砖塔，清同治十年（1871）重修增至九层。1915年塔顶遭雷击。1983年重修。高24.5米。

温州市

鹿城区

▶ 江心屿双塔

在温州市鹿城区瓯江江心孤屿上东西两峰（东为象岩，西为狮岩）。西塔唐咸通十年（869）建，明万历十九年（1591）重建。东塔宋开宝三年（970）建，明万历二十三年（1595）重建。（一说建造年代为“东唐西宋”）六角七层楼阁式砖塔。西塔高32米，东塔高28米。

▶ 净光寺塔砖

在温州市鹿城区松台街道松台山顶。唐元和年间建木塔。北宋熙宁六年（1073）重建砖木塔。毁于明代，2006年重建。图为原塔基出土塔砖拓片。

瓯海区

▼ 八福砖塔

在温州市瓯海区梧田街道慈湖南村。建于明代，清乾隆间、2000年重修。2010年纠偏工程。六角七层楼阁式砖塔。高11米。各层各而有天将、门臣、天尊等漆铜塑像。

▲ 宝严寺塔群

在温州市瓯海区茶山镇宝严寺，明清建。共6座覆钵式石塔，各高1米余。“文化大革命”中拆毁，部分构件被农民搬上山，1998年大水冲回本寺，2006年组装出4座。

▶ 南白象塔

在温州市瓯海区南白象镇。北宋政和五年（1115）建，1965年拆除，1998年在原址按原样重建。六角七层楼阁式砖木塔。高31.3米。拆除时塔下出土铁、漆阿育王塔及小木塔（右上图）。

▶ 鎏金玲珑银塔

温州市瓯海区圣寿禅寺慧光塔，宋景祐元年（1034）建，“文化大革命”拆毁时于塔壁发现一批宋代文物，其中有四角七层鎏金玲珑银塔。高34.8厘米。

◀ 罗大师塔

在温州市鸥海区仙岩镇西一村。明代建，覆钵式六角攒尖顶石塔。高1.5米。

龙湾区

▶ 忠烈塔

在温州市龙湾区黄石村。明代为纪念抗倭烈士建。六角砖塔，残存一层高约3米。墓前正下方为梯形墓群。

▼ 国安寺塔

在温州市龙湾区瑶溪街道皇岙村国安寺。全国重点文物保护单位。北宋元祐五至八年（1090—1093）建，1987年重修。六角九层楼阁式实心石塔，高18米余。塔身雕佛像1026尊，故又称千佛塔。三层塔心室发现我国现存最早的北宋《蚕母》木刻套印画。现藏温州市博物馆。

洞头区

▶ 花岗灯塔

在温州市洞头区元觉乡花岗村牛头山山顶。清嘉庆年间建。平面圆形块石垒砌，高2.2米。三面开瞭望孔，一面开门。

瑞安市

▶ 观音寺石塔

在瑞安市瑞湖路。全国重点文物保护单位。后周显德年间建。六角七层楼阁式实心石塔。顶层坍落，现存佛像472尊、造像题记78条。北宋熙宁元年（1068）六月二十一日题记字数最多。

◀ 玉皇塔

在瑞安市大南乡境内圣井山顶全国重点文物保护单位圣井山石殿建筑群。建筑群始建于南宋，现存为明万历至清光绪年间所筑。玉皇塔旧称景福塔。六角九层楼阁式实心石塔，清代仅存一层，1984年重修为两层加顶。

► 广福塔

在瑞安市广场南路南塔大厦。俗称东塔。建于北宋开宝二年（969）建，明代重建。2004年纠偏重修。六角五层楼阁式砖塔。高17米。塔内存三十余尊宋代石刻雕像。

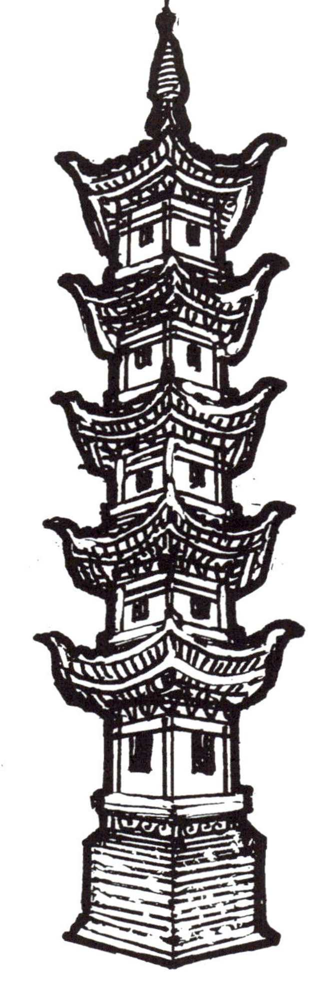

◄ 垟坑石塔

在瑞安市仙降镇垟坑村悟空寺东。北宋熙宁四年（1071）建。1980年代修复。六角九层楼阁式石塔。塔身浮雕佛像数百尊，题记8条。高约20米。

▲ 比丘离空墓塔

在瑞安市湖岭镇东坑村庵木山西麓。清代建。四角单层墓室，内部平面圆形。高约3米。

◄ 碗窑村石塔

在瑞安市曹村镇碗窑村詹竹下村。宋代建。六角五层楼阁式石塔，塔刹缺失。高2米。

◀ 隆山塔

在瑞安市隆山乡隆山巅，正名明因寺白岩山宝塔。北宋大观元年（1107）建，清道光二十年（1840）坍塌存五层，1988年复原。六角七层楼阁式砖木塔，高38.5米。

▶ 宝坛讲寺石塔

在瑞安市河田镇岑岐山麓。宋咸淳年间建。六角楼阁式实心砖塔，残存五层半，高两米多。

◀ 兴福寺石塔

在瑞安市陶山镇上泽村龟背山兴福寺遗址，21世纪初文物普查发现大量石构件。经组装复原7座古石塔。南宋嘉定、宝祐年间建。瓜棱形六角攒尖顶石塔。高约3米。

乐清市

▶ 念融和尚骨塔

在乐清市雁荡镇上灵岩村飞泉山。1939年建。八角单层亭阁式石塔。高约2米。

◀ 白象石塔

在乐清市北白象镇樟湾村白象禅寺东南。北宋天圣九年（1031）始建，明洪武六年（1373）重修，嘉靖四十二年（1563）重建。2012年重修。六角五层楼阁式石塔，高14米。

▶ 乐清东塔

在乐清市乐成镇东皋山。全国重点文物保护单位。北宋熙宁间九牛山顶塔被雷震圮，迁建于此。1991年重修。六角七层楼阁式砖塔，高约18米。塔砖颇多舍钱题记。

◀ 普同塔

在乐清市雁荡镇雁荡山灵岩寺外顶珠峰下。建于南宋乾道九年（1173）。覆钵式石塔。高2.3米。

▼ 真如寺石塔

在乐清市磐石镇重石村西真如寺。全国重点文物保护单位。南宋明道二年（1033）建如来石塔七座。20世纪70年代仅一座较完整，三座破损不全，其余三座仅存基础和部分构件。1994年修复四座。1999年利用残部件全部修复。覆钵式六角攒尖顶。高度均在5.16米。

◀ 谛明大师塔

在乐清市雁荡山普明寺对面山头上。飞泉寺、灵岩寺主持谛明和尚墓塔。建于1946年。四角两层亭阁式石塔。高约1.5米。

永嘉县

▶ 礁下济众灯塔

在永嘉县瓯北镇礁下村瓯江北岸。1918年为方便瓯江舟行而建。六角二层砖木石混合结构塔。塔刹置风雨灯塔。

▼ 罗浮双塔

在永嘉县瓯北镇罗浮小东村龟蛇二山之巅。西晋元康五年（295）建，北宋元丰七年（1084）、明嘉靖年间两度重建，1991年重修。六角七层楼阁式砖塔。高20余米。

◄ 邵园石塔

在永嘉县碧莲镇邵园村。明代建。覆钵式六角攒尖顶石塔。高17米。

平阳县

► 文明塔

在平阳县昆阳镇平塔村屿山，俗称平塔，又叫文笔塔。南宋乾道元年（1165）建，清光绪十年（1884）重建。2008年重修。六角七层楼阁式砖塔。高35米。

◄ 宝胜寺双塔

在平阳县钱仓镇原宝胜寺前。建于北宋乾德三年（965）。1984年重修。原有四塔，今存两塔，相距11.8米。六角五层楼阁式砖塔。高约15米。

▲ 栖真寺五佛塔

在平阳县鳌江镇塘川街道罗垟村。全国重点文物保护单位。后周广顺年间建。宋代重建。原有五座于放生池旁，民国期间移置今处组装，存四塔。1990年代补建一新塔。六棱瓜腹形塔身六角攒尖顶。高2米余。

▲ 碧泉寺墓塔群

在平阳县鳌江镇钱仓白水村罗阳山碧泉寺（原名岩庵）前方、东首及后山腰。清道光年间至民国建。共9座，3座一组，四角楼阁式实心石塔，二或三层。高约3米。

▲ 七宝如来石塔

在平阳县昆阳镇九凤山广慧禅寺大殿前。共7座。1918年建。六棱瓜腹形塔身单檐石塔。高2.29米。

苍南县

▶ 广福寺双塔

在苍南县云岩乡三峰山麓。宋代建，清康熙十九年（1680）重修。同治八年（1869）重建。1985年重修。相距11米，六角五层楼阁式实心砖塔，高约7米。

◀ 护法寺塔

在苍南县钱库镇护法寺村。全国重点文物保护单位。护法寺前原有塔7座，现存3座，其中1座为宋代原物。六棱瓜腹形塔身单檐砖塔，高约4米。

▶ 涌泉寺石塔

在苍南县金乡镇梅岭头西麓涌泉寺。宋元丰二年（1079）建。六角六层（原为七层）楼阁式石塔。残高3米。

◀ 灵鹫寺塔

在苍南县钱库镇桐桥村灵鹫寺前。北宋重和年间建。原有5座，仅存2座。2012年复原至5座。六棱瓜腹形塔身单檐砖塔。高约4米。

▶ 飞来塔

在苍南县渔寮乡后槽村海尾自然村海沙宫北侧。年代不详。覆钵式六角葫芦刹石塔。高约1米。

▼ 普同塔

在苍南县大玉苍山龙头岗法云寺外。清康熙十九年（1680）建，四角墓室上覆钵式六角单檐石塔，正面刻“十方普同塔”。

泰顺县

▶ 毛烊石塔

在泰顺县南院乡毛烊村笔架山。明正德六年（1511）重建。四角五层锥形石塔，残高10米。每层四周绕以石梯。

◀ 文章阁石塔

在泰顺县东溪乡。清光绪十二年（1886）建于后宅洋对面山，1989年移建碇步桥头。六角三层楼阁式石塔。高约5米。各层龛额“惜墨如金”“文光四射”“始制文字”。二层龛内塑魁星像。

▶ 文祥塔

在泰顺县罗阳镇内门外。明隆庆年间建，清道光二十三年（1843）重建。1989年重修。六角七层楼阁式砖木塔，19.7米高。

嘉兴市

南湖区

▶ 嘉兴三塔

在嘉兴市南湖区原茶禅寺前，唐始建。1971年拆塔建成水泥厂，2001年拆水泥厂复建三塔。并列三座六角楼阁式砖塔。左右八层，中座九层高约15米。

海宁市

▶ 占鳌塔

在海宁市盐官镇海塘边。宋代建，明万历四十年（1612）重建。历代重修。清代称镇海塔，1983年重修复称占鳌塔。六角七层楼阁式砖木塔。高39.37米。

▲ 安澜石塔

在海宁市黄湾镇闸口村钱塘江中塔山岩礁上。清乾隆五年（1740）前建，1915年重修。六角九层楼阁式实心石塔（图右），现存五层（图左），残高约5米。

◀ 智标塔地宫出土阿育王塔

在海宁市硖石镇东山观海峰智标塔地宫出土二座铜鎏金阿育王塔。其一塔身镂刻“吴越国王钱弘俶敬造八万四千宝塔乙卯岁（五代周显德二年，955）”铭文。图为较大一座，砖雕须弥座。

平湖市

▶ 报本塔

在平湖市当湖街道东湖沙盆圩（鹦鹉洲）上。明嘉靖四十二年（1563）始建八角七层楼阁式砖塔。清康熙二十七年（1688）重建为五层。高49.39米。铁刹高12.74米。

桐乡市

▶ 文壁巽塔

在桐乡市崇福镇中山公园。明嘉靖年间建。文璧塔原有坤、离、巽三塔并列，明万历十七年（1589）重修仅存巽塔。清咸丰三年（1853）重建，1994年重修。六角七层楼阁式实心砖塔。塔身壁龛佛像毁于“文化大革命”。

湖州市

吴兴区

▼ 飞英塔

在湖州市吴兴区塔下街。塔名取意“舍利飞轮，英光普照”。全国重点文物保护单位。内外塔组成。内塔（图右）藏佛舍利，唐中和四年至乾宁元年（884—894）建。南宋绍兴年间重建。八角五层楼阁式石塔，高15米（不含塔刹）。外塔（图左）北宋开宝年间建，南宋端平年间重建，后代多次重修。1929年塔顶倒塌。1986年重修。八角七层楼阁式砖木塔，通高55米。

◀ 戴山塔

在湖州吴兴区戴山镇戴山顶。明洪武四年（1371）建八角七层楼阁式砖木塔。“文化大革命”中拆存三层。2012年修复为五层，高21米。

▲ 多宝塔

在湖州市吴兴区道场山。又名文笔塔、文风塔，俗称道场塔。始建于北宋元丰年间，明嘉靖重修。万历元年（1573）在塔外加建木塔（已坍圮）。清道光年间、1987年重修。八角七层楼阁式砖木塔。高33米。

◀ 锦峰塔

在湖州市吴兴区东林山，又名东林塔。北宋宣和末建。明万历十年（1582）重建，1980年重修。六角七层楼阁式实心砖塔，高17.7米。塔身嵌魁星造像砖雕。

► 皎然塔

在湖州吴兴区妙西乡境宝积山宝积寺（原妙喜寺）遗址。唐始建，1995年复建。八角单层亭阁式砖塔。高2.5米。正面书“大唐妙喜寺皎然上人之灵塔”。各面雕皎然、孟郊诗碑及重修塔记事碑，坐佛石塔刹。

南浔区

◀ 含山塔

在湖州市善琏镇含山。北宋元祐年间建，明正统六年（1441）重建，清光绪二十七年（1901）、1991年、1994年重修。八角七层楼阁式砖木塔，高38.5米。

▶ 适园石塔

在湖州市南浔区南浔镇。清光绪年间建。四角八层楼阁式石塔，上有梁启超、康有为、章太炎、吴昌硕题咏。

德清县

▶ 文明塔

在德清县城关镇下兰山南，又名文风塔。明万历二十二年（1594）建。2008年重修。八角七层楼阁式砖塔，高约18米。

◀ 辉山塔

在德清县戈亭乡辉山南麓，又名镇北塔。建于清嘉庆二十五年（1820）。2010年重修。六角七层楼阁式砖塔，高18米。顶层砖雕“南无阿弥陀佛”六字，其余各层饰砖雕魁星像。

安吉县

▶ 灵芝塔

在安吉县安城镇马家渡。传吴越国时建。1989年塔顶龙头等构件被盗，1994年修复。八面九层楼阁式实心砖塔，高23米，修复时天宫出土北宋庆历七年（1047）金涂塔1件，唐、北宋钱币等。

◀ 云鸿塔

在安吉县孝丰镇宝塔山。清嘉庆十一年（1806）建。八角七层楼阁式实心砖塔。高29.4米。塔身第四层镶“其道大光”“云鸿塔”石匾。

绍兴市

越城区

▼ 大善寺塔

在绍兴市越城区子余路大善寺遗址。梁天监三年（504）建。南宋庆元三年（1197）遭焚，绍定元年（1228）、明永乐元年（1403）重建。清咸丰年间兵燹仅存砖砌塔身。1957年重修。六角七层楼阁式砖木塔。高40米。铸铁覆钵盖顶重约五千斤。

► 应天塔

在绍兴市越城区解放南路塔山巅。东晋元熙二年（420）建宝林寺塔，唐乾符元年（874）随寺名改称应天塔。宋乾德初、明嘉靖十三年（1534）重建。清宣统二年（1910）遭火灾成空心塔。1984年重修。六角七层楼阁式砖木塔。高30余米。

上虞区

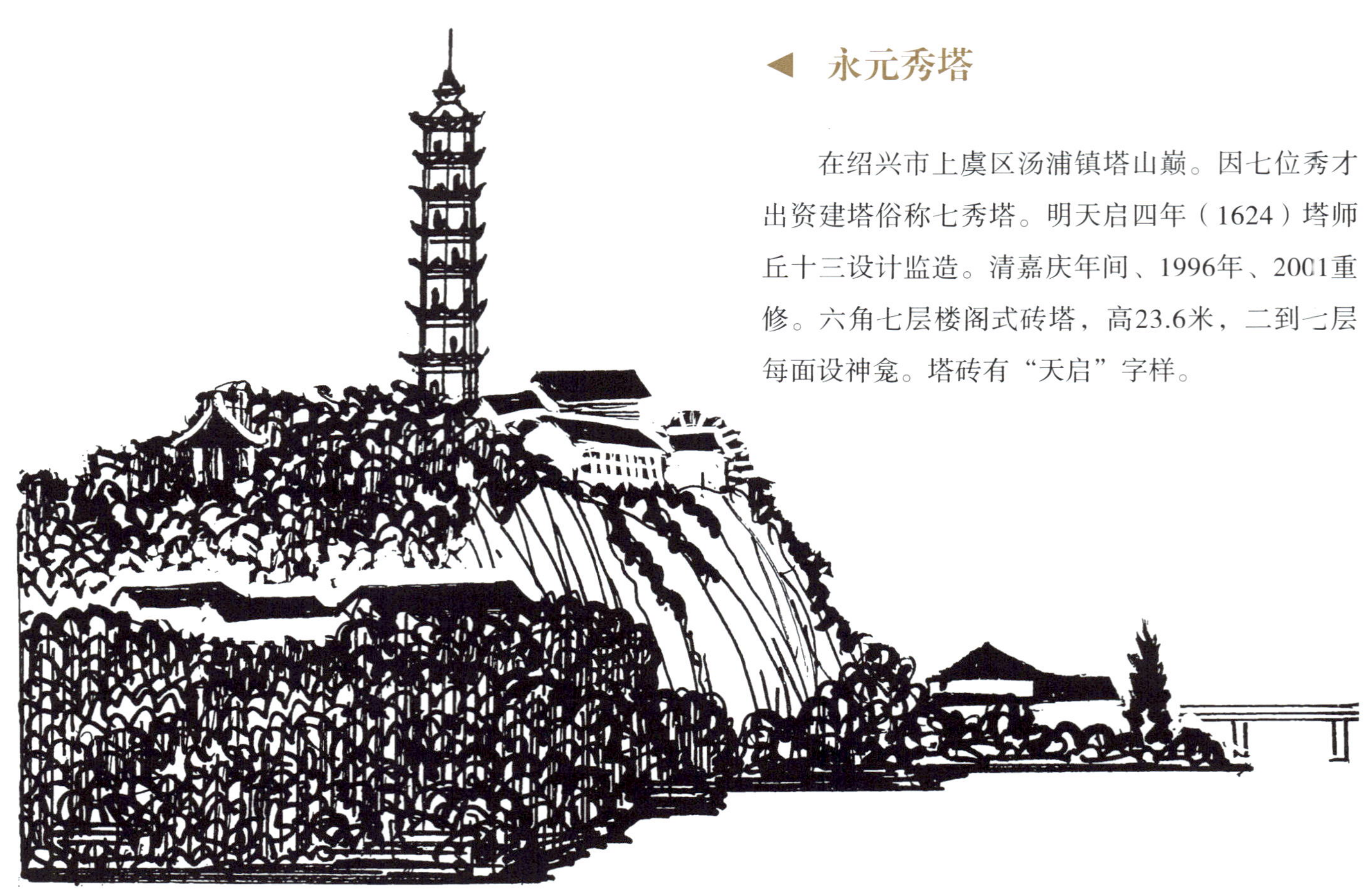

◀ 永元秀塔

在绍兴市上虞区汤浦镇塔山巅。因七位秀才出资建塔俗称七秀塔。明天启四年（1624）塔师丘十三设计监造。清嘉庆年间、1996年、2001重修。六角七层楼阁式砖塔，高23.6米，二到七层每面设神龛。塔砖有“天启”字样。

► 国庆寺墓塔

在绍兴市上虞区上浦镇东山国庆寺竹林。十几座和尚墓塔残件，六角柱石塔身，葫芦顶，高约1.5米。塔身依稀有“二十六代”“祖师”字样。

诸暨市

► 东化成寺塔

在诸暨市枫桥镇钟瑛村紫薇山。又名元祐塔。全国重点文物保护单位。北宋元祐七年（1092）建，四角七层楼阁式砖木塔，现存四层，残高16.19米。部分塔砖侧面模印塔形图案或“壬申元祐七年立”铭文。

艮塔

在诸暨市老城区东北，俗称娄家荡塔、剌肚塔。明万历十三年（1585）建。1993年重修。六角七层楼阁式砖塔。高20余米。

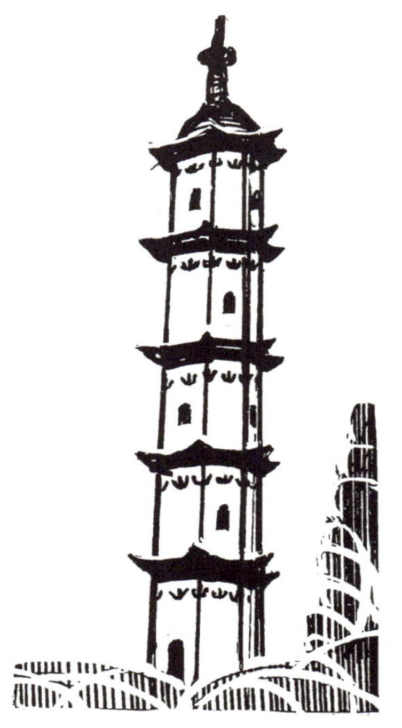

聚星塔

在诸暨市街亭镇新胜片许村琴山，又名琴山塔。明朝万历年间建。2002年重修。六角五层楼阁式砖木塔，高30余米。

天元塔

在诸暨市草塔镇杨家楼村，又名杨家楼塔。明万历四十七年（1619）建。2006年重修。六角七层楼阁式砖木塔。高约40米。

巽离塔

在诸暨市草塔镇下三房村东侧，明代建。六角三层楼阁式砖塔，现存三层，高约12米。

嵊州市

▶ 天章塔

在嵊州市城关镇亭山，俗称花田塔、亭山塔。清乾隆三十八年（1773）建。2012年重修。六角七层楼阁式砖塔。高20余米。塔内存同治十三年（1874）“正堂林示”碑：“天章塔山周转十里内永禁开设窑厂，塔前后左右永禁开掘。”

◀ 艇湖塔

在嵊州市艇湖山。建于明嘉靖二十四年（1545）。崇祯七年（1634）圮重建。2001年重修。六角七层楼阁式砖木塔，高20余米。

新昌县

▶ 奎步塔

在新昌县城关镇塔山村塔山，亦称水口塔。明万历年间建。2001年重修。六角五层楼阁式砖塔。高23米。塔身有“迴澜拱秀”石匾。

金华市

婺城区

▶ 洞山塔

在金华市婺城区白龙桥镇古方村洞山上。建于明万历二十三年（1595）。2011年重修。六角七层楼阁式砖塔，高三十余米。底层石额匾“耸壑昂霄”。

兰溪市

▶ 香溪宝塔

在兰溪市香溪镇塔山。明万历四十五年（1617）建。六角七层楼阁式砖塔。高32米。底层石板刻明建题记，各层有匾“影摩云汉”“擎天捧月”“宛在天际”“文笔生辉”。

◀ 无头塔

在兰溪市诸葛镇伦方村南厚伦水中。建于明崇祯十四年（1641），八角七层楼阁式砖塔。

▶ 皇回寺塔

在兰溪市灵洞乡白坑村东山皇回寺前竹林。清康熙十年（1671）建。六角单层亭阁式青石塔，塔身有“明重应皇回师圆应感大师之塔”字样。

◀ 女埠双塔

在兰溪市女埠街道下潘村及见坦村。永龄塔（图左）明初建。2007年重修。六角五层楼阁式砖塔。高23米。顶层嵌“永龄塔”匾。仁寿塔（图右）在永龄塔后，俗称后塔。明万历四十年（1612）建。六角七层楼阁式砖塔。高约33米。第四层嵌“仁寿塔”匾。

义乌市

▼ 大安寺塔

在义乌市绣湖畔。全国重点文物保护单位。宋大观四年（1110）建，明永乐间、2004年重修。六角五层楼阁式砖塔。高34.85米。

◀ 一峰塔

在义乌市南徐村乡荷叶口东阳江畔钓鱼矶，又名钓鱼矶塔。唐始建，后废。明万历三十一年（1603）建六角五层砖木塔，越二年增至七层。2009年重修。高约40米。

▶ 傅大士塔

在义乌市佛堂镇云黄山顶。南朝梁时傅大士建有三座七层佛塔，清初倒塌，1934年在原址建六角五层楼阁式砖塔，高约20米。

◀ 双林铁塔

在义乌市佛堂镇稽亭塘村双林寺。五代后周广顺二年（952）造。八角三层楼阁式铁塔，残存两层。高2.2米。

武义县

▶ 发宝龙象塔

在武义县城北金鞍山。明万历三十三年（1605）建。1984年重修。六角七层楼阁式砖塔，高42.46米。

◀ 鳌峰塔

在武义县熟溪街道郭洞村鳌鱼山。清乾隆四十三年（1778）建。六角三层楼阁式砖塔，高14.5米。

▶ 巽峰塔

在武义县柳城镇龙帽山。建于清道光三十年（1850）。六角七层楼阁式砖塔，高24米。

◀ 毓英塔

在武义县白洋街道万石院村，又称万石院塔、武塔。明万历元年（1573）建。六角七层楼阁式砖塔。高约20米。

浦江县

▶ 龙德塔

在浦江县城东龙峰山。全国重点文物保护单位。宋大中祥符九年（1016）建，历代迭修，1979年重修。六角七层楼阁式砖塔，高36米。

磐安县

▶ 昌文塔

在磐安县安文镇马鞍山。明万历三十八年（1610）建成。六角七层楼阁式砖塔，高43.68米。

衢州市

衢江区

▼ 黄甲山塔

在衢州市衢江区云溪乡黄甲山村。又称孟家塔。明万历年间建，万历三十九年（1611）、2016年重修。六角九层楼阁式砖塔。高41.9米。底层门额“双塔耸秀”。二层塔身有“砥柱凌霄”四字。

江山市

▼ 江山双塔

江山市双塔街道须江东岸山上百祐塔（图右），与西岸上余镇凝秀塔（图左）并称城北双塔。百祐塔唐代建，明隆庆年间重修，清道光二十六年（1846）重建，2008年重修。六角七层楼阁式砖塔，高约24米。凝秀塔明万历三十四年（1606）建，清道光二十六年（1846）重建，2008年重修。六角九层楼阁式砖塔，高约30米。

◀ 景星塔

在江山市虎山街道老虎山，明嘉靖四十五年（1566）建。2007年修复。六角七层楼阁式实心砖塔。19.68米高。

▼ 凤林塔

在江山市凤林镇茅坂村江山江东岸朱家山。明天启间已有此塔。2008年重修。六角七层楼阁式砖塔。高20.8米。

清漾塔

在江山市石门乡清漾村东山。南宋建，明万历年间、1982年重修。六角七层楼阁式砖塔。高约12米。

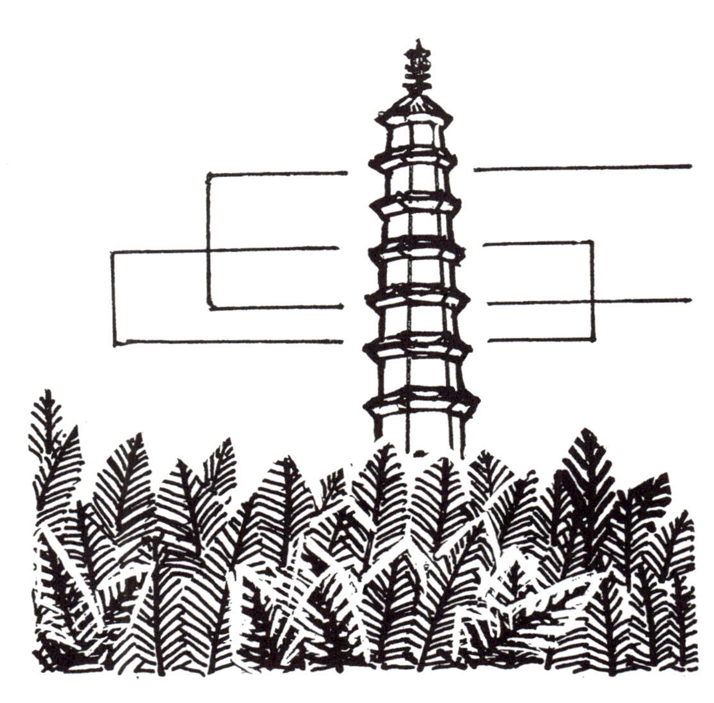

凌霄塔

在江山市峡口镇柴村村。又称峿峰塔。明万历二十五年（1597）建。2010年重修。六角七层楼阁式砖塔，高26米。

佛在塔

在江山市峡口镇三卿口村窑垄。又名窑垄塔、法身塔，俗称舍利藏。明崇祯九年（1636）建，为原广长庙僧墓塔。六角亭阁式石塔，高2.1米。门额“佛在”。地下墓室深1米。

峡山殿石塔

在江山市凤林镇南坞村峡山殿前原有二座塔，明代建。东侧石塔拆毁于20世纪90年代。现存西侧石塔。四角六层楼阁式实心石塔。高约3.8米。

▲ 文昌塔

在江山市峡口镇广渡村。又名大公殿或文昌阁，为读书场所。清乾隆四十六年（1781）建。八角三层亭阁式木塔，高约12米。

常山县

► 文峰塔

在常山县天马镇常山县一中校园。建于南宋乾道四年（1168），明万历年间重修，清嘉庆十八年（1813）重建。六角七层楼阁式砖塔，29.5米高。

◄ 兴贤塔

在常山县球川镇水口外石壁底。明万历四十八年（1620）建。六角七层楼阁式砖塔，高27.27米。

龙游县

▶ 舍利塔

在龙游县湖镇下街。全国重点文物保护单位。宋嘉祐三年（1058）重建。六角七层楼阁式实心砖塔。高26.4米。

◀ 湖岩塔

在龙游县七都乡曹垄村。明嘉靖三十七年（1558）建。六角七层楼阁式砖塔，高30米。二层砖匾“湖岩壮观”。

▶ 横山塔

在龙游县横山乡横山村。全国重点文物保护单位。建于明嘉靖十二年（1533）。八角七层楼阁式砖塔。高30余米。

◀ 刹下塔

在龙游县志棠乡塔下叶村。明万历年间建。六角七层楼阁式砖塔。高30.3米。

◀ 沐尘塔

在龙游县沐尘乡沐尘村雷峰山，年代无考，明塔形制。六角七层楼阁式砖塔。

▶ 龙洲塔

在龙游县城东北新桥头。又名文峰塔。明隆庆年间建，清乾隆五十三年（1788）重建。六角七层楼阁式砖塔，高26.13米。

▲ 鸡鸣塔

在龙游县城东南郊鸡鸣山。明嘉靖年间建。六角七层楼阁式砖塔。高21.4米。

▶ 浮杯塔

在龙游县七都乡朱家村，明万历年间建。六角七层楼阁式砖塔。高40余米。第三层石匾“浮石宝塔”。

舟山市

普陀区

▶ 普济寺多宝塔

在舟山市普陀区普陀山普济寺海印池附近，也称太子塔。全国重点文物保护单位。元元统二年（1334）建，重修于明万历二十年（1592）、1919年。四角三层石塔，阿育王式塔顶。高18米。

◀ 灵石庵普同塔

在舟山市普陀区普陀山西山。年代无考。六角三层楼阁式砖塔。高约3米。

台州市

椒江区

▶ 太和山塔

在台州市椒江区太和山。始建明洪武六年（1373），清同治四年（1865年）重建。六角七层楼阁式砖石塔，高18.5米。首层条石砌筑，二层起砖砌。

牛头颈塔

在台州市椒江区牛头颈山。与小圆山塔合称海门双塔。建于清同治四年（1865）。六角七层楼阁式砖石塔，高10余米。首层条石砌筑，二层以上砖砌。

小圆山塔

在台州市椒江区小圆山。建于清同治四年（1865）。六角七层楼阁式砖石塔。高约17米。首层条石砌筑，二层以上砖砌，二层南面嵌建塔记，余五面筑龛；三、七层每面塑一字；六层建龛。

路桥区

普福寺石塔

在台州市路桥区桐屿镇埠头堂村普福寺遗址。五塔一字排列。唐代建，一度弃作水泵机房基础石沉入水下，1990年代捞出重置。三迭鼓形塔体，塔身刻佛龛及金刚、韦陀、祥鸟、瑞兽。通高3米。

黄岩区

▶ 瑞隆感应塔

在台州市黄岩区城关镇九峰公园。全国重点文物保护单位。北宋建隆四年（963）建，清代及1998、2017年重修。八角七层楼阁式砖塔，各门镶有10个佛像的千佛砖，顶层雕刻佛教故事，塔内珍藏铁函与贝叶经。

◀ 净土寺塔

在台州市黄岩区北洋镇南瑞岩村。元至元三十年（1293）建。六角五层楼阁式砖塔。高约14米。

◀ 庆善寺塔

在台州市黄岩区城关镇大寺巷。东晋永和元年（345）建安宁塔。宋绍兴二十一年（1151）重建改名庆善寺塔。清康熙十一年（1672）重建。2000年重修。六角五层楼阁式砖塔，高35米。

▶ 灵石寺塔

在台州市黄岩区潮济乡灵石山灵石寺，原两塔分立大殿前两侧。宋乾德二年（964）建。东塔清初已毁，西塔1987年重修。六角七层楼阁式实心砖石塔，高22米。

▲ 水口石塔

在台州市黄岩区茅畲乡大田山。明万历四十四年（1616）建。六角五层楼阁式石塔。10.6米高。

▲ 方山双塔

在台州市黄岩区九峰景区。南紫云峰华盖塔，又名紫云塔。北旦云峰文笔塔，又名阜云塔。南宋已有塔。明嘉靖四十四年（1565）、清同治十一年（1872）两度重建。六角七层楼阁式砖石塔，光绪三年（1877）重修。2003年修复为六角五层，北塔高12米，南塔12.45米。

温岭市

► 新河文笔塔

在温岭市新 河镇新河中学校园锦鸡山。明于万历年间建，1978年重修。六角五层楼阁式砖塔。高约12.5米。第五层北向匾额“天开文运”。

◄ 松门文峰塔

在温岭市松门镇幸福村翠屏山。明始建，1919年、2019年重修。六角七层楼阁式砖塔。高约16米。

临海市

▶ 巾山群塔

在临海市巾子山。今存东西两塔及南山殿塔、多宝塔，合称巾山群塔。巾山两峰之巅的东塔（图中左）、西塔（图中右），合称大、小文峰塔，东塔又称万年塔，唐代建，清同治四年（1865）重修。均六角五层楼阁式塔。原砖木结构，改为砖石结构，南山殿塔（图下左）在西峰南山殿前，形制与东西塔相似，明万历四十六年（1618）建。多宝塔在南山殿北面，塔壁砖和壁龛均刻佛像故称千佛塔（图下右）。曾称龙兴寺塔。唐天宝三年（744）建，元大德三年（1299）重建。六角七层楼阁式砖木塔，高30米。

▲ 八叠桥石塔

在临海市永丰镇八叠村八叠桥西，清康熙八年（1669）重建，1942年重修。六角鼓式塔身单檐石塔，高3.8米。

▶ 罗渡石塔

在临海市白水洋镇西宛山上。俗称石鑫。年代不详。六角七层楼阁式石塔，残高12.3米。

玉环市

► 灵山寺七枝塔

在玉环市楚门东西村西岙灵山寺大雄宝殿前。宋末元初建。六角单檐幢式石塔。残高约2米。

天台县

▲ 赤城山塔

在天台县赤城山。相传南梁大同四年（538）岳阳王为妃子所建，又称梁妃塔。初建三塔。唐会昌被废，咸通年间重修一座。五代周显德七年（960）重修获舍利49颗。1947年重建。1978年重修。四角七层楼阁式砖泥混合结构塔。高29.7米。

▲ 隋塔

在天台县城关镇全国重点文物保护单位国清寺。隋开皇十八年（598）建，仁寿元年（601）竣工。宋重建，南宋建炎二年（1128）重修。六角九层楼阁式砖塔。高59.3米。

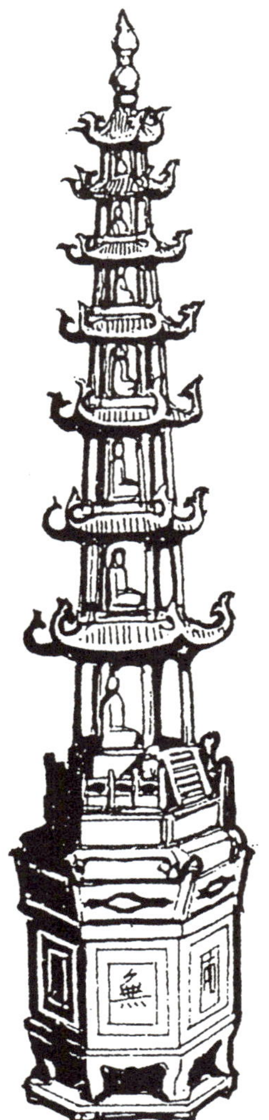

七宝佛塔

在天台县国清寺内。明代造。六角七层楼阁式木座铜塔，各层塔室内有一尊阿弥陀佛像。通高3米。

一行禅师塔

在天台县国清寺寒拾亭右侧山脚。约建于唐代。四角亭阁式单檐石塔，唐高僧一行禅师纪念塔。高约5米。

阿育王塔

天台县国清寺内积累珍藏有许多阿育王塔，时代自五代至明清。木制或铜制，尺寸不一。

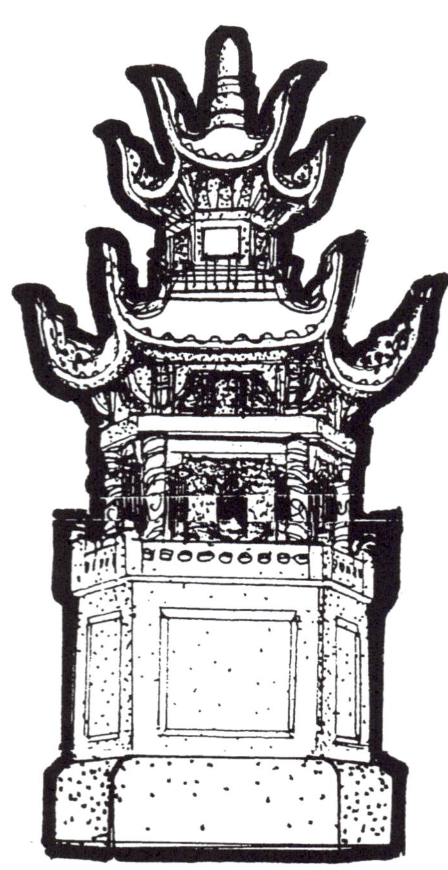

◄ 智者大师塔

在天台县太平乡佛陇山智者塔院（又名真觉寺，俗称塔头寺）。天台宗创始人智顗隋开皇十七年（597）圆寂于此并建肉身塔。南宋隆兴年间、清光绪十五年（1889年）重建。1982年更名智者塔院。亭阁式石塔，高7米。首层正面龛中端坐智者大师塑像。智者真身在塔内。

► 华顶寺塔

在天台县天台山顶华顶寺，全称智者大师降魔塔。宋初建。1931年重建。四角三层单檐石塔。右下图为1893年老照片中的智者降魔大师塔残件。

▼ 天台乡间古塔

古代天台县乡间。医疗条件有限，规模稍大的村庄都建有安放夭折幼童的乌娃塔。县内现存10座。多数清代建，少数据传明代建。锥形砖塔。平面六角形为主，也有四角形的。高6米以上，塔身连塔帽四至六层，塔内上下贯通。有一个以上二尺见方洞口。

仙居县

► 南峰塔

在仙居县县城南南峰山。全国重点文物保护单位。北宋明道二年（1033）建成。六角七层楼阁式砖塔。高23.8米。

◄ 福印山塔

在仙居县城东福应山上。全国重点文物保护单位。约建于北宋元祐年间。六角七层楼阁式砖塔。高23.8米。

► 安洲山塔

在仙居县城关镇东管山村安洲山上，又名管山塔。明万历二十六年（1598）建。六角七层楼阁式石塔。高18.5米。

丽水市

莲都区

▶ 巾山塔

在丽水市莲都区巾山上。明正统三年（1438）之前建，清道光二十五年（1845）、1982年、2005重修。六角七层楼阁式石塔。

◀ 厦河塔

在丽水市莲都区佛头岩。明万历十三年（1585）建。八角九层楼阁式砖塔。高38.48米。

▶ 灵鹫寺石塔

在丽水市莲都区万象山公园。共4座石塔。3座南宋嘉定九年（1216）建，1座嘉定十一年（1218）建。1959年修水利迁走，1980年迁回。六角圆鼓形塔身单檐石塔。高4米余。

遂昌县

► 钟秀塔

在遂昌县湖山乡赤山村，也称赤山塔。明嘉靖十四年（1535）建。六角七层楼阁式砖塔。残存五层。高15米。

松阳县

► 延庆寺塔

在松阳县城西云龙山下延庆寺前。全国重点文物保护单位。北宋咸平二年至五年（999—1002）建云龙塔。相传藏佛舍利。南宋建炎四年（1130）改称延庆寺塔。六角七层楼阁式砖木塔。高38.32米。

◄ 青云塔

在松阳县阳溪乡青蒙山。亦称青蒙塔。明万历年间建。六角七层楼阁式砖木塔。高约20米。

青田县

▶ 巽塔

在青田县鹤城东塔山天后岩后，又称天岩塔。明天启六年（1626）建。1983年重修。六角七层楼阁式砖石塔。高约21米。

庆元县

▶ 荐元塔

在庆元县月山村梅花岭。清康熙元年（1662）建。六角七层楼阁式砖塔。残存五层，高18米。

中国古塔全谱

安徽省图谱

合肥市

肥东县

◀ 振湖塔

在肥东县长临河镇六家畈。全国重点文物保护单位。明隆庆四年（1570）建。清光绪十八年（1892）重建。1996年重修。六角七层楼阁式砖塔。高30余米。

巢湖市

◀ 文峰塔

在巢湖市中庙镇姥山顶，又名姥山塔、望儿塔。全国重点文物保护单位。明崇祯四年（1631）建。清光绪四年（1878）续建完工。八角七层楼阁式石塔。高51米。塔内砖雕佛像802尊，有李鸿章、刘铭传等题石匾25幅。

▲ 鞋山文峰塔

在巢湖市中庙镇鞋山顶。又名大孤塔。明嘉靖年间建。六角七层楼阁式砖塔。1966年被毁，1991年重建。钢筋混凝土框架，外包砖石，高35米。

◀ 龟山塔

在巢湖市银屏镇锥山村关傅村北龟山上，又称锥山塔或濡湏塔。明代建，清道光年间重修。1958、1963、1987年遭雷击，2017年重修。六角七层楼阁式砖石塔，高35米。

芜湖市

镜湖区

► 广济寺塔

在芜湖市镜湖区赭山广济寺地藏殿后。又名赭塔。全国重点文物保护单位。建于北宋治平二年（1065），1997年重修。六角五层楼阁式砖塔，基座埋地下。高20.8米。

▲ 中江塔

在芜湖市镜湖区滨江路桥口原吉祥寺址，又称吉祥寺塔。明万历四十六年（1618）始建，清康熙八年（1669）续建。1987、1998年重修。八角五层楼阁式砖木结构塔，高35米。

◄ 白骨塔

在芜湖市镜湖区桥头集镇双山万寿寺西，又称双山阻击战烈士纪念塔。1945年建。纪念双山阻击入侵日军的国民革命军死难烈士。八角七层楼阁式砖石塔。高3米多。

芜湖县

► 行廊塔

在芜湖县红杨镇珩琅山塔子冈，又称珩琅塔。南宋德祐元年（1275）建，明万历年间、2009年重修。六角七层楼阁式砖塔，高29米。

繁昌县

▲ 镇风塔

在繁昌县荻港镇芦南社区板子矶。建于明万历四十年（1612）。六角七层（一说五层）楼阁式砖塔。现存两层，残高9.6米。二层塔壁有浮屠砖雕。

无为县

▶ 黄金塔

在无为县凤河乡凤凰山上。全国重点文物保护单位。宋咸平元年（998）建，明清多次重修。1990年重修。六角九层楼阁式砖塔，高35米。

安庆市

迎江区

▼ 振风塔

在安庆市迎江区迎江寺，原名万佛塔，又名迎江寺塔，后取“以振文风”之意改今名。全国重点文物保护单位。明隆庆四年（1570）建成。清、民国时期，1993、2014年重修。八角七层楼阁式砖石塔，高60.86米。底层供奉西方接引阿弥陀佛。二层供弥勒佛，三层供五方五佛。三、四、五层砖雕佛像600多尊。塔身嵌碑刻52块。

宿松县

▶ 半边塔

在宿松县复兴镇小孤山，又名送子塔。清代建。塔身半边嵌入石内，半边露出三面五层楼阁式砖塔形。高十余米。

太湖县

▶ 寂觉塔

在太湖县晋熙镇花凉亭村西风禅寺西风洞（又称五祖洞）外盖石上。明代建，六角五层楼阁式石塔。

◀ 大中寺石塔

在太湖县晋熙镇湖滨村青岩组大中寺（又名四面庵、四面寺）遗址。年代无考，六角七层楼阁式实心石塔，高3.7米。

▲ 白云祖师灵塔

在太湖县白云山海会寺。元末明初建，六角鼓身单檐石塔，残存塔座（图为虚拟全塔）。

望江县

▶ 褒隐寺塔

在望江县码头乡，唐宝历二年（826）建，明洪武元年（1368）、2016年重修。六角七层楼阁式砖塔。高约25米。

岳西县

► 法云寺塔

在岳西县金山乡后冲。又名后冲寺塔、千佛塔。全国重点文物保护单位。东晋咸和元年（326）建，明洪武七年（1374）重建。四角七层楼阁式砖塔。高28米。塔壁内外塑佛像1680尊。

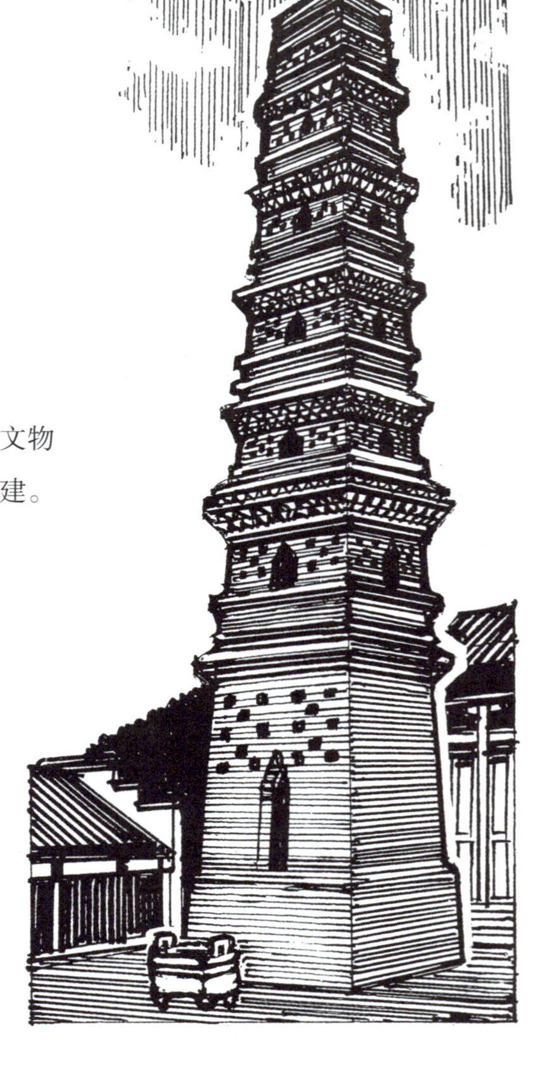

桐城市

◄ 王屋山塔林

在桐城市陶冲镇王屋山，现存王屋寺僧人墓塔60多处。图为其中四座墓塔。清康熙四十一年（1702）建崇石洽祖师墓塔（图左上），六角三层楼阁式石塔，高2.1米。

潜山市

▼ 太平塔

在潜山市梅城镇彰发山皖光苑（即潜山博物馆）。全国重点文物保护单位。晋咸和年间建，南宋重建，历代及2009年重修。八角七层楼阁式砖木塔（塔内十一层）。高43米。塔顶覆钵有南宋隆兴元年（1163）铸造铭文。

◄ 觉寂塔

在潜山市凤凰山巅三祖寺，亦称三祖塔。建于唐天宝五年（746），几度兴废，明嘉靖四十三年（1564）、1980年重修。今塔为唐代塔基，明代塔身，宋代相轮。八角五层楼阁式砖塔。高30米。

▼ 三祖寺地宫舍利塔

出土潜山市凤凰山三祖寺大雄宝殿［宋天圣六年（1028）建资寿塔址］地宫。四层匣中，外层覆钵式铁塔，二层木胎，三层铜龛，四层分体平座栏杆式阿育王式塔，内置仰莲钵中有舍利一枚，塔内壁铭载其为宋代御赐。

▲ 立化塔

在潜山市天柱山三祖寺大门前西侧，元代为纪念三祖僧璨禅师在寺前说法立化而建。三层砖塔，上二层为六角楼阁式，下层瓶式。高3米。

阜阳市

颍州区

▲ 三篷塔

在阜阳市颍州区阜临路与奎光路交汇处，又称奎星楼、拐角楼、望霍楼。明万历二年（1574）建，清同治九年（1870）重修。六角三层楼阁式砖塔，高9.93米。

▼ 文峰塔

在阜阳市颍州区颍州路文峰公园。清康熙三十五年（1696）建，1988年重修。八角七层楼阁式砖塔。高31.8米。

颍上县

▶ 尤家公园白石塔

在颍上县城尤家花园（又称淮上公园）。1923年建。六角七层楼阁式白石塔。

六安市

裕安区

◀ 望江寺塔

在六安市裕安区西河口镇愣河边。明天启元年（1621）建，清乾隆二十九年（1764）、1956、1979年重修。六角七层楼阁式砖塔。高21米。

▲ 观音寺塔

在六安市裕安区黄大街观音寺内，俗称南门锥子。唐武德年间建浮屠寺塔，宋代重建改现名。明万历、清嘉庆八年（1803）、2009年重修。六角九层楼阁式砖石塔。高27米。

▶ 多宝庵塔

在六安市裕安区北外街多宝庵，俗称北门锥子。北宋建六角九层楼阁式砖塔。现存七层，2005年重修。高21.6米。

霍山县

▶ 文峰塔

在霍山县城东南螺蛳台阜顶，又名南塔。清道光二年（1822）重建。六角七层楼阁式砖石塔。高21米。

舒城县

▶ 龙头塔

在舒城县城关镇龙塔社区。第四层有碑刻“龙头”得称，俗称城锥。明天启元年（1621）建，清乾隆二十九年（1764）、1956年、1979年、2007年重修，六角七层楼阁式实心砖塔。高20.7米。

黄山市

徽州区

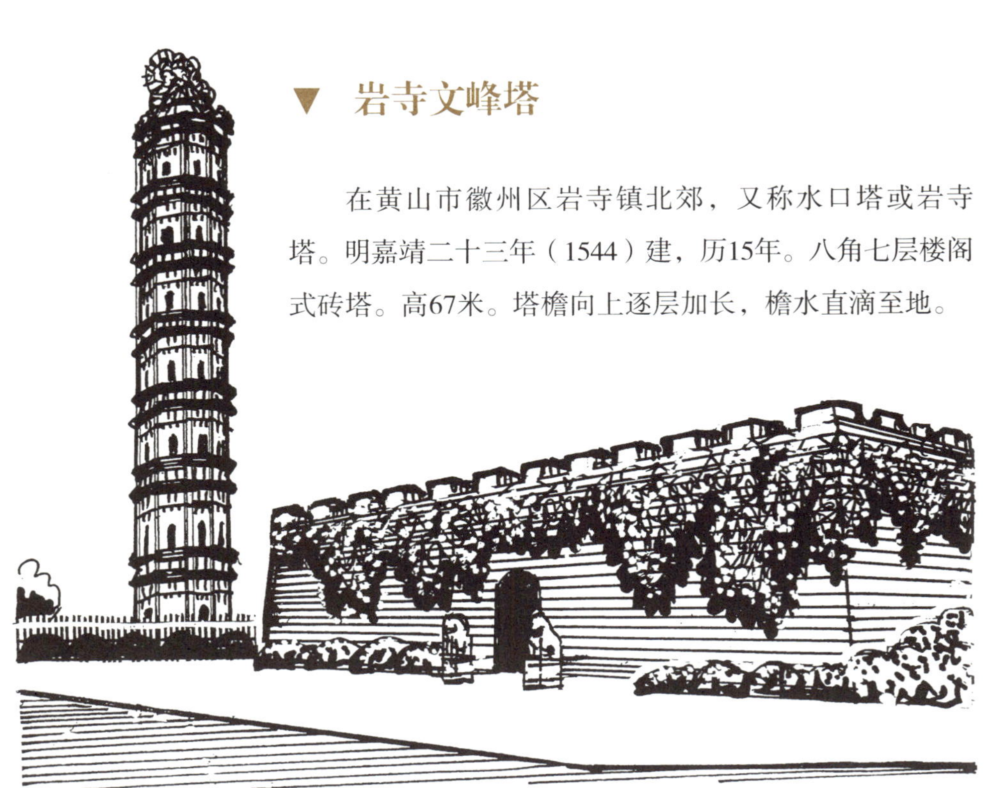

▼ 岩寺文峰塔

在黄山市徽州区岩寺镇北郊，又称水口塔或岩寺塔。明嘉靖二十三年（1544）建，历15年。八角七层楼阁式砖塔。高67米。塔檐向上逐层加长，檐水直滴至地。

▲ 下尖塔

在黄山市徽州区潜口村南。旧称文峰塔，俗称潜口锥。明嘉靖二十三年（1544）建。八角七层楼阁式砖塔，高约60米。下两层空心，以上实心。

黄山区

◀ **巽峰塔**

在黄山市黄山区甘棠镇城区鼓山，又称文峰塔。建于清顺治十年（1653），道光十八年（1838）、2011年重修。六角三层楼阁式砖塔。高10.5米。

▶ **青山塔**

在黄山市黄山区永丰乡杜家村青山望月岭山。明弘治二年（1489）建。六角五层楼阁式砖塔，高16.7米。

▲ **云谷和尚葬母塔**

在黄山市黄山区北海景区狮林大酒店后。清乾隆十年（1745）造。六角单层单檐石塔。高1米。

◀ **檗庵大师塔**

在黄山市黄山区云谷寺下行。清初建，1935年重修。六角单檐七级鼓形相轮顶石塔。高2.9米。

▲ **开山和尚塔**

在黄山市黄山区北海景区狮林大酒店后。明万历四十年（1612）建。六角幢式石塔。高约2米。

▲ **慈明塔**

在黄山市黄山区排云楼宾馆东侧林中。明末建。四角覆钵式顶石塔，高约2米。

◄ 李法周居士塔

在黄山市黄山区西海景区大王松侧。1941年建。六角幢式石塔，高1.5米。

► 松谷祖师塔

在黄山市黄山区松谷庵侧门外山边。元大德年间建。六角幢式石塔。高约1米。

休宁县

▼ 万峰塔

在休宁县海阳镇汪金桥村太阳坞山。明嘉靖年间建。六角五层楼阁式砖塔，高20米。

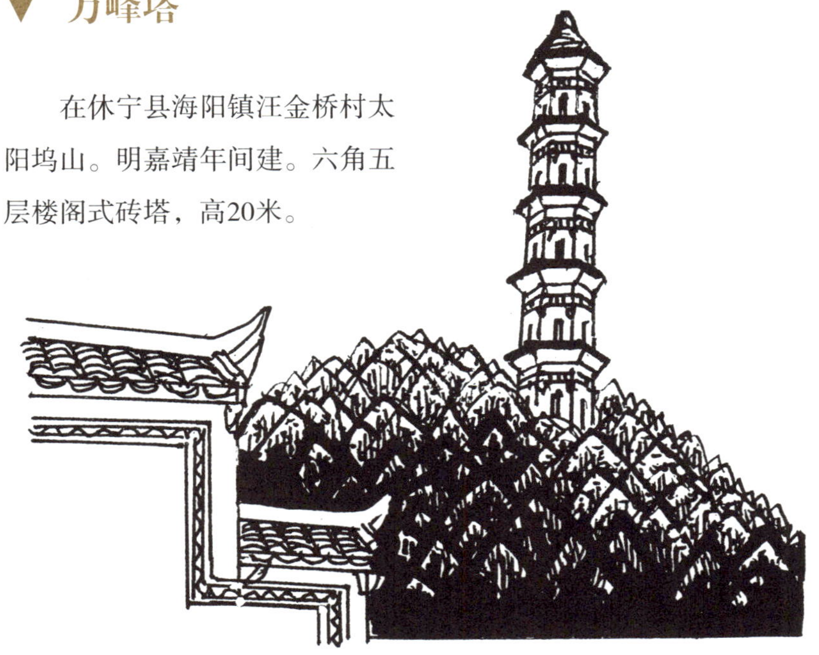

▼ 富琅塔

在休宁县海阳镇富琅村，又名水口审皋。明万历二十二年（1594）建，2012年重修，八角七层楼阁式砖塔，现存四层，残高约17米。

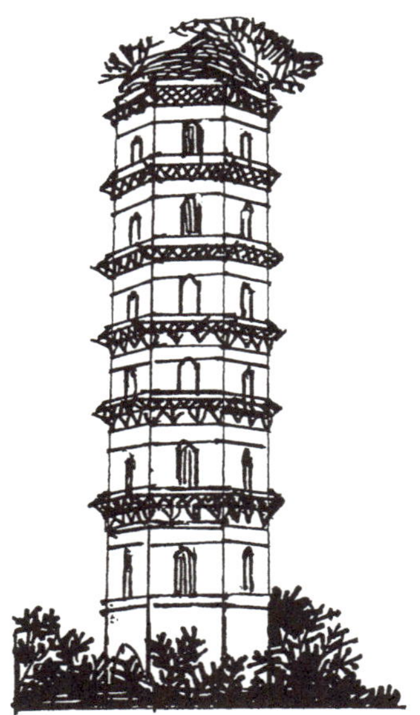

▲ 万寿塔

在休宁县万安镇万寿山。又名古城塔。明嘉靖初建，六角七层楼阁式砖塔。高29.6米。生铁铸塔刹，重2400公斤，1958年坠落。

▼ 丁峰塔

在休宁县海阳镇下汶溪村玉几山，又名停凤塔、下汶溪塔。明嘉靖二十三年（1544）建，八角七层楼阁式实心砖塔。塔刹已佚，残高约30米。

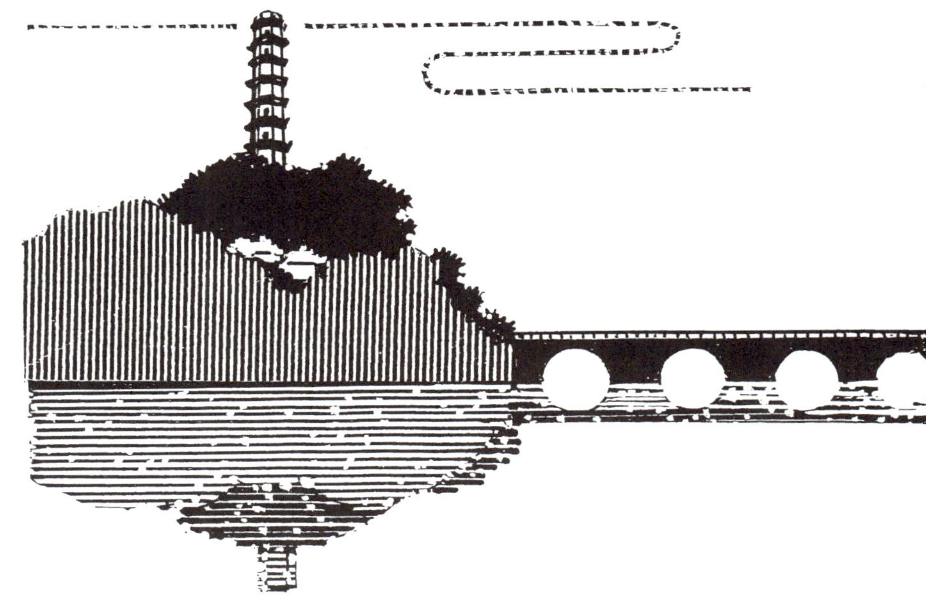

▲ 巽峰塔

在休宁县海阳镇下汶溪村旁玉几山。建于明隆庆元年（1567），六角七层楼阁式砖塔。高约35米。

▲ 齐云山佛塔

在休宁县齐云山白云岩西仙人坑附近。传为宋建。六角六层楼阁式实心石塔。高3.3米。

▼ 辛峰塔

在休宁县榆村乡富溪村西山，又名榆村塔。六角七层楼阁式砖塔，高36米。

祁门县

▲ 伟溪塔

在祁门县胥岭乡塔下村口。六角五层砖石塔，五层之上石块垒积而成。高23米。塔身内外镶嵌佛像砖400余块。

▼ 东皋塔

在祁门县凫峰乡赤桥村东。又名赤桥塔、方氏塔。明嘉靖间建六角五层楼阁式砖塔，万历间增建为七层。高43米。

► 文峰塔

在祁门县南凤凰山。明万历三十二年（1604）建，2014年重修。六角五层楼阁式砖塔。高33.5米。

▲ 悟空禅师塔

在祁门县城西三眼井金粟庵内。明万历三十二年（1604）建。六角单层亭阁式砖塔，高3.5米。

歙县

长庆寺塔

在歙县城西练江南岸西干山，又称十寺塔。全国重点文物保护单位。北宋宣和二年（1120）建。四角七层楼阁式实心砖塔，高23.1米。

大圣菩萨宝塔

在歙县新州歙县二中校园。建于南宋建炎三年（1129），明嘉靖年间、2009年重修。八角七层楼阁式实心石塔，现存五层。高4.6米。二层刻南宋和明嘉靖铭记。

小溪塔

在歙县王村镇小溪村西水口。原名多宝塔。明嘉靖年间建。八角楼阁式砖塔，传说拟造七层，只造至四层；一说上三层遭雷击倒塌。残存四层，高约20米。

黟县

旋溪塔

在黟县柯村乡旋溪村。清乾隆元年（1736）建，咸丰元年（1851）重修。六角五层楼阁式砖塔。高18.9米。

云门塔

在黟县城碧山南麓。塔旁先有云门书屋得名，俗称三都宝塔。清乾隆四十七年（1782）建。六角五层楼阁式砖塔。高36.4米。

马鞍山市

当涂县

▼ 金柱塔

在当涂县姑孰镇宝塔村站溪河南岸。明万历十七年（1589）建，清康熙六年（1667）、2008年重修。六角七层楼阁式塔。高37米。

▲ 黄山塔

在当涂县黄山乡小黄山。刘宋朝建，宋代重建，清代、1990、2005年重修。八角五层楼阁式塔。高25米。

和县

◄ 文昌塔

在和县历阳镇宝塔路。明万历二十八年（1600）建。清乾隆四十五年（1780）、1922年重修。六角七层楼阁式砖木塔。高30余米。

► 万寿塔

在和县历阳镇三户村延庆寺遗址。三国吴始建，宋代重建。六角七层楼阁式砖木塔。现存5层。残高约28米。

淮北市

枞阳县

▼ 浮山三宝塔

在枞阳县浮山镇浮渡山。明万历三十年（1602）建众僧藏骨之所。1989年重修。六角七层楼阁式石塔，高7米。

◀ 远禄祖师塔

在枞阳县浮山镇浮山栖真岩内。岩端刻“开山和尚卵塔”字样。宋嘉祐五年（1060）建，明万历二十六年（1598年）重建。1986年重修。六角鼓形重檐白石塔。高2米余。

滁州市

琅琊区

◀ 闻闻戒师塔

在涂州市琅琊山醉翁亭山道，清顺治二年（1645）建，龙兴寺住持闻闻戒师墓塔。覆钵式上六角楼阁式砖塔，首层嵌《龙兴寺闻闻戒师塔铭》碑刻；上层嵌砖雕“佛”字。高约15米。

明光市

► 法华禅庵塔

在明光市横山乡大横山半山寺（又名法华禅庵）。又名兴慈宝塔。元至正十年（1350）建，六角三层仿楼阁式砖塔，现存二层。残高11.2米。

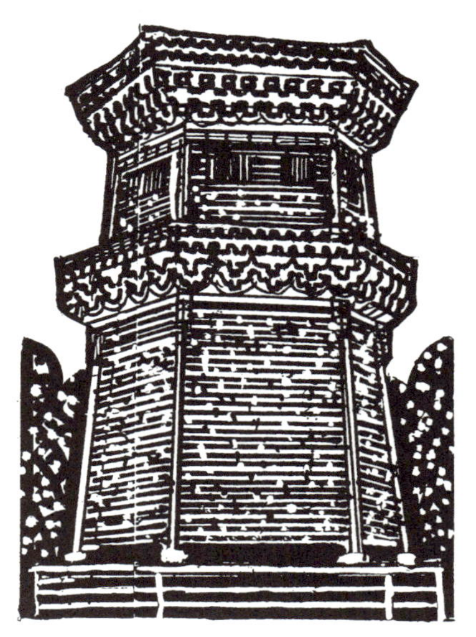

宣城市

宣州区

▶ 广教寺双塔

在宣城市宣州区敬亭山南麓，亦称敬亭双塔。全国重点文物保护单位。北宋绍圣三年（1096）建。四角七层楼阁式砖塔。高均17米。

◀ 龙溪塔

在宣城市宣州区水阳镇，相传建于吴赤乌二年（239），南宋开庆元年（1259）重建。明万历、清道光年间、2013年重修。六角七层楼阁式砖塔。高约22米。

◀ 龙首塔

在宣城市宣州区鳌峰公园。明隆庆六年（1572）建，2012年重修。六角七层楼阁式砖木塔。高约30米。

◀ 景德寺塔

在宣城市宣州区中山中路开元寺遗址。又称多宝塔。晋代始建永安塔。唐称开元寺塔。宋代重建称景德寺塔，亦称多宝塔，明、清又称永宁塔。六角九层楼阁式砖塔，高34米。

宁国市

▶ 仙人塔

在宁国市仙霞镇柘亭仙人塔景区。全国重点文物保护单位。唐贞观间始建，南宋绍兴十三年（1143）重建，清重修。六角七层楼阁式砖塔。高26米。

旌德县

▼ 石笔文峰塔

在旌德县蔡家镇乔亭村。明嘉靖九年（1530）建。圆锥形石塔。高11.7米。

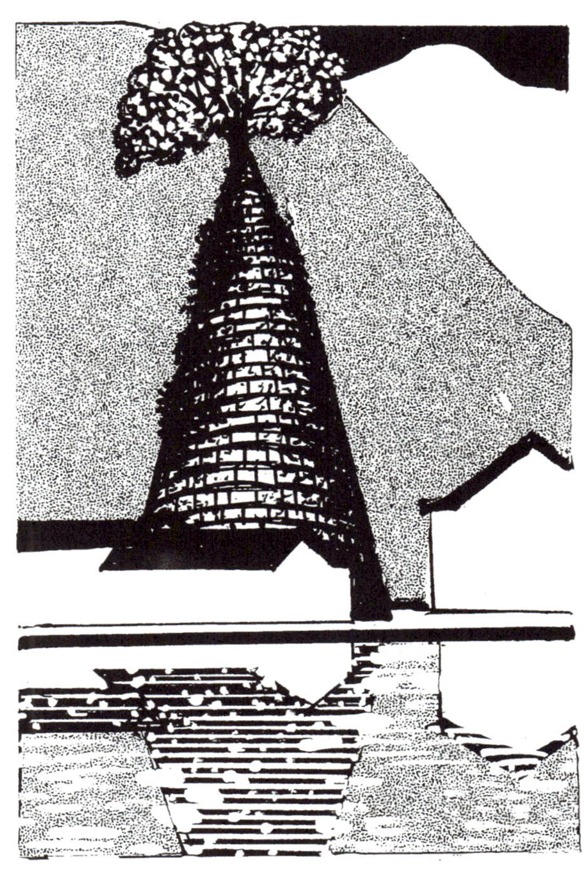

▼ 表灵塔

在旌德县镇大礼村。清乾隆十九年（1754）建，1986年修。八角七层楼阁式砖塔。高约45米。

▲ 文昌塔

在旌德县旌阳镇。清乾隆十一年（1746）建，2001年重修。全国重点文物保护单位。八角五层楼阁式砖木塔。高约30米。

▲ 凌云塔

在旌德县版书乡白沙村。清初建。六角三层楼阁式砖塔。高约17.6米。

▲ **洪川塔**

在旌德县白地镇洪川村。明嘉靖四十二年（1563）建。八角三层楼阁式砖塔。高约22米。

▼ **江村塔**

在旌德县白地镇江村碧秀湖畔。未详年代。八角三层楼阁式砖塔。高十余米。

泾县

◄ **青山塔**

在泾县桃花潭镇查济村西青山。建于清嘉庆五年（1800）。六角五层楼阁式砖塔，高25米。

▼ **绍兴塔**

在泾县宝胜寺右侧，又称小方塔。全国重点文物保护单位。南宋绍兴三十一年（1161）建。2015年重修。四角七层楼阁式实心砖石塔。高20余米。

◄ **大观塔**

在泾县水西国家森林公园宝胜寺前。又称崇宁塔。与绍兴塔并称水西双塔。全国重点文物保护单位。北宋崇宁年间始建，大观二年（1108）建成。2015年重修。八角七层楼阁式砖塔。高32米。

▲ 文昌阁

在泾县桃花潭镇。清乾隆三十五年（1770）建，嘉庆四年（1799）至1938年间三次重修。八角三层楼阁式砖木塔。高25米。

▼ 如松塔

在泾县桃花潭镇查济村东如松山。清嘉庆五年（1800）建。六角五层楼阁式砖塔。高25米。

▲ 飞雄塔

在泾县茂林镇魁山顶。清乾隆三十八年（1773）建，乾隆四十五年（1780）、1912年、1980年重修。六角三层楼阁楼式砖塔。高十余米。

广德市

▼ 三昧禅庵禅师墓塔

在广德市四合乡焦村村流石板村。俗称荷花坟。清康熙十九年（1680）建三座，现存两座。四角单层亭阁式石塔。高均2.3米。

▲ 天寿寺大圣塔

在广德市桃州镇迎春街。全国重点文物保护单位。北宋太平兴国四年（979）建六角五层楼阁式砖木塔。南宋崇宁四年（1105）增至七层。明万历、清康熙、1986年重修。高42.8米。1983年发现地宫，内有塔碑记。

郎溪县

▶ 独山砖塔

在郎溪县凌笪乡独山脚下。也称镇妖塔。清光绪七年（1881）建，1987年修。六角五层楼阁式砖塔。高约7米。

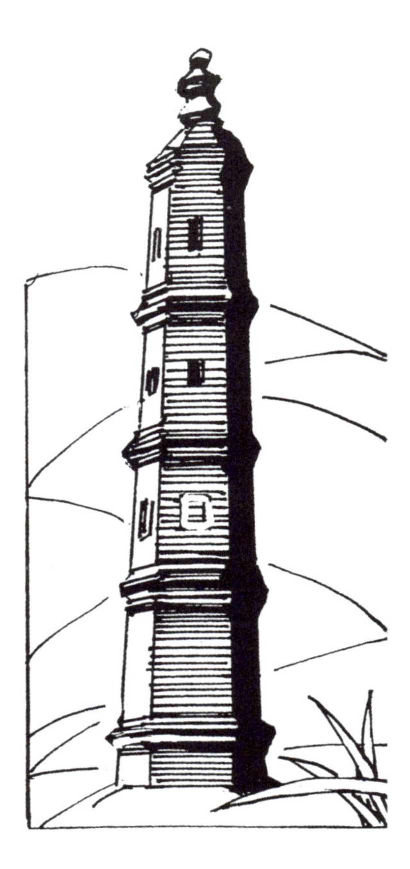

亳州市

谯城区

◀ 薛阁塔

在亳州市谯城区薛阁路观音山。又名薛家塔、文峰塔。全国重点文物保护单位。清乾隆三十七年（1772）建。八角七层楼阁式砖塔，高34.15米。

利辛县

▶ 纪家塔

在利辛县孙集镇纪横沟庄北纪大庄西。清嘉庆年间建。六角七层楼阁式砖塔。高约10米。

蒙城县

▶ 万佛塔

在亳州市蒙城县城关街道万佛塔公园。宋崇宁元年（1102）建。因塔内外镶嵌佛像八千余尊得名，又名插花塔、兴化寺塔、慈氏寺塔，俗称蒙城砖塔。全国重点文物保护单位。八角十三层楼阁式砖塔，高42.2米。

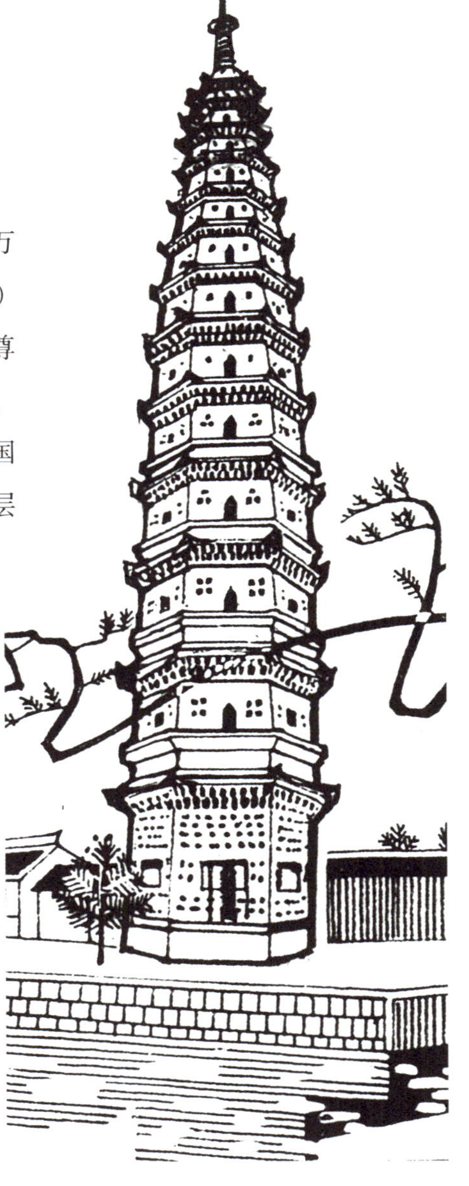

宿州市

萧县

▲ 陶塔

萧县白土镇唐白土寨窑遗址出土。四角六檐密檐式陶瓷塔。残高11厘米。底层各面有涂黄釉佛龛。

池州市

贵池区

◀ 妙因塔

在池州市贵池区江口街道流坡村，俗称清溪塔。明万历二十九年（1601）建。1982年、2003年重修。八角七层楼阁式砖塔。高55.7米。

▶ 百牙山塔

在池州市贵池区百牙山顶。全国重点文物保护单位。明嘉靖十七年（1538）建。1982、2001年重修。六角七层楼阁式砖塔，高34.3米。

东至县

◀ 秀峰塔

在东至县东流镇靖节祠（又名陶公祠）侧。建于清乾隆二十四年（1759）。六角五层楼阁式砖塔，高30余米。

▶ 天然塔

在东至县东流镇回龙山。建于清乾隆十三年（1748）。六角五层楼阁式砖塔，高约38米。

青阳县

◀ 董村石塔

在青阳县西华乡二西冲。清乾隆四年（1739）造。六角楼阁式石塔。残存二层，高2.14米。

◀ 阿育王塔

青阳县宋塔地宫出土，现藏安徽博物馆。铸造早于南宋绍兴二十五年（1155）。鎏金阿育王铜塔。32.2厘米高。

▶ 青峰塔

在青阳县九华山白马峰下净信寺竹林中。寺建于明成化十六年（1480），塔建年代无考。四角六层楼阁式实心石塔。高4米多。

▲ 九子岩喇嘛塔

在青阳县朱备乡金家冲九子岩华严禅寺对面竹林中。元末明初风格，覆钵式石塔，高3.3米。

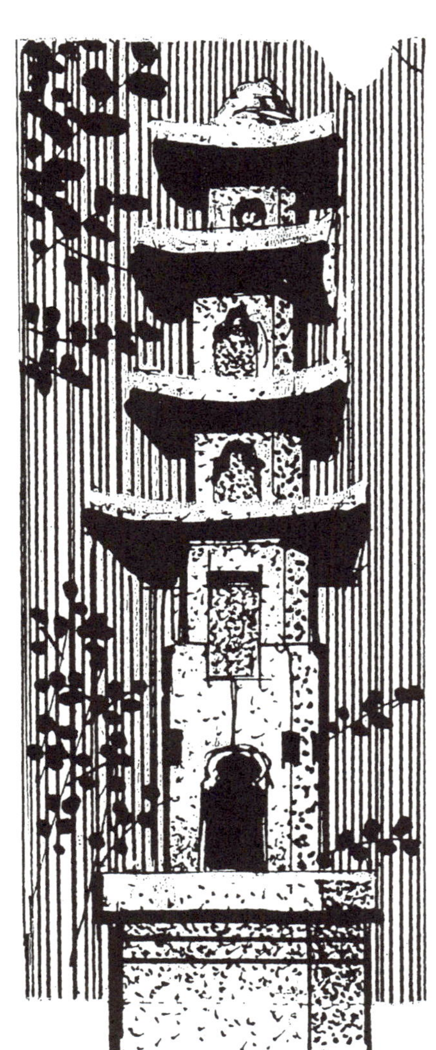

▲ 净居寺塔

在青阳县朱备乡东家桥山冲。四角五层楼阁式石塔。高7.63米。

▼ 九华山肉身宝塔

在青阳县九华山神光岭肉身殿。唐贞元十年（794）新罗王子圆寂建三层石塔，清光绪十二年（1886）在石塔上建八角七层楼阁式木塔。高17米。各层设佛龛供奉地藏王金像。

▼ 谛听石塔

在青阳县朱备乡金家冲九子岩华严禅寺山门旁。明代建。四角七层楼阁式石塔。高8.8米。

中国古塔全谱

福建省

图谱

福州市

鼓楼区

▲ 崇妙保圣坚牢塔

在福州市鼓楼区乌山东麓，花岗岩青石塔身呈乌黑色，故称乌塔。全国重点文物保护单位。前身是建于唐贞元七年（791年）的净光塔。五代晋天福二年（937）重建。八角七层八角楼阁式石塔。高35米。每层塔壁浮雕佛像共16尊。四层嵌塔名牌，五层有塔记。

▼ 白塔

在福州市鼓楼区于山风景区。原名报恩定光多宝塔，白灰粉刷，故称白塔。唐天祐元年（904）建八角七层楼阁式砖木塔，高66.7米。明嘉靖二十七年（1548年）重建改为砖塔，高45.35米。

◄ 文光塔

在福州市鼓楼区于山戚公祠边万象亭下。原在城门乡城山村鳌顶峰巅，北宋建。1982年移今址。八角七层楼阁式实心石塔，高5.7米。

► 武威塔

在福州市鼓楼区于山戚公祠与朴山精舍间。原在螺洲吴厝村孔庙北侧。北宋建八角七层楼阁式实心石塔，现存六层，1982年移今址，2006年修复。高约6米。

◀ **圣泉双塔**

在福州市鼓楼区于山风景区九仙观碧露宫。明万历十一年（1583）建于鼓山镇园中村圣泉寺佛堂前，1979年移今址。八角七层楼阁式实心石塔，高5.05米。

▶ **开元寺石塔**

在福州市鼓楼区尚宾路尚宾花园内。宋代构。八角七层楼阁式实心石塔，现存六层，高约7米。

仓山区

▼ **青富石塔**

在福州市仓山区城门镇清富村。清康熙年间建。四角五层楼阁式实心石塔。高7.2米。

▼ **壁头村石塔**

在福州市仓山区城门镇壁头村。清康熙年间建。八角三层楼阁式实心石塔。残高1.5米。

▼ **绍岐石塔**

在福州市仓山区城门镇绍岐村绍岐码头。又称明光宝塔。始建年代不详，南宋绍熙四年（1193）重修。八角七层楼阁式实心石塔。高约7米。

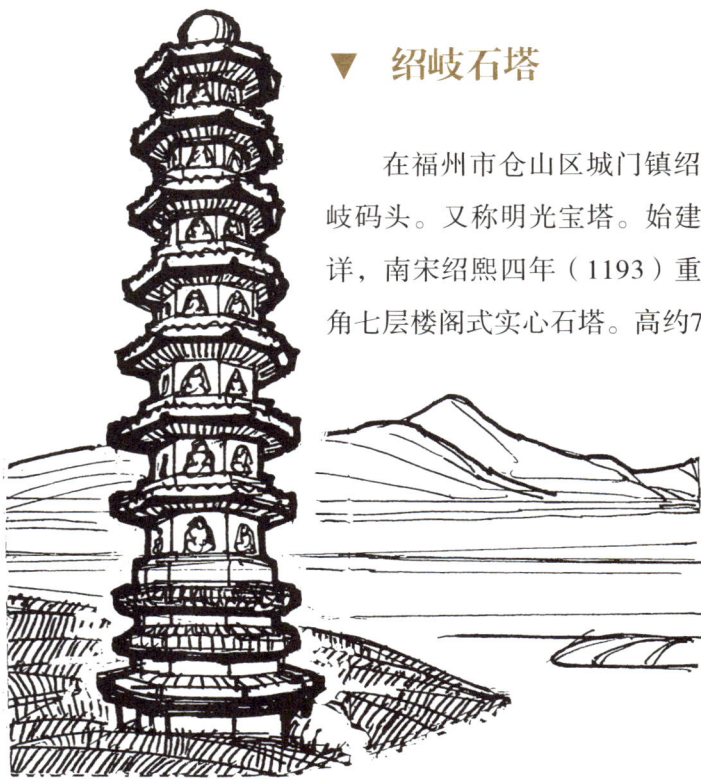

▶ **石步双塔**

在福州市仓山区城门镇龙江村石步，相隔千米。明代建。石步塔仔（左）在乌龙东畔水闸边。四角七层楼阁式实心石塔，高4.8米。三层须弥座埋于地下。第六层每面设佛龛。石步水塔（右）在村户院中，四角七层楼阁式实心石塔，2.7米高。

台江区

▲ 西禅寺塔林

在福州市台江区怡山西禅寺后，有覆钵式古石塔4座。正中慧稜禅师之塔，后唐长兴三年（932）建，高3.6米。右为微妙禅师塔，清光绪年间建；另一为清寄尘禅师墓塔。

▼ 西禅寺铁塔

在福州市台江区西禅寺大雄宝殿门前两旁旧有木塔两座，1922年改为铁塔。高约8米。

晋安区

◀ 千佛陶塔

位于在福州市晋安区涌泉寺门前两侧，双塔。1972年从福州龙瑞寺移来。东塔称庄严劫千佛宝塔，西塔称贤劫千佛宝塔。全国重点文物保护单位。宋元丰五年（1082）烧制。八角九层仿楼阁式陶塔，高6.83米。

▲ 神晏国师塔

在福州市晋安区鼓山涌泉寺后。五代建，明天启七年（1627）重建。阿育王式石塔，高4.5米。

► 鼓山墓塔群

在鼓山梅里景区舍利窟，历代涌泉寺祖师塔15座。海会塔（左），南宋大观三年（1109）建，明崇祯、清康熙重修，同治十二年（1873）重建。霖禅师塔（右），背靠钵盂峰。清康熙四十四年（1705）建。均为八角单层亭阁式砖塔。高1米余。

▲ 万寿塔

在福州市晋安区鼓山更衣亭路旁。清代建。阿育王式石塔。高3.65米。1986年重修时在近旁新建一规格相同石塔。

◄ 释迦如来灵牙舍利塔

在福州市晋安区鼓山涌泉寺藏经殿。阿育王式铜塔。高2米余。塔内灵牙从北京古寺得来，“大齦如金，细齿如玉”。

◄ 惜字炉

在福州市晋安区鼓山镇连潘村南京陈氏宗祠前。清宣统元年（1909）建。单层亭阁式石塔。炉门嵌砖刻楹联：“敬先贤先圣；焚一纸一功。”高约2米。

◄ 隐山和尚塔

在福州市晋安区林阳寺后山垅。建于南陈天嘉二年（561）。覆钵式石塔，高1.75米。

► 古月禅师塔

在福州市晋安区岭头石牌村瑞峰林阳寺古月塔院。古月禅师圆寂于1919年，分舍利于林阳寺、崇福寺建塔和鼓山三会塔。覆钵式石塔，通高约2米。

◀ **报亲塔**

在福州市晋安区新店镇郊北岭象峰崇福寺。建于清光绪三十四年（1908）。钟形石塔。高约2米。

▶ **升山寺僧塔**

在福州晋安区新店镇赤星村升山寺（原名升山灵岩寺）。寺前后各一座。清代建。钟式石塔。高约2米。

◀ **金山塔**

在福州晋安区新建镇洪塘村乌龙江心金山寺。南朝齐梁始建，宋元符三年（1100）重建，1934、1983、1996年重修。八角七层楼阁式实心石塔，高11.5米。

马尾区

▶ **罗星塔**

在福州市马尾区马尾港罗星山。全国重点文物保护单位。南宋建，明天启年间重建，1963年重修。八角七层楼阁式石塔，高31.5米。清末嵌塔刹7米高。

福清市

▲ 瑞云塔

在福清市龙江街道。明万历三十四至四十三年（1606—1615）建。八角七层楼阁式石塔。高34.6米。塔身内外浮雕。

▲ 五龙桥塔

在福清市城头镇五龙村。宋治平四年（1067）建。八角七层楼阁式实心石塔。高6.7米。

► 鳌江宝塔

在福清市上迳镇上迳村鳌峰。建于明万历二十八年（1600）。八角七层楼阁式石塔。高25.3米。门侧雕镇塔将军。

▼ 龙山祝圣宝塔

在福清市龙江街道水南村南涧寺后，俗名水南塔。宋宣和年间建。南宋绍兴十一年（1141）修复。明重修。八角七层楼阁式石塔。高22米。下三层宋风格；上四层明风格。

◀ 龙江桥双石塔

在福清市海口镇全国重点文物保护单位龙江桥南端两侧。桥建于北宋政和三年（1113）。六角七层楼阁式实心石塔，高5.05米。

◀ 紫云宝塔

在福清市石竹街道鲤尾山。俗称鲤尾塔。明代建。八角七层楼阁式石塔。高24米。门侧雕武士。各层供石雕观音佛像。

◀ 白豸塔

在福清市东张水库。清康熙年间建。六角七层楼阁式实心石塔。15米高。淹没仅露出塔顶，俗称湖中塔。

▲ 万安祝圣塔

在福清市东瀚镇万安村海边。建于明万历二十七年（1599）。八角七层楼阁式石塔，高18米。塔侧塑像，二层悬塔匾。塔侧有明建塔碑记。

▼ 迎潮塔

在福清市三山镇泽岐村海滩。明嘉靖二年（1523）建，崇祯七年（1634）重修。八角七层楼阁式实心石塔。原高17米（图右）。2010年毁于台风，残余两层（图左）。

◀ 龙宝飞升塔

在福清市石竹山仙桥畔，又称舍利塔。建于宋宣和三年（1121）。八角六层楼阁式实心石塔。高3米。

▶ 荆岩禅师塔

在福清市黄檗山万福寺塔院。建于元至元二十一年（1284）。埋于地下，2010年挖出。六角单层亭式石塔，1.15米高。

▶ 灵石山三塔墓

在福清市东张镇灵石山灵石寺后左侧。原有历代祖师墓塔，明万历重建为三塔，清康熙二十四年（1685）、2017年重修。覆钵式石塔，高1米余。中为唐开山惠性和尚墓塔，左右塔各刻“耆德”“勤旧”。

长乐区

▼ 坑田石塔

在福州市长乐区玉田镇坑田村。建于明嘉靖年间。七层实心石塔，高4.15米。顶层圆形余八角，四角攒尖顶，四向雕佛像。

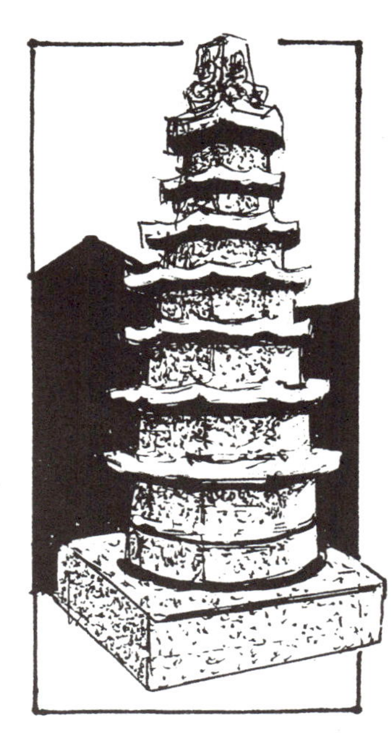

▲ 圣寿宝塔

在福州市长乐区城区塔坪山巅，原称三峰寺塔，又称雁塔。全国重点文物保护单位。北宋哲宗绍圣三年至政和七年（1096—1117）建。八角七层楼阁式石塔。高27.4米。各层有浮雕圆雕。

闽侯县

镇国宝塔

在闽侯县上街镇侯官村唐武德年间始建，重建于五代，1984年重修。四角七层石塔，高6.8米。

莲峰村石塔

在闽侯县青口镇莲峰村，宋代建。八角七层楼阁式实心石塔。高8米。

青圃塔

在闽侯县青口镇团结村。宋代建。八角九层楼阁式实心石塔，高9.6米。

义存祖师塔

在闽侯县凤凰山雪峰寺，又称难堤塔。唐天祐四年（907）建。钟形石塔，通高4.1米。塔身每方石面浮雕凸出圆珠。

雪峰寺塔林

在闽侯县凤凰山雪峰寺。宋至清历代祖师墓塔6座。后排钟形石塔是海会塔，前排为四角或六角楼阁式、阿育王式实心石塔。

◀ 阿育王铜塔

出土于闽侯县侯官镇闽江边原龙台石塔（已毁）塔下，福建省博物院藏。阿育王式铜塔，高约20厘米。塔身刻“吴越”。

▼ 超山寺灵骨塔

在闽侯县上街乡榕桥村磹山北麓与超山寺隔溪相望。3座呈品字形分布，元、明、清代建钟形、覆钵式石塔，高约2米。

◀ 尚干庵塔

在闽侯县尚干镇乌门村塔林山。宋代建，俗称安塔，又称雁塔。八角七层楼阁式实心石塔。高9.2米。

▼ 瑞光塔

在连江县凤城镇仙塔街，原称护国天王寺塔，俗称仙塔、无尾塔。唐大中三年（849）建。八角楼阁式砖塔，残存二层，高9.2米。北门两侧立青石雕刻武士像。

连江县

▶ 阿育王铜塔

1952年在连江县修筑敖江防洪堤时，在南门兜城墙下掘出一座八角双层楼阁式石塔，高7.9米。塔身藏阿育王式铜塔，高16.7厘米，有吴越元年（947）越王钱弘俶铸造铭文。由福建省博物院收藏。

◀ 含光塔

在连江县敖江镇文新村斗门山，又称斗门塔。明万历十六年（1588）建。八角七层楼阁式砖塔，高23.2米。

▶ 普光塔

在连江县东岱镇云居寺山巅，亦称望夫塔。建于元至正十年（1350）。八角双层楼阁式石塔。高9.5米。首层四面嵌刻四尊元代武士。二层四面佛龛，平顶为观日台。

▼ **宝林寺塔**

在连江县丹阳镇东平村宝林寺。宋庆历四年（1044）建，清雍正九年（1731）重修。钟形石塔。高2.3米。

▲ **定光塔**

在连江县凤城镇宝华山中岩寺东南巨岩上，又称宝华晴岚塔。唐始建。三层石塔，下两层八角楼阁式，上部阿育王式，高2米。

▲ **林森塔**

在连江县琯头镇青芝景区敖湖侧畔。建于1926年。四角柱状石塔。高7.43米，正面镶“参议院议长林森藏骨塔”碑。“文化大革命”中塔碑被盗，浮雕被砸。1979年重修复原。

闽清县

▲ **台山塔**

在闽清县梅城镇台山公园。始建于唐，重建于明嘉靖二十五年（1546）。八角七层楼阁式石塔。高10米。

罗源县

▼ **巽峰塔**

在罗源县松山镇莲花山小莲花山。明万历三十三年（1605）建，清康熙八年（1669）重建。1987年按原貌重砌。八角七层楼阁式石塔。高19.34米。

▲ **护国塔**

在罗源县起步镇护国村。宋建。清咸丰五年（1855）重建。1980年以散落溪中石构件重建。八角七层实心楼阁式石塔。高约5米。

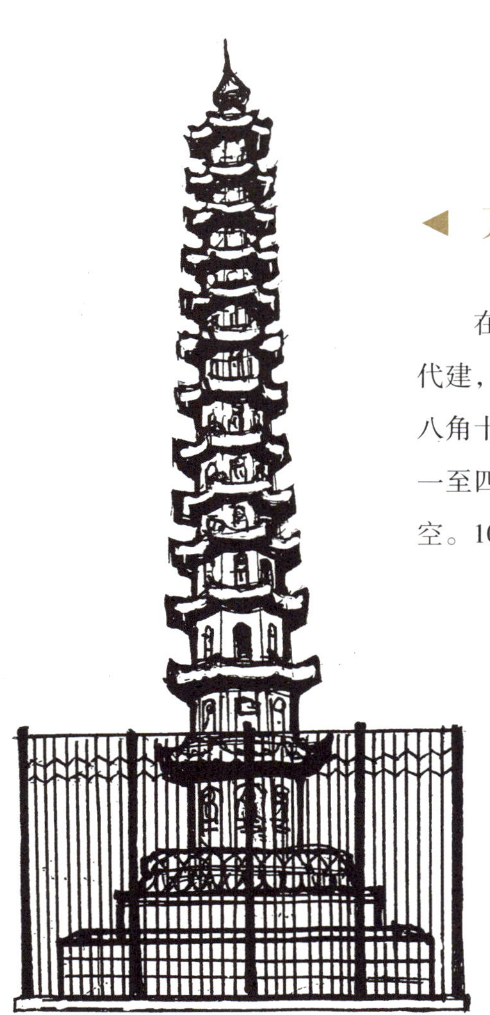

◀ 万寿塔

在罗源县凤山镇塔兜街。唐代建，明洪武九年（1376）重建。八角十三层楼阁式石塔。高13米。一至四层石砌，五层以上为整石镂空。10层以下各层浮雕佛像。

▲ 圣水寺塔群

在罗源县松山镇莲花山圣水寺内共5座。清代建。图为其中之一，六角四层仿楼阁式砖塔。

永泰县

▲ 联奎塔

在永泰县城峰镇汤洋村塔山公园。清道光十一年（1831）建，1986年重修。八角七层楼阁式石塔。高21米。塔门侧石雕文官。

▼ 麟瑞塔

在永泰县大洋镇麟阳村，又称麟阳阁。明嘉靖二十八年（1549）建。六角五层楼阁式木塔，高27米。

厦门市

思明区

▶ 埭头石塔

在厦门市思明区湖明路。明代于水屿上慈济宫旁建双塔，俗称凤屿石塔、筼筜古塔。1958年倒塌一座。存塔2003年重修。四角六层楼阁式石塔，高约7米。

▲ 四面佛塔

在厦门市思明区四仙街，阿育王石塔残件。高0.4米。

同安区

▲ 梵天寺西安桥塔

在厦门市同安区梵天寺。宋元祐八年（1093）于同安西门外建西安桥，桥头立四座镇水塔。1926年修公路一座被埋于路基。1957年，将一座及残件移入今址。阿育王式石塔，高4.68米。

▼ 梅山寺西安桥塔

在厦门市同安区五显镇梅山寺。宋元祐八年（1093）建于西安桥头，1986年迁今址。阿育王式石塔，高4.68米。

▶ 梵天寺石塔

在厦门市同安区梵天寺内门前两侧双塔。年代不详，宋代风格。阿育王式石塔。高约4米。

◀ 凤山文笔塔

在厦门市同安区九跃山（又名凤山）。又名文笔塔、魁星塔、岭头崎塔。六角五层楼阁式实心石塔。高14.25米。

▶ 土楼石塔

在厦门市同安区新民镇禾山村土楼里，俗称下土楼水尾宫塔、镇虎塔、魁星塔。宋代建。阿育王式石塔。通高8米多。

◀ 禾山石佛塔

在厦门市同安区新民镇禾山村石佛山上，又名豪山石佛塔。明永乐十一年（1413）建。基座为3米高四角空心石室，上立八角须弥座，环镌“皇明永乐诸佛法典”八字。塔身六棱鼓状，各面浮雕佛像。上部原为释迦牟尼坐像，现为八角攒尖顶。通高6.2米。

▶ 安乐村塔

在厦门市同安区莲花镇沃溪村麒麟山西麓。宋代建。四角四层楼阁式石塔，高6米。顶层“安乐村”匾传为朱熹题。

▲ 云埔无尾塔

在厦门市同安区莲花镇云浦村山坡。明代建。锥形石条砌塔，无刹。高约6米。

翔安区

▲ 姑井砖塔

在厦门市翔安区新圩镇村姑井村西。元明风格。原有八角五层楼阁式砖塔3座，一已毁，一半毁。一较完整，刹顶已毁，残高5.2米。

▼ 蔡厝石笔塔

在厦门市翔安区新店镇蔡厝南里。约建于清代。圆锥形石垒砌塔，被榕树包裹。高约11米。

▲ 蔡厝水尾宫塔

在厦门市翔安区新店镇蔡厝水尾宫外。清代建，1990年重修。六角三层鼓形相轮顶石塔，高约3米。

▼ 内厝镇莲前古塔

在厦门市翔安区内厝镇。年代无考，四角单层石塔残件。高约40厘米。现增加四角梯形塔座及塔顶相轮。

▼ 东界石塔

在厦门市翔安区新店镇东界村。明万历四十年（1612）建于海滨，1980年代迁今址。1921年、2003年重修。六角五层楼阁式实心石塔。高8.56米。五层置建塔年代匾，浮雕菩萨魁星像。

◀ 东村石塔

在厦门市翔安区新店镇东村同春宫外。从四层正面月光菩萨像推测宋代建。四角四层楼阁式石塔。残高1.42米。

◀ 董水石塔

在厦门市翔安区新店镇董水村南春堂前。明代风格。四角三层楼阁式石塔。残高1.72米。

泉州市

鲤城区

▲ 开元寺双塔

在泉州市鲤城区西街全国重点文物保护单位开元寺。八角五层楼阁式石塔。每面有两个浮雕造像。西塔仁寿塔，五代梁贞明二年（916）建木质无量寿塔，北宋改砖塔，政和四年（1114）改名仁寿塔，南宋绍定元年至嘉熙元年（1228—1237）改石塔，高44.06米。东塔镇国塔，唐咸通六年（865）建木塔，宋宝庆三年（1227）改砖塔，嘉熙二年至淳祐十年（1238—1250）改石塔，高48.24米。

▼ 开元寺多宝塔

在泉州市鲤城区开元寺内，共13座。东侧南端1座，北宋造，高约3米。中部8座，明代建，高约3米。北院置移自他寺塔2座，其一造于宋嘉定四年（1211），高约5米。

◀ 镇国塔浮雕多宝塔

在泉州市鲤城区开元寺镇国塔须弥座束腰上浮雕多宝塔。宋代雕刻。

◀ 开元寺阿育王式双塔

在泉州市鲤城区开元寺大雄宝殿前两侧分立。宋绍兴十五年（1145）建。阿育王式石塔，高5米。四角刻武僧与民间习武图案。

▼ 开元寺阿育王塔

在泉州市鲤城区开元寺内，宋代建。阿育王式石塔，塔顶蕉叶毁佚。高5米。

◀ 开元寺幢式塔

在泉州市鲤城区开元寺镇国塔附近园林假山上，他处迁来。年代不详，幢式石塔。高约6米。

▲ 开元寺半截塔

在泉州市鲤城区开元寺内。清咸丰四年（1854）建，鼓形石塔残件，高约半米。

▼ 承天寺多宝塔

在泉州市鲤城区南俊巷承天寺（又名月台寺）内，有11座宋元多宝塔，其中前门通道七座（左图），放生池侧二座塔（右图）。高约3米。

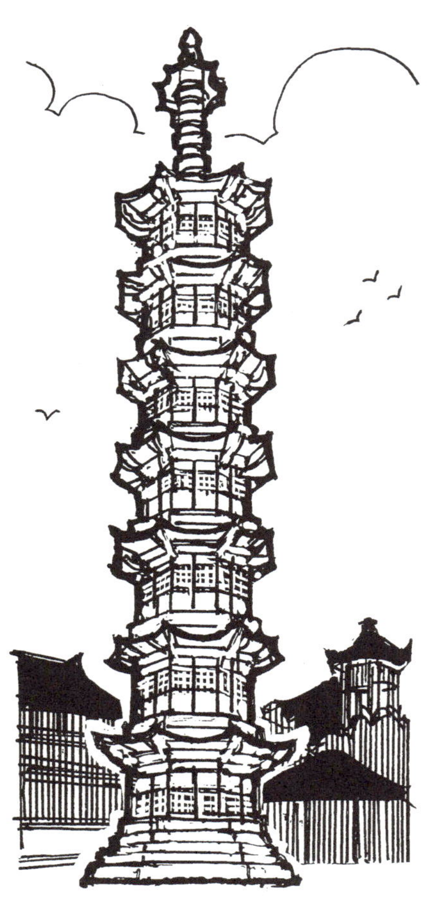

◀ 崇福寺应庚塔

在泉州市鲤城区崇福寺大殿侧院。全国重点文物保护单位。宋初建，八角七层楼阁式实心石塔。高10.9米。

▶ 定心塔

在泉州市鲤城区井亭巷，又名城心塔。明万历年间建，清乾隆十四年（1749）重修。八角五层楼阁式砖塔。高4.5米。

丰泽区

▼ 文兴渡石塔

在泉州市丰泽区文兴村文兴渡右侧。俗称四面观音塔。全国重点文物保护单位。南宋（一说元代）建。“文化大革命”中推倒，二十世纪初修复加塔刹。阿育王式石塔。上段各面菩萨像，下段各面有“佛法僧宝”四字。

▲ 弥陀岩石塔

在泉州市丰泽区清源山丰山弥陀岩石室前两侧双塔。建于元代。六角五层楼阁式实心石塔。高约3米。

◀ 开元寺祖师塔

在泉州市丰泽区北峰街道招丰社区。一字排列三塔，中塔为历代主持灵骨，左右为僧众灵骨。元至元年间建。1988年重修。须弥座正面刻“僧佛法”三字，鼓形六角檐顶石塔。高2.35米。

▶ 大圭墓塔

在泉州市丰泽区北峰街道招丰社区。大圭，元开元寺僧，至正二十二年（1362）圆寂。鼓形石塔，高1米余。

晋江市

▲ 瑞光塔

在晋江市安海镇安平桥头超然亭东北侧。俗称白塔。全国重点文物保护单位。南宋绍兴二十二年（1152）建，明万历三十四年（1606）重修易名文明塔。清代、2016年重修。六角五层楼阁式砖石塔。高20.55米。

▼ 安平桥阿育王塔

在晋江市安海镇安平桥两侧共两对四座。宋代建。阿育王式石塔，高4米。

▲ 安平桥石塔

在晋江市安海镇安平桥头庙前。宋代建。八角三层三檐灯式石塔。高约5米。

▼ 嘉惠塔

在晋江市卅五都潘湖欧厝。又称欧塔、潘湖塔。宋大观四年（1110）建，淳熙七年（1180）重建，清康熙三十一年（1692）、嘉庆四年（1799）重修。三层阿育王石塔。高约8米。

◀ 溜石塔

在晋江市江滨南路溜石山。又名江上塔。宋代建于泉州西门宁应宫，清咸同年间移今址，1988年重修。十一层实心石塔，三层以下六角，四层以上八角。高约12.6米。

▲ 星塔

在晋江市安海镇东北郊星塔村前安海成功中心小学，又称无尾塔。明崇祯二年（1629）建。四角五层楼阁式实心砖塔，16.6米。

▲ 永安宝塔

嵌于晋江市安海镇安海大巷清乾隆三十七年（1772）建5号老宅外壁。四角五层楼阁式石塔。塔身阴刻“佛永安宝塔”（图左）。高约3米。2011年，安海旧城改造，从废墟旧石拾遗嵌于新屋墙上一批石塔，宋代、清代雕造，平面四角或六角，五层或七层楼阁式塔。（图右）。

▶ 无尾塔

位于在晋江市金井镇溜江村，又称牛尾塔。明万历年间建。四角三层实心石塔。塔刹已圮。残高8.6米。石塔中间有近百年老榕，将塔紧紧包围住。

▲ **后榕塔**

在晋江市东石镇后湖村。明弘治十年（1497）建四角梯形石塔。现为一老榕盘罩，露出一“僧”字及建塔年期。塔顶为约1米高塔刹。

◀ **应台亭石塔**

在晋江市新塘街道沙塘村。宋代建，残塔复原。鼓形石塔，高约4米。

石狮市

▲ **六胜塔**

在石狮市蚶江镇石湖村金钗山，又名万寿塔，俗称石湖塔。全国重点文物保护单位。宋政和年间建，元至元二年（1336）重建，1984年重修。八角五层楼阁式石塔。高36.06米。各层浮雕金刚、佛16尊。

▼ **石湖水尾塔**

在石狮市蚶江镇石湖村。北宋正和年间建，明万历年间重修。八角三层楼阁式石塔，通高3.5米。1975年重修加置塔顶。

◀ **关锁塔**

在石狮市宝盖镇宝盖山顶，俗称姑嫂塔，又名万寿塔。全国重点文物保护单位。宋绍兴年间建。1982年重修。八角楼阁式石塔，外观5层，实为4层，高22.86米。二层悬“万寿宝耇”匾。塔盖翘脊雕坐佛8尊。三层塔内佛龛雕立佛3尊。门亭存清乾隆四十三年（1778）维修碑记。

▶ 鸿山星塔

在石狮市鸿山镇伍堡湾，又名镇海塔、伍堡塔。元代建。清嘉庆十三年（1808）重修。圆形三层石塔。高8.8米。

◀ 红塔湾祈风塔

在石狮市永宁镇红塔湾浴场沙堤村海滩。因夕照中呈红色故称红塔。年代无考。四角四层楼阁式石塔，高约7米。第二层空心，其他各层为实心。

◀ 海心岛老石塔

在石狮市蚶江镇蚶江海湾海岸和跨海大桥间孤岛上。四角石塔。顶部四面雕佛像。

▲ 蚶江湾万安塔

在石狮市蚶江镇湾边。年代未详。八角三层楼阁式实心石塔。高十余米。

◀ 虎屿寺飞来双塔

在石狮市永宁镇塔石村宝盖山虎屿寺大殿前。明嘉靖年间建，清道光二十五年（1845）重修。鼓形实心石塔。高约2米。

▶ 塘园塔

在石狮市灵秀镇塘园村北。宋代建，2010年平移重修。阿育王式石塔。高3.76米。

南安市

◄ 诗山塔

在南安县诗山镇山二村，南宋宝祐四年（1256）建，1985年重修。阿育王式石塔。高6.5米。

► 永济宝塔

在南安县罗东镇小罗溪桥头双塔，俗名罗溪塔。明天启五年（1625）建。八角五层实心石塔，高7米。

▼ 霞美树包塔

在南安县霞美镇张坑村。民国初年条石砌塔，高3米。桂花榕裹抱。

▲ 聚凤塔

在南安县向阳乡杏田村。清乾隆五十一年（1786）建。六角三层楼阁式实心石塔，高6.7米。

► 五塔岩石塔

在南安县官桥镇竹口村龙水山五塔岩寺前，共5座。全国重点文物保护单位。宋代建。多宝塔式石塔，高约6米。

▼ 佛岩塔

在南安县丰州九日山西台无等岩顶大石上，唐高僧无等禅师纪念塔。二层幢式六角塔檐石塔，高约2.5米。塔身圆鼓阴刻“佛岩塔”3字。

▲ 一片岩石塔

在南安县官桥镇山林村五峰山一片寺前，宋代建。八角五层楼阁式石塔。高约3米。

◀ 牛尾塔

在南安县英都镇英东村牛山。宋代建石塔，通高8.31米。基座一、二层四角；三层圆筒形。塔身四角三层，各层浮雕佛像。

惠安县

▼ 洛阳桥北双石塔

在惠安县全国重点文物保护单位洛阳桥（又称万安桥）桥北端。桥、塔建成于宋嘉祐五年（1060）。八角五层楼阁式石塔。高约5米。

▲ 洛阳桥月光菩萨塔

在惠安县洛阳桥中。北宋嘉祐四年（1059）建。八角五层楼阁式实心石塔。高5.3米。西面雕月光菩萨头像，并刻有“月光菩萨”字样。

▲ 洛阳桥经幢式塔与文笔塔

在惠安县洛阳桥头。镇风塔，圆锥形石塔，清代建，3.5米高。陀罗尼经幢式石塔，宋代建，高5米。

▼ 洛阳桥南双石塔

在惠安县洛阳桥头。宋代建。八角五层楼阁式石塔和幢式五轮石塔。高5.3米。

► 洛阳桥阿育王塔

在惠安县洛阳桥头。宋代建。阿育王石塔，残高约2米。

▲ 浮山塔

在惠安县张坂镇浮山岛荷石村，1985年发现于教堂废址，共5座。两座建于元大德七年（1303），多宝塔式石塔，高3米。三座建于大德八年（1304），四角楼阁式石塔，残存二层，高2.17米。

▼ 文笔峰

在惠安县涂寨镇，明洪武年间建。椭圆形实心石塔，高约8米。

▼ 平山寺塔

在惠安县螺城镇北郊小坪山平山寺北侧，元元统三年（1335）建。八角六层楼阁式石塔，高7.2米。第四层刻梵文八字，余各层塔身各面雕佛像（图左）。另有元建多宝塔式小石塔（右图）。

▲ 吉贝东塔

在惠安县洛阳镇上浦村吉贝村。南宋建。石基座上两层石塔，高7米。下层实心八角，上层空心鼓形。

► 圭峰塔

在惠安县后龙乡诚平村塔仔澳山上。元代建，清嘉庆三年（1798）重建。四角三层楼阁式石塔。高约6米。塔室石壁浮雕菩萨像。门联“作东南巨镇，起海国文明”。

永春县

▼ 蓬莱双塔

在永春县湖洋乡蓬莱村水尾。建于清康熙三十五年（1696），1984年重修。五层石构多宝塔。高约8米。

▲ 魁星岩墓塔

在永春县魁星岩寺外。建于明嘉靖十五年（1536）。钟形石塔。高约2米。

◄ 佛力塔

在永春县湖洋乡桃美村白溪白溪水尾。时代不详。六角七层仿楼阁式实心石塔。第六层刻“佛力塔”三字。

安溪县

▼ 阆苑岩古塔

在安溪县城厢乡同美村新岩山。开山祖师灵骨塔。唐建。六角基座钟形石塔，高约3米。

▲ 雁塔

在安溪县城东南溪滨沙滩。明万历二十三年（1595）建。六角五层楼阁式实心石塔。高约21米。二至四层有题刻“碧溪耸秀”“雁塔”“千云障澜”。

► 狮子岩参大师塔

在安溪县碧翠山湖上乡飞亚村四子峰。宋代建。六角基座钟形石塔。高近3米。

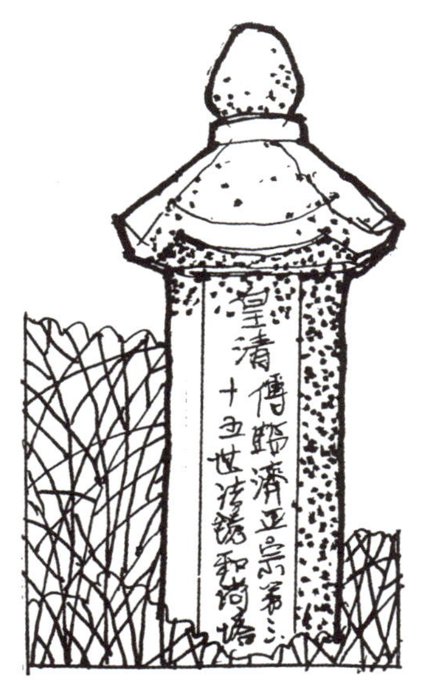

◀ 进宝双塔

在安溪县龙涓乡举溪村。清乾隆二十五年（1760）建，三十二年（1767）重修。五层石塔。鼓形石及八角檐石迭砌。高十余米。

▲ 法镜和尚塔

在安溪县桃舟乡吾岩寺址。清康熙年间建。法镜和尚墓塔。六角单层幢式石塔。高1米余。

▶ 绝音坛石塔

在安溪县蓬莱山清水岩风景区。又名石柜坛。南宋延祐四年（1317）建。坛高3.3米，上有小石塔高2.2米。

▶ 真空塔

在安溪县蓬莱山清水岩风景区。传为祖师墓塔。南宋嘉定四年（1211）取名真空塔。鼓形石塔。高约3米。

德化县

◀ 文峰塔

在德化县盖德乡凤山村，建于元至正十五年（1355）。四角三层实心石塔，高5.5米。

▶ 鹏都塔

在德化县浔中镇鹏都公园。又称泗高塔。清嘉庆年间建。六角五层楼阁式实心石塔。高14米。

▶ 塔兜石塔

在德化县南埕乡塔兜村，传宋代建。六角二层石塔。底层有“宝”字。高2.52米。

金门县

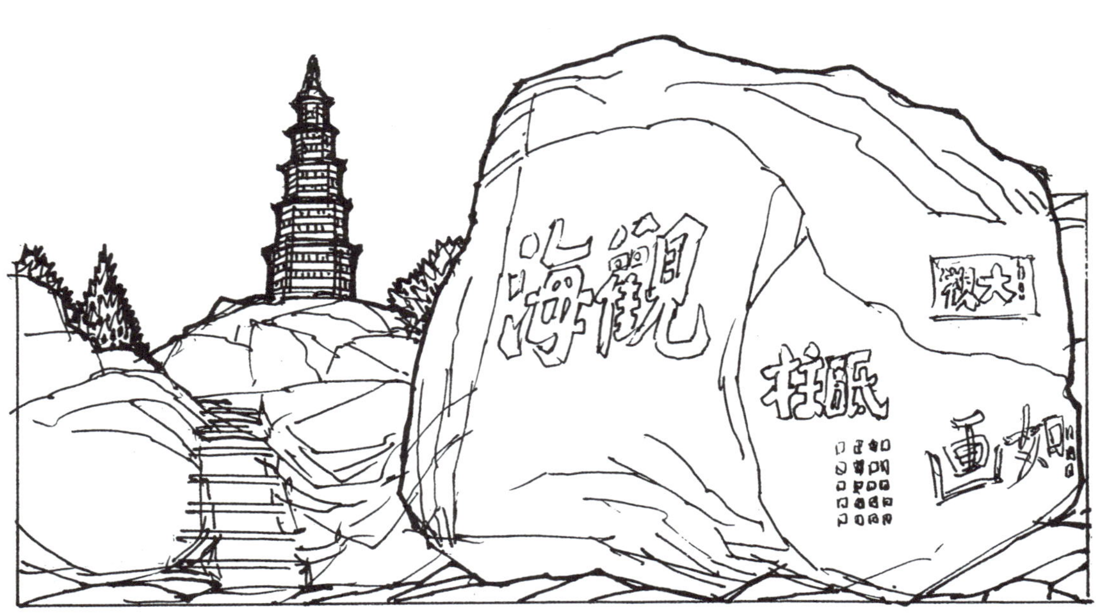

◀ 文台宝塔

在金门县金城镇古城村南磐山啸卧亭北侧。建于明洪武二十年（1387）。六角五层楼阁式实心石塔。塔下盘石有明人及张大千墨迹。高约10米。

▶ 古宁头水尾塔

在金门县金宁乡北山古宁头村。清乾隆三十二年（1767）建。1983年升高基座。四角三层实心石塔，第三层四面刻“佛法僧宝”四字。

莆田市

城厢区

◀ 释迦文佛塔

在莆田市城厢区广化寺东侧。亦称广化寺石塔。全国重点文物保护单位。隋开皇十三年（593）建，重建于南宋乾道元年（1165）。八角五层楼阁式石塔。高约28米。

▲ 广化寺阿育王塔

在莆田市广化寺大殿前立有两座阿育王式石塔。日光菩萨塔（左）和月光菩萨塔（右）。宋代建。高约3米。

▼ 石室岩古塔

在莆田市城厢区龙桥街道下磨村大象山石室岩。明代建。四角七层楼阁式砖塔，木构件已毁。残高约25米。

荔城区

▲ 报恩寺塔

在莆田市荔城区镇海街道东岩山报恩寺，又称东岩山石塔。全国重点文物保护单位。北宋淳化元年（990）建。八角三层楼阁式石塔，高约13米。

▼ 塔仔塔

在莆田市荔城区北高镇汀江村赤屿，沿海航标塔。明万历十三年（1585）建。四角五层楼阁式石塔。高16米。

涵江区

▲ 永兴岩海会塔

在莆田市涵江区大洋乡院埔村永兴岩石窟寺右侧。元至顺元年（1330）建。钟形石塔。高约1米。

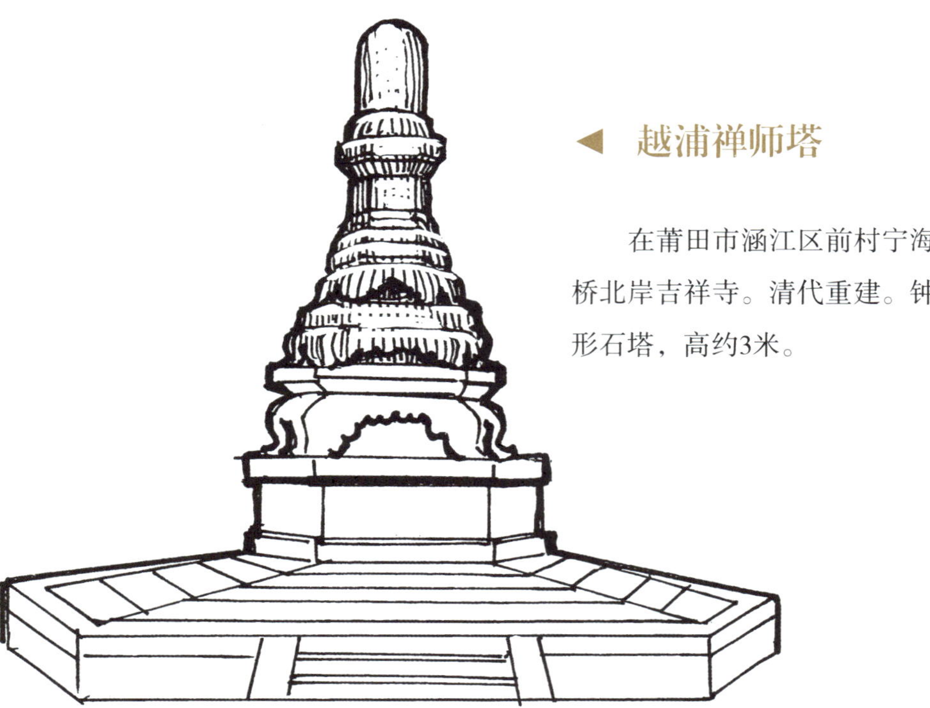

◄ 越浦禅师塔

在莆田市涵江区前村宁海桥北岸吉祥寺。清代重建。钟形石塔，高约3米。

▼ 塔桥石塔

在莆田市涵江区白塘湖塔桥桥头，北宋风格。四角单层石塔。高1.85米。

秀屿区

► 东吴石塔

在莆田市秀屿区东埔镇梯吴村。明万历四十六年（1618）建。八角七层楼阁式石塔。高30米。底层门侧石刻武士。

仙游县

▲ 龙华双塔

在仙游县龙华镇灯塔村万寿禅寺前两侧。全国重点文物保护单位。北宋大观年间建。清康熙五十八年（1719）重修。八角五层楼阁式石塔。高30余米。

▼ 无尘塔

在仙游县凤山乡凤顶村。全国重点文物保护单位。创建于唐咸通六年（865）。宋崇宁间赐无尘塔名。八角三层楼阁式石塔。高14.22米。

► 九座寺双石塔

在仙游县凤山乡九座寺大雄宝殿前两侧。北宋建。幢式石塔，高约4米。

◄ 九座寺海会塔

在仙游县凤山乡九座寺。宋代建。钟形石塔。高5.9米。

► 九座寺石塔

在仙游县凤山乡九座寺。未详年代。圆形单层石塔。高1米余。

▲ 九座寺无名塔

在九座寺。近年发现。宋代建。钟形石塔。高2米。

▲ 天中万寿塔

在仙游县枫亭镇塔斗山上，俗称塔斗塔，亦称青螺塔。全国重点文物保护单位。宋嘉祐四年（1059）建。阿育王式石塔。高7.4米。

◀ 枫亭石塔

在仙游县枫亭街。元代建。阿育王式石塔。高4米。

▼ 雁塔

在仙游县鲤城镇县体育场旁。明万历八年（1580）建。六角七层楼阁式实心石塔。二层刻“雁塔”。

▲ 莱溪岩僧墓塔

在仙游县莱溪岩风景区。唐代建。五层石塔，下部椭圆形，上部四角，锥形塔刹。高约6米。

▲ 莱溪岩舍利塔

在仙游县莱溪景区。宋代建。四角钟形石塔。高3米。

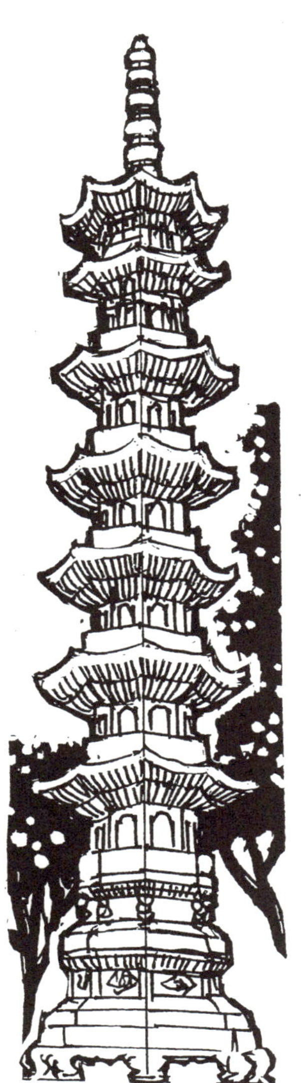

◀ 出米岩石塔

在仙游县榜头镇新郑村大柿山（又名古重山、古重岩）出米岩寺。元代建，八角七层楼阁式实心石塔。高6.5米。

▶ 望夫塔

在仙游县榜头镇南溪村塔山。传建于宋代。八角五层楼阁式石塔。高15米。

▼ 龙纪寺白莲塔

在仙游县钟山镇九鲤湖风景区。南宋乾道五年（1169）建。六角基座。双层多宝塔式实心石塔。高近5米。

▶ 东山寺塔

在仙游县城南玉塔村石鼓山。明代建，1985年重修。八角七层楼阁式实心石塔。高12米。

◀ 槐塔

在仙游县榜头镇昆仑村前埔厝后山坡。明崇祯四年（1631）建，1930年、1986年重修。八角三层楼阁式石塔，高20米。

将乐县

◀ 古佛堂塔

在将乐县古镛镇和平村莒峡山古佛堂。明代建。六角七层楼阁式砖石塔。高约20米。

三明市

▶ 八鹭塔

在三明市三元区中村松阳乡，明天启元年（1621）建。建成时8只白鹭绕塔而翔故名。六角七层楼阁式实心塔。高12.6米。

永安市

▲ 安砂双塔

在永安市安砂镇九龙溪两岸山顶。东为步云塔，西名仰世塔。明崇祯七年（1634）建，清乾隆十年（1745）重修。八角七层楼阁式砖木塔。

▼ 永安双塔

在永安市城关，明代建八角七层楼阁式石塔。均在明嘉靖、清康熙、1981年、1986年重修。南塔登云塔，在燕南街道岭南山上。明弘治十八年（1505）建成。高28米。北塔凌霄塔，在燕北街道燕江左岸山头。明嘉靖年间建。高32米。

大田县

▶ 文昌阁木塔

在大田县大田一中校园。明嘉靖十五年（1536）建。清康熙六年（1667）移建凤凰山南麓明伦堂前泮池东南隅。清乾隆二十二年（1757）重修。1984年迁今址。六角三层亭阁式砖木塔，高十余米。

沙县

▶ 罗邦塔

在沙县罗邦镇。清康熙三十五年（1696）建，乾隆十九年（1754）重修。六角七层石塔。残高约7米。

▲ 豸角塔

在沙县豸角山，又称背后塔。清雍正七年（1729）建，乾隆十五年（1750）重修。圆锥体石塔，高约7.5米。

尤溪县

▶ 福星塔

在尤溪县城关东门外。1938年建成。八角七层楼阁式钢筋混凝土砖木结构，高25.3米。

清流县

▲ 海会塔

在清流县温郊乡梧地村。建于清乾隆十一年（1746）。六角五层楼阁式砖塔。高15米，由二层进塔。

泰宁县

▲ 青云塔

在泰宁县朱口镇水口白云峰，明崇祯五年（1632）建。八角七层楼阁式砖石塔。高约21米。

▼ 舍利岩骨灰塔

在泰宁县朱口镇宝盖岩西侧舍利岩第二层台面上。清康熙年间和尚塔十余座，四角亭阁式赤石板墓塔。高1.78米至2.6米。

漳州市

芗城区

▲ 南山寺石塔

在漳州市芗城区南山寺大雄宝殿前和天王殿前东西侧共四座。大雄宝殿前双塔是20世纪70年代末由净众寺迁置于此。五代南唐保大十一年（953）建。多宝塔式石塔。高约4米。

诏安县

▼ 祥麟塔

在诏安县梅岭乡腊洲山（麒麟山），又称腊洲塔。清嘉庆四年（1799）建，1985年重修。八角七层楼阁式石塔。高24.5米。

▲ 金马台塔

在诏安县秀篆镇河美村。俗称河口塔。清乾隆八年（1743）建。四角五层楼阁式石塔，高21米。

◀ 金环塔

在诏安县霞葛镇坑河村楼下村。建于清乾隆二年（1737）。八角五层楼阁式石塔，残存三层，高14米。塔顶长有百年榕树。

漳浦县

▶ 聚佛宝塔

在漳浦县湖西镇畲族乡赵家堡外。明万历年间建。四角七层实心石塔，高5.95米。二至六层四面设佛龛，七层刻“聚佛宝塔”。

云霄县

▲ 石矶塔

在云霄县漳江入海处礁上。清康熙九年（1670）建，嘉庆十九年（1814）重建。七层八角形楼阁式石塔，24.81米高。二层门额“斯文永昌”。塔右石崖壁刻“健笔凌空”。

长泰县

▲ 山重水尾塔

在长泰县陈巷镇山重村社口。宋末建，六层以上清代修葺。圆形七层台阶式鹅卵石垒砌塔，高8.45米。塔顶1.2米高八角石柱和圆帽塔刹。

▼ 真应岩塔

在长泰县古农农场白石作业区岩前村应真岩寺。明代建，阿育王式石塔。高2.85米。

平和县

◀ 曹岩寺四面佛塔

在平和县文峰镇前埔村。唐代建，单层石塔，相轮结刹，高1米余。

东山县

▶ 塔屿石塔

在东山县铜陵镇东门屿最高峰。明嘉靖五年（1526）建。八角七层楼阁式实心石塔。高十余米。

南靖县

◀ 文昌塔

在南靖县靖城镇湖林村。又称金山砖塔。明万历四十七年（1619）建，清代两次重修。八角六层楼阁式砖塔。高21.9米。塔内外现存明清三碑记。

◀ 道源亭塔

在南靖县尚寨村宝珠岩山。明洪武元年（1368）建木塔，清乾隆间改石构。六角三层亭阁式石塔。高12.32米。

▶ 四面佛石塔

南靖县石塔两座。宋代造，四角单层石塔。一在靖城镇廊前村正峰寺附近，移至正峰寺修复保存。宋代建。高1米余。一在林坂村，移至和溪镇溪坝社、十八社万善堂（俗称万善庵）。南宋建。高1.08米。

龙海市

▶ 韩厝石塔

在龙海市榜山镇颜厝村，亦称颜厝经幢，俗称尚书塔、塔兜。宋代建。阿育王式石塔，高4米。

南平市

延平区

▼ 南平双塔

在南平市延平区建溪与西溪合汇处两岸。明万历三十三年（1605）建。八角七层楼阁式石塔。西塔在水东鲤鱼山，高21米。东塔在水西九峰山公园九龙岩，高27米。

◀ 樟湖万寿塔

在南平市延平区樟湖镇下坂小山上。明代建。八角七层楼阁式石塔。高16.3米。

◀ 大洋文明塔

在南平市延平区茫荡镇大洋村。清同治年间建。六角四层石砌惜字塔。高2.7米。

建阳区

▶ 水南多宝塔

在南平市建阳区水南镇鲤鱼山。建于明万历三十年（1602）。清康熙二十三年（1684）毁于火。1986年重修。八角七层楼阁式石砖木塔。高26.8米。

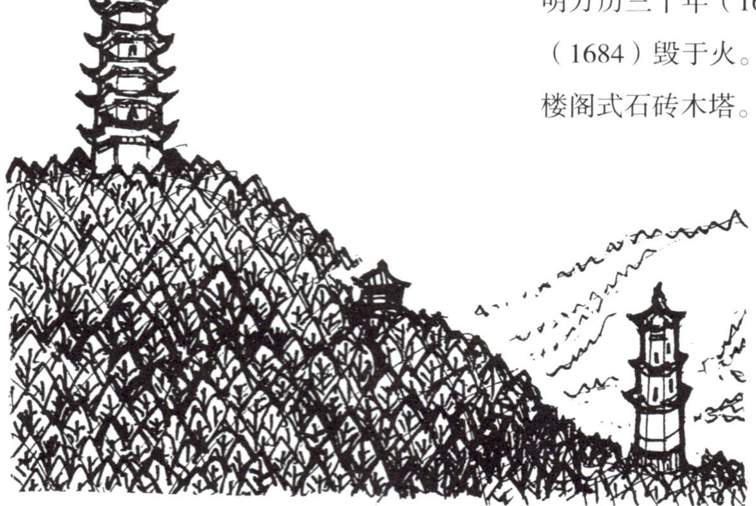

▲ 水吉双塔

在南平市建阳区乌火山，相距数十米。普照塔，建于明万历三十年（1602），1991年重修。六角七层楼阁式砖石塔，16.24米高。联升塔，明万历四十七年（1619）建，1991年重修。六角三层楼阁式砖木塔。高12.57米。

◀ 崇化白塔

在南平市建阳区书坊乡书坊村覆船山。清乾隆九年（1744）建，2009年重修。六角五层楼阁式砖塔。高15米。

邵武市

◀ 聚奎塔

在邵武市和平镇天符山。亦称奎光塔。明末建。六角五层砖木石塔。高20余米。袁崇焕题额。

▶ 灵杰塔

在邵武市北歧山羊角峰，又名歧灵塔，俗称泽塘宝塔。建于明万历四十年（1612）。1987年重修。六角七层楼阁式砖塔，高21.4米。

武夷山市

▼ 岚峰塔

在武夷山市岚谷乡岚谷村。清光绪二十五年（1899）建。六角七层楼阁式砖塔，高13米。

顺昌县

▲ 龙山塔

在顺昌县双溪镇东龙山顶。建于清康熙十二年（1673）。八角七层楼阁式实心石塔。高16.26米。

▼ 虎山塔

在顺昌县际会乡谢屯村虎山。清光绪元年（1875）建。六角七层楼阁式实心砖塔，高约12.5米。“文化大革命”中塔基被炸毁一角。

▼ 白龙寺石塔

在顺昌县县城白龙泉山。也称白龙泉古塔。南宋建。八角八层楼阁式实心砖塔，高约8米。

政和县

▲ 乾清坤宁石塔

在政和县城西佛字山。明正统四年（1439）建。六角七层楼阁式实心石塔。高约8米。

松溪县

◀ 松溪奎光塔

在松溪县城西门虎头山。南宋咸淳年间建，清道光五年（1825）重建。1983年重修。六角七层楼阁式石塔。高23米。

▼ 松溪回龙塔

在松溪县溪东乡柯田村。清乾隆年间建。1983年重修。六角七层楼阁式石塔。高6.8米。

龙岩市

新罗区

▼ 擎天塔

在龙岩市新罗区中山公园西侧。1927年建，1949年后5次重修。六角七层楼阁式砖木塔。高25米。

▼ 挺秀塔

在龙岩市新罗区城关东门龙川、丰溪二流汇合处。又称水门塔。始建于明万历九年（1581），崇祯年间重建，清乾隆四十年（1775）增高。1984年重修。塔基呈船形，八角七层楼阁式砖石塔。高约15米。

◀ 悠远村天后宫

在龙岩市新罗区红坊镇悠远村龙星村。明嘉靖年间建，清道光二十五年（1845）改建今址。六角三层楼阁式砖木塔，高15米。二层门匾“关帝殿”。

◀ 文明塔

在龙岩市新罗区适中镇仁和村荒塘坪山巅，又称长塔或白叶塔。南宋建，八角九层楼阁式塔，七层以下为夯土，上两层为明重修砖砌，高23.26米。石额“文明塔”朱熹书。

▲ 步云塔

在龙岩市新罗区雁石镇大吉村象形山，又名象形塔、文峰塔。清代建，2018年重修。六角七层楼阁式砖木塔，高15米。

永定区

► 西陂天后宫

在龙岩市永定区西陂天后宫。又称状元塔。清康熙元年（1662）建。全国重点文物保护单位。七层楼阁式塔，下三层四角砖木结构，上四层八角纯木结构。高40余米。

◀ 镇江塔

在龙岩市永定区龙仙镇大溪乡联和村。清康熙五十六年（1717）建。三层泥土夯筑。高18米。

► 东华山塔

在龙岩市永定区抚市镇东安村东华山寺后山，称鲤鱼浮塔，清嘉庆四年（1799）建。六角四层楼阁式砖木塔，高15米。

上杭县

▶ 蛟洋文昌阁

在上杭县蛟洋乡，清乾隆六年（1741）建。八角六层（内四层）楼阁式砖木塔，高26.9米。

◀ 三元塔

在上杭县中都镇上都村三元岭。又名周公塔。明天启七年（1627）建。八角七层楼阁式砖木塔，高26米。

▲ 凌霄阁

在上杭县太拔镇院田村。清康熙年间建，2007年重修。八角七层楼阁式土木塔。高十余米。

▲ 中都云霄阁

在上杭县中都镇田背村。明嘉靖年间建，明万历十年（1582）重修。八角七层楼阁式土木塔，高20多米。第一、二层为生土建筑，三层开始为圆柱顶立，木板为屏。底层前堂夫人宫，后堂仙师殿；第二至七层为观音殿、玄天帝殿、北帝祖师殿、天后圣母殿、魁星点斗殿、钟鼓。

◀ 耸魁塔

在上杭县下都乡豪猪窝山顶。清嘉庆十五年（1810）建。八角五层楼阁式夯土塔。高17米。

▶ 罗登塔

在上杭县临城镇上登村上圆山。明洪武年间始建，清代重建。五层楼阁式土木结构塔，下两层平面四角，上三层为八角。高16米。首层门额“回龙阁”。

▼ 香林塔

在上杭县临城镇白玉村上圆山。明崇祯五年（1632）建。六角单层亭阁式石塔，塔内有香林大师舍利小塔。

武平县

▲ 相公塔

在武平县中山镇新城村太平岭。明嘉靖三十年（1551）建。八角七层楼阁式砖塔。高14.7米。

漳平市

▼ 毓秀塔

在漳平市永福镇南田村。清乾隆四十三年（1778）建。八角七层楼阁式砖塔，高20米。

◀ 北屏山塔

在漳平市永福镇李庄村。清乾嘉庆年间建。六角三层楼阁式砖塔，高13米。

► 双洋麟山白塔

在漳平市双洋镇麒麟山祝圣寺大雄宝殿后，又名圆觉塔、白塔。明万历年间建，清康熙十八年（1679）重建，光绪元年（1875）重修。八角七层楼阁式砖塔，高22米。

宁德市

蕉城区

◄ 同圣寺佛塔

在宁德市蕉城区七都镇马坂村。五代晋天福七年（942）建，1993年重修。八角九层楼阁式实心石塔，高7.55米。2002年被盗，残存三层。

▲ 天王寺三佛塔

在宁德市蕉城区碧山天王寺山门前。1920年代建。八角七层楼阁式石塔，高约5米。

▼ 报恩寺石佛塔

在宁德市蕉城区支提山报恩寺。宋代建双塔。八角六层楼阁式实心石塔。高约2.8米。

▼ **文昌阁**

在宁德市蕉城区霍童镇街尾。清康熙三十七年（1698）建，乾隆二十一年（1755）、嘉庆二十二年（1817）、1986年、1999年重修。八角二层楼阁式木塔，前后有门楼、后殿。高13.5米。阁内存唐代石碣“霍童洞天”。

▲ **报恩寺塔**

在宁德市蕉城区报恩寺。清代建。六角七层楼阁式实心砖塔。高约20米。

霞浦县

◄ **虎镇塔**

在霞浦县松城镇龙首山荫峰寺前。明重建，清康熙、雍正、乾隆三次重修。八角七层楼阁式实心石塔。高12米。

► **飞路塔**

在霞浦县盐田畲族乡北洋村，嵌于泗洲佛亭内。明洪武六年（1374）建。四角单层造像塔。高0.9米。塔龛楹联刻“清净光明，大力智慧”明教教义。

► **云峰石塔**

在霞浦县下浒镇王家同村云峰寺外山腰两座。一座建于明代（一说无考）。八角七层楼阁式实心石塔。高7米（图左）。一座建于清乾隆二十六年（1761），六角四层幢式石塔。高3米（图右）。

古田县

▼ 吉祥塔

原在古田县旧城吉祥寺前，1958年迁建新城松台狮公山。北宋太平兴国四年（979）建，元、明、1935年重修。八角九层楼阁式实心石塔。高25米。

▲ 幽岩寺塔

在古田县鹤塘镇幽岩村幽岩寺前。原有东西塔，现存东塔。北宋建，南宋嘉泰四至六年（1204—1206）重建。八角九层楼阁式实心石塔。高13.5米。

屏南县

▲ 瑞光塔

在屏南县双溪镇钟岭山。又名文笔塔。清光绪二十三年（1897）建成。1983年重修。七层八角楼阁式石塔，高14.3米。

柘荣县

▼ 泗洲文佛塔

在柘荣县东源乡东源村全国重点文物保护单位水浒桥北端。元代建。阿育王式石塔。高2.85米。

福安市

◀ 凌霄塔

在福安市城南江家渡村旗顶山。俗称江家渡塔。明崇祯二年（1629）建，2008年重修。八角七层楼阁式石塔。高二十余米。

▶ 倪下石塔

在福安市甘棠镇倪下村。建于北宋熙宁六年（1073）。2017年重修。八角九层楼阁式石塔。高7.2米。

福鼎市

◀ 昭明寺塔

在福鼎市城西鳌峰山，传南梁大通元年（527）昭明太子萧统始建。明嘉靖十三年（1534）重建。1981年重修。六角七层楼阁式砖塔。高25.6米。

▶ 三福寺双塔

在福鼎市白琳镇柘里村。明永乐年间建，1986年重修。六角七层楼阁式砖塔，高8米。塔身由36种砖砌成。

► 太姥山楞迦宝塔

在福鼎市太姥山镇国兴寺左侧小山上。唐乾符六年（879）建，宋代倒塌，1986年取原石修复。八角七层仿楼阁式实心石塔。高8.5米。

▲ 清溪寺双塔

在福鼎市店下镇三佛塔村清溪寺大雄宝殿前。明景泰四年（1453）建，六角七层楼阁式实心石塔。高4.32米。

◄ 太姥山舍利塔

在福鼎市太姥山镇一片瓦鸿雪洞口。唐代建。民国期间在塔外加盖石屋。舍利塔正面刻“尧封太姥娘娘舍利塔”，唐玄宗赐题。六角单层幢式石塔，高1.95米。

▲ 金峰寺塔林

在福鼎市太姥山镇叠石山金峰寺外。唐代建，鼓形六角檐石塔4座，高约1米。

中国古塔全谱

江西省

图谱

南昌市

西湖区

▶ 绳金塔

在南昌市西湖区绳金塔街。唐天祐年间建，相传建塔掘地得金绳四匝、金瓶盛舍利子三百粒得名。明洪武元年（1368）、清康熙五十二年（1713）重建，清多次重修。1985年、2014年重修。八角七层楼阁式砖塔，50.86米高。

湾里区

▲ 尼姑山塔群

在南昌市湾里区招贤镇卫东村忠庄村尼姑山，9座墓冢（法然老师太墓、一灯师太墓、立云老和尚墓、广达高僧墓、道镜坚公和智修融公合墓、龄贤祯公禅师墓、正济宗第三十四世住持墓、无碑住持墓、口家先师墓）组成。清康熙三十三年（1694）至道光六年（1826）间下葬。六角二层幢式石塔，高1米余。

新建区

▲ 石墓塔

在南昌市新建区西山镇石陵村英山熊家后山，明代建夫妻合葬墓。呈圆宝塔形，通高2.2米。

南昌县

▶ 蜚英塔

在南昌县麻丘乡宝塔村。明天启元年（1621）建。1982年、1886年重修。六角七层楼阁式砖塔，红砂石砌面。高约30米。

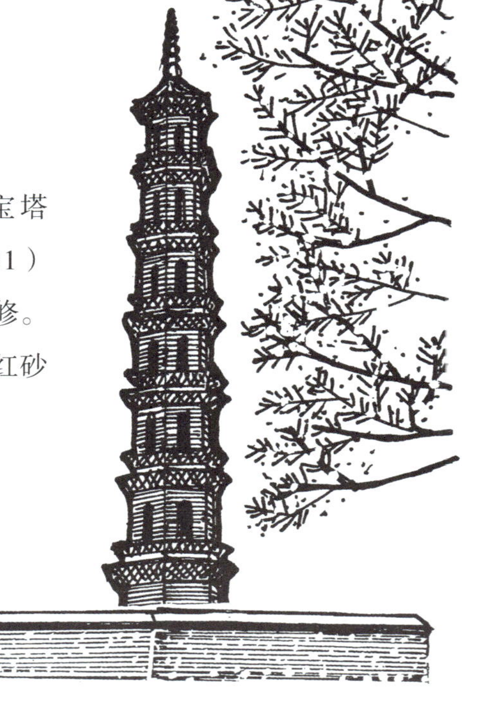

进贤县

◄ 普陀佛塔

在南昌县冈上镇兴农村。明代建。八角七层楼阁式实心石塔。高5米。

► 珠子塔

在进贤县赵埠乡藕塘塔下村。元泰定二年（1325）建。六棱三层楼阁式石塔，高1.7米。

安义县

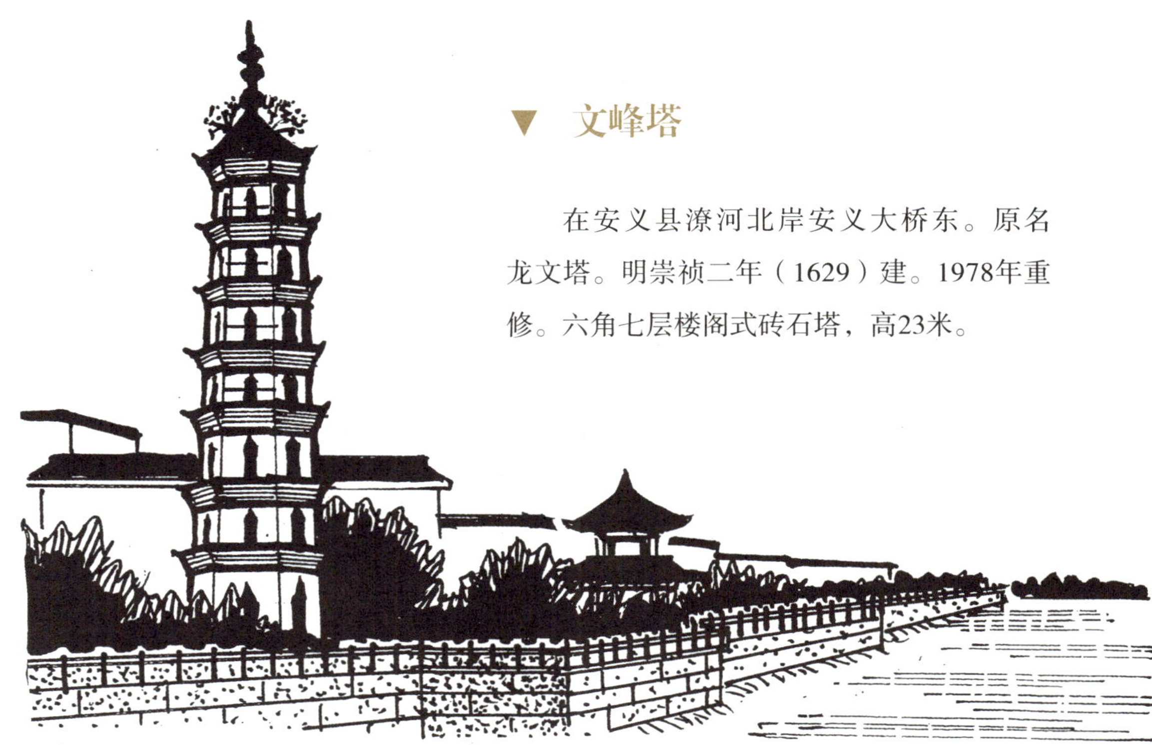

▼ 文峰塔

在安义县潦河北岸安义大桥东。原名龙文塔。明崇祯二年（1629）建。1978年重修。六角七层楼阁式砖石塔，高23米。

◄ 京台砖塔

在安义县石鼻镇京台村。1948年建，六角七层楼阁式砖塔。16.6米高。

► 仙游谷惜字塔

在安义县石鼻镇梅岭西山峡谷。清同治十三年（1874）建。六角三层砖塔。高3米多。

赣州市

章贡区

▲ 玉虹塔

在赣州章贡区赣江西岸十八滩入口。明万历年间建。塔下旧有玉虹桥得名，俗称白塔。六角九层楼阁式砖塔。高30米。1992年在地宫出土重76.5公斤铁元宝，铭铸“双流砥柱”。

◀ 慈云塔

在赣州市章贡区厚德路厚德小学，又称大兴善寺塔。全国重点保护文物保护单位。北宋天禧元年（1017）建。六角九层穿壁绕平座式楼阁式砖塔。高约40米。

▲ 通天岩普同塔

在赣州市章贡区通天岩风景区翠微岩。1929年建。四角三檐亭阁式石塔。高4.5米。

► 龙凤塔

在赣州市章贡区沙河山。清乾隆年间建。1978年重修。六角七层楼阁式砖塔。高22米。

赣县区

◀ 大宝光塔

在赣州市赣县区田村镇宝华寺大觉殿。唐长庆四年（824）建，会昌年间毁。咸通五年（864）、宋元丰年间两度重建。四角亭阁式石塔。高4.6米。

石城县

▶ 宝福院塔

在石城县城宝福院后。全国重点文物保护单位。北宋大观四年（1110）建。八角七层穿壁绕平座式楼阁式砖塔。高59.79米。

安远县

▶ 湖心塔

在宁都县田埠乡东龙村西山。又称东龙塔、文峰塔，明嘉靖年间建，清雍正五年（1727）重建。六角七层楼阁式砖塔，高22米。

▼ 水口塔

在宁都县城，又称宁都塔。建于明万历二十年（1592），清乾隆四十三年（1778）重修。八角七层楼阁式砖塔，高39米。

宁都县

▶ 步青塔

在宁都县赖村镇莲子村。清雍正七年（1729）建。六角九层楼阁式砖塔。高34.5米。

▼ **无为塔**

在安远县城西门外，又称大兴善寺塔。全国重点文物保护单位。北宋绍圣四年（1097）建。六角九层穿壁绕平座楼阁式砖塔，高61.3米。

寻乌县

▲ **培风塔**

在寻乌县赖村镇莲子村石川坝山顶。清康熙四十一年（1702）建六角九层楼阁式砖塔，嘉庆三年（1798）因雷击重修成七层。残高22米。

兴国县

▲ **朱华塔**

在兴国县横石十村，又名横石塔。宋代建，明嘉靖二十九年（1550）重建，清嘉庆九年（1804）、1983年重修。八角七层楼阁式砖塔，高26米。

◀ **文溪塔**

在兴国县高兴镇文溪村南山。清乾隆六年（1741）建。六角五层楼阁式砖塔，高约20米。

定南县

▶ **巽塔**

在定南县莲塘城南。明崇祯十年（1637）建。八角七层楼阁式砖塔。残高14.8米。高17米。

◀ **文昌阁**

在定南县莲塘城外。清乾隆四十五年（1780）建。四角五层楼阁式砖塔。高14.8米。

上犹县

◀ **文峰塔**

在上犹县营前镇东山。又称龙公塔。明天启四年（1624）建。六角七层楼阁塔，高25米。

▶ **文兴塔**

在上犹县城东南二公里上犹江西岸南山顶，又名黑塔、南山塔。明永乐年间建。六角七层楼阁式砖塔，高约20米。

于都县

▶ **水头塔**

在于都县靖石乡任头村。六角七层楼阁式夯土塔。高19米。

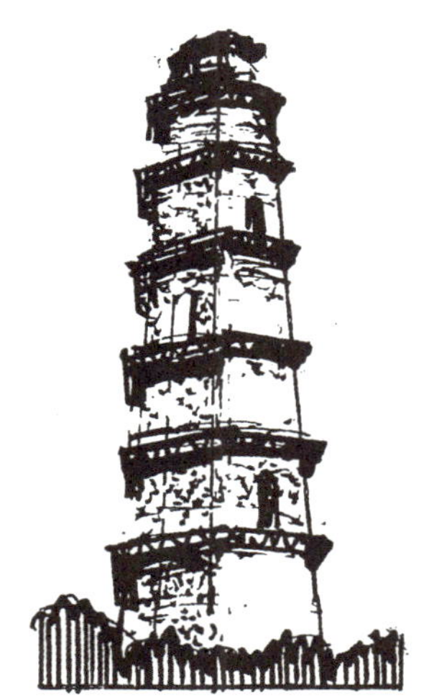

▲ **水阁口塔**

在于都县禾丰镇麻园村脱背山，又称文峰塔。清乾隆二年（1737）建。六角七层楼阁式土塔。高约27米。

▲ **下马塔**

在于都县仙下乡石坑子村，又名奎毫塔。六角五层楼阁式夯土塔。高20米。

▶ 中埠塔

在于都县罗坳镇中埠村，又名廻澜塔。清乾隆九年（1744）建。六角七层楼阁式夯土塔。高36米。

龙南县

▲ 罗坝塔

在龙南县汶龙镇罗坝村。建于清雍正六年（1728）。六角七层楼阁式砖石塔，高21米。

▲ 文塔

在龙南县城西五公山顶。清顺治年间建。六角三层楼阁式塔，高7.5米。

◀ 关西塔

在龙南县关西镇田螺坑坑尾山顶。清雍正年间建。六角五层楼阁式砖塔。高15米。

▶ 龙头塔

在龙南县桃江乡与全南县龙下乡交界处龙头山。又称龙径塔。清光绪年间建。六角七层楼阁式砖塔。高26米。

信丰县

▼ 大圣寺塔

在信丰县城孝义坊祝圣寺后。传始建于三国吴赤乌年间。六角九层穿壁绕平座式楼阁式砖塔，内18层。高66.45米。

▲ 上乐塔

在信丰县油山镇上乐村塔下村。明代建。1979年重修。六角五层楼阁式砖塔。高十余米。

全南县

▼ 田在塔

在全南县中寨乡田在村水口东端土山。明万历二十八年（1600）建。六角七层楼阁式砖塔，高13.9米。

大余县

▲ 水口塔

在大余县赤石乡巷口村赤石山。清乾隆七年（1742）建。六角七层楼阁式砖塔，高24米。

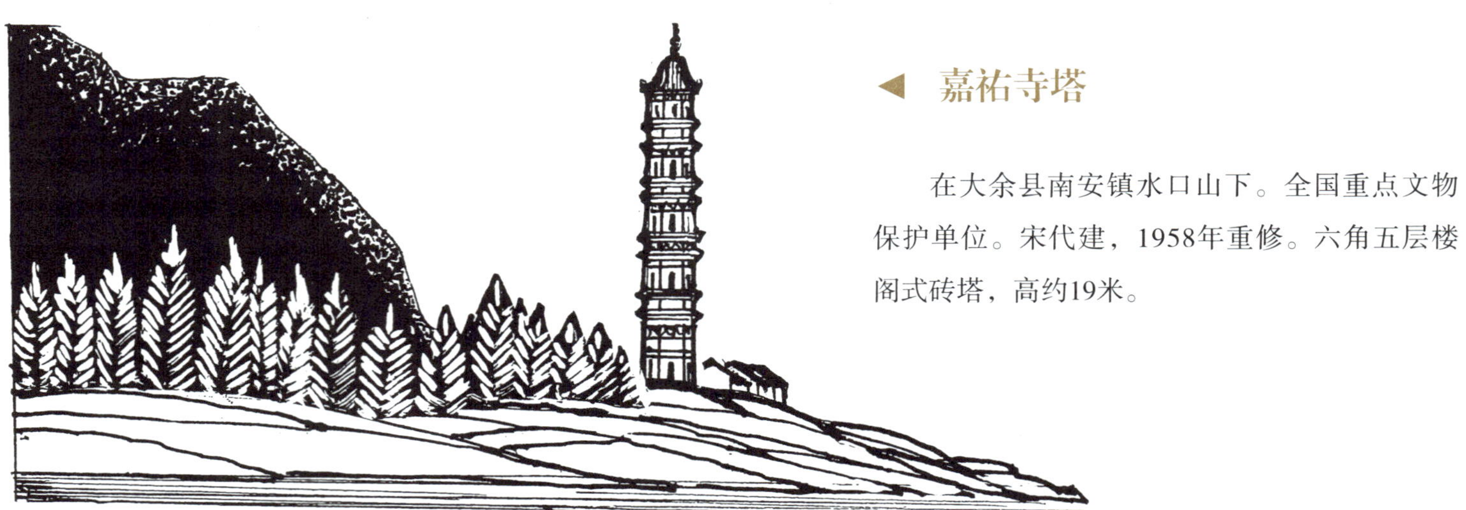

◀ **嘉祐寺塔**

在大余县南安镇水口山下。全国重点文物保护单位。宋代建，1958年重修。六角五层楼阁式砖塔，高约19米。

瑞金市

▲ **龙珠塔**

在瑞金市龙珠路。俗称白塔。明万历三十年（1602）建，清道光十八年（1838）、1934、2007年重修。六角九层楼阁式砖塔，高34米。

▼ **鹏图塔**

在瑞金市象湖镇溪背村竹园岽山，又名丙峰塔。（下图左）清乾隆元年（1736）建。2007年重修。六角九层楼阁式夯土塔。高25米。

▼ **凤鸣塔**

在瑞金市始泽覃乡光辉村东南山，又名丁峰塔、庙角塔。（图右）清乾隆元年（1736年）建。2007年重修。六角七层夯土塔。高20米。

◀ **龙峰塔**

在瑞金市象湖镇南岗村东南山峰，又名文兴塔、巽塔。明万历四十三年（1615）建。1990、2007年重修。六角七层实心砖塔。高约20米。

◀ 辛峰塔

在瑞金市九堡镇密溪村西门大山上。清乾隆三年（1738），六角五层楼阁式砖塔，雷击仅存下部。

▲ 凝秀塔

在瑞金市九堡镇密溪村南虎狼山，又称坤塔。清雍正元年（1723）建，六角五层楼阁式砖塔。高14米。

▶ 巽峰塔

在瑞金市九堡镇密溪村水口门峯岭，又称文明峰塔。清乾隆四十二年（1777）建，六角五层楼阁式砖塔。

上饶市

信州区

▼ 奎文塔

在上饶市信州区信江北岸岩石山，又称见龙塔、龙潭塔，明万历年间建，清嘉庆十九年（1814）于残塔二层加建至七层。八角七层楼阁式砖塔。高49米。塔院有惜字塔（右），八角双层楼阁式砖塔，高约7米。

▲ 五桂塔

在上饶市信州区五桂山，又称乌龟塔。清嘉庆年间建。八角五层楼阁式砖石塔，高17米。底层中空。

鄱阳县

► 永福寺塔

在鄱阳县永福寺东侧，又称大兴善寺塔。全国重点文物保护单位。北宋天圣四年（1024）建。重修于元至元十三年（1276）、明嘉靖四年（1525）。清同治四年（1865）重建。1978年重建塔顶，2002年重修。八角七层楼阁式砖塔，高49米。

婺源县

▲ 龙天塔

在婺源县浙源乡凤山村口，又称凤山塔。明万历年间建。六角七层楼阁式砖塔，高30米。

铅山县

▲ 鹅湖书院惜字塔

嵌于铅山县永平镇鹅湖书院石坊东侧墙体。书院明景泰四年（1435）重建，清道光二十七年（1847）重修。八角单层亭阁式砖塔。高约4米。

万年县

▼ 青云塔

在万年县青云镇万斛峰，又名斛峰塔。清道光二十年（1840）建，1983、2006年重修。八角七层楼阁式砖塔，高22米。

玉山县

▲ 文成塔

在玉山县城西南回龙山，又称大兴善寺塔。清乾隆三十九年（1774）建。六角七层楼阁式砖塔，高41.4米。

▼ 双溪塔

在玉山县樟村镇双溪村荷叶岭。又称恩成塔、文塔、锦溪塔。清乾隆十三年（1748）建。1984年重修。六角七层楼阁式砖塔。高21米。

▼ 风雷塔

在玉山县三清山三清宫龙虎殿北悬崖。王祐墓附属建筑，一说按后天八卦图属震方，又说为避山口风而建。宋代建。六角六层楼阁式石塔，高2米。

◀ 飞仙塔

在玉山县三清山三清宫左前侧，明代建。顶部倒塌，1995年修复改为七级塔状。基座刻“飞仙台”。塔身两层，下层六角六门，上层圆形四门。通高6.80米。

▼ 西华塔

在玉山县三清山西华台景区庆云际。年代无考。六角七层楼阁式石塔，砌筑不用粘结材料。上四层实心，下三层空心。

▲ 王祐墓塔

在玉山县三清山三清宫王祐墓上部，明景泰年间建。覆钵式上部七层密檐式石塔。高2米。

德兴市

▶ 绣水塔

在德兴市黄柏乡尚和村水口山，塌毁半边，又称半边塔。明中期建。八角七层楼阁式砖塔，残高28米。

九江市

浔阳区

▲ 锁江楼塔

在九江市浔阳区滨江路。又称文峰塔、回龙塔。建于明万历十四年（1586）。1998年纠偏加固。六角七层楼阁式砖塔，高25.6米。

▼ 大胜塔

在九江市浔阳区能仁寺。全国重点文物保护单位。晋代始建，唐大历年间、明洪武十二年（1379）重建。清咸丰间遭兵火余三层，同治十一年（1872）修复。六角七层楼阁式砖塔，高42.3米。

湖口县

▼ 临江塔

在湖口县双钟镇鄱阳湖石钟山顶。民国时期建。八角七层楼阁式琉璃塔，高十余米。

彭泽县

▲ 大圣塔

在彭泽县黄岭乡黄岭村西，原名旧县塔。唐代建，明重修，清乾隆年间重建。1991年重修。六角七层楼阁式砖石塔，高17.7米。

德安县

▼ 文华塔

在德安县宝塔乡附城村师古墩。唐贞观四年（630）建。明正德十一年（1516）拆至三层。重修于清康熙八年（1669）、嘉庆十八年（1813）。六角七层楼阁式砖塔，高21米。

永修县

▶ 真如寺塔林

在永修县云居山五脑峰南麓真如寺，有文字记载自唐元和年间至现代僧塔91座。全国重点文物保护单位。主要有唐道膺禅师塔（上图，两侧为宋高僧普同塔），宋罗汉塔，心空、心印禅师塔（右上、中图，塔亭内有覆钵式石塔）、明颛愚和尚全身法塔（下中图，清顺治时重建）、清德胤禅师塔、雄庆禅师塔、显戒和尚全身法塔、虚云和尚塔刹和海会塔等。亭阁式、覆钟形石塔，“文化大革命”中多毁损，1985年修复。

修水县

▲ **黄龙寺塔林**

在修水县西北区黄龙乡黄龙山黄龙寺前，宋至清代数十座高僧墓塔。黄龙寺祖师慧南宋熙宁二年（1069）圆寂建塔（左上图）。其主要传人祖心、死心舍利塔均在此，合称三塔吼。

▼ **兜率寺塔林**

在修水县渣津镇长潭村龙安山兜率寺附近，宋至清代有文字碑记墓塔五十多处。宋从悦祖师灵骨，清乾隆十年（1745）从龙安山上移葬山下。还有慧云禅师塔、少嵩禅师塔、荣杲良禅师塔、行端禅师塔、蛤庵禅师塔和鼎新墓等。

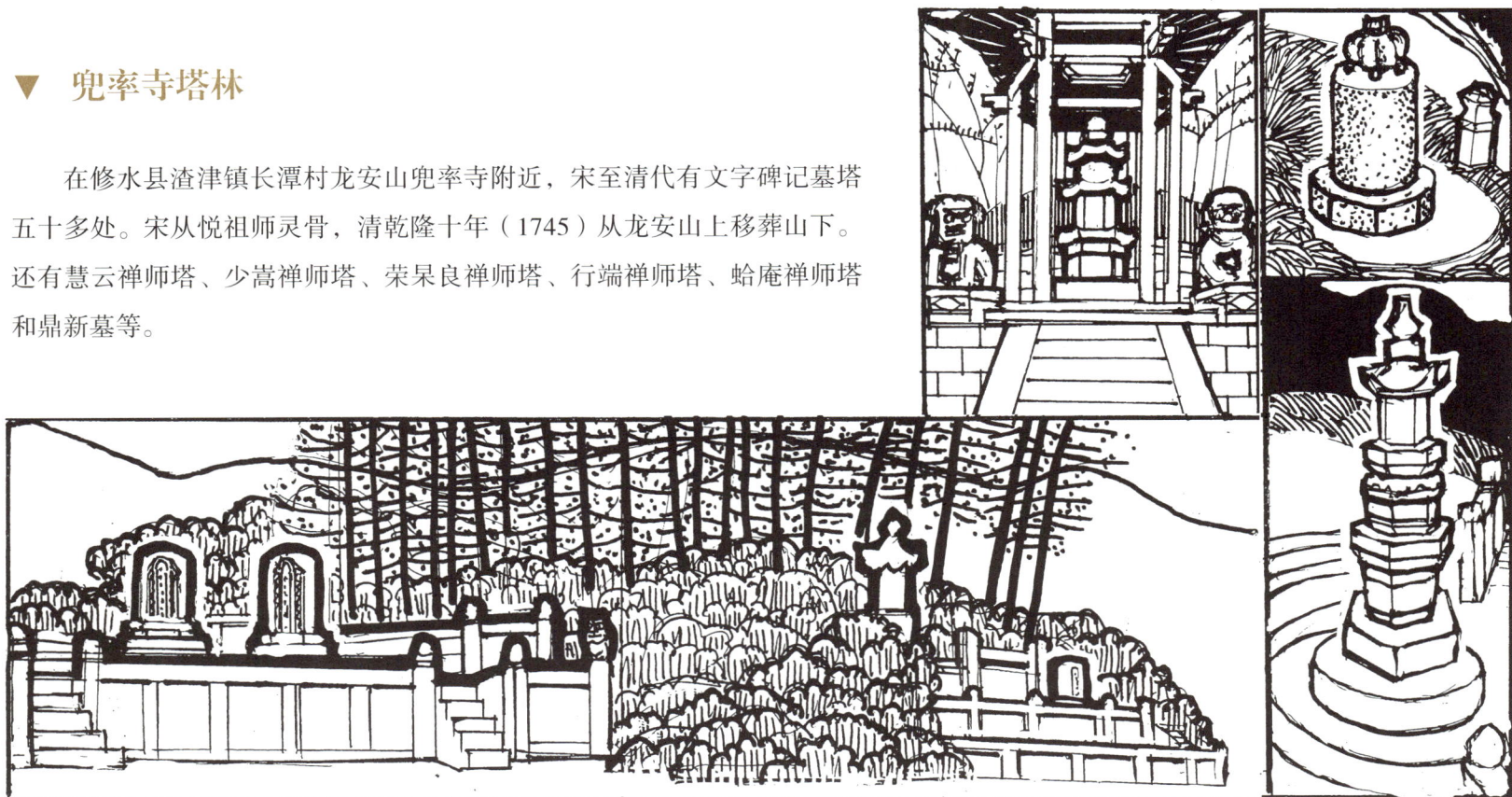

◀ **桃坪文峰塔**

在修水县桃坪宫家坳，原名聚星塔。清光绪六年（1880）建。六角五层楼阁式实心石塔，高24米。

▼ **西林塔**

在庐山市庐山东林寺西。又名千佛塔。唐开元年间建，明重修。六角七层楼阁式砖塔，高约30米。

庐山市

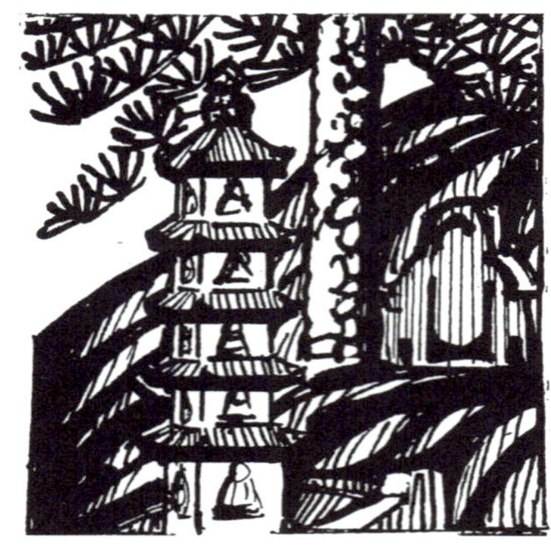

▲ **秀峰下石塔**

在庐山市庐山秀峰下。民国时期建。四角五层楼阁式石塔。高约2米。

▼ **恭乾禅师塔**

在庐山市庐山金竹坪。明万历十九年（1591）恭乾禅师圆寂，二十四年（1596）葬寺后。万历四十六年（1618）重修塔院，憨山德清撰碑文。覆钵式上六角幢式石塔，高3.5米。塔周圆形护墙正中石坊嵌三石碑。祭台左前方天然卧石刻“卧碑”二字，巨石为船，上立六角三层楼阁式实心石塔（图右），俗称“船塔”。据说恭乾塔为衣冠冢，舍利葬船形石内。

▲ **梁居士塔**

在庐山小天池，1930年代建。梁和甫居士墓塔。纺锤形石塔，高3.5米。

▲ 诺娜塔

在庐山小天池山，1938年建。西藏佛教首领诺娜呼图克图墓塔。覆钵式石塔，高35米。铜鎏金宝镜塔刹重1100公斤。

吉安市

吉州区

▲ 古南塔

在吉安市吉州区古南镇四龙桥西。俗称马缆塔。三国吴赤乌二年（239）建。元代重建。六角九层楼阁式砖塔，高28米。

▼ 卢家屋古塔

在吉安市吉州区曲濑镇泸水与禾水交汇处。明万历年间建。六角五层楼阁式实心砖塔，高21.3米。塔身向东北倾斜约6度。

▼ 金竹坪普同塔

在庐山市庐山金竹坪千佛寺遗址右侧丛林。明崇祯十年（1637）建，清末毁。1986年以残件修复。覆钵式上六角幢式石塔。高约3米。

▼ 天池塔

在庐山大天池圆佛殿旁。宋绍圣二年（1095）始建。六角五层楼阁式石塔。高十余米。

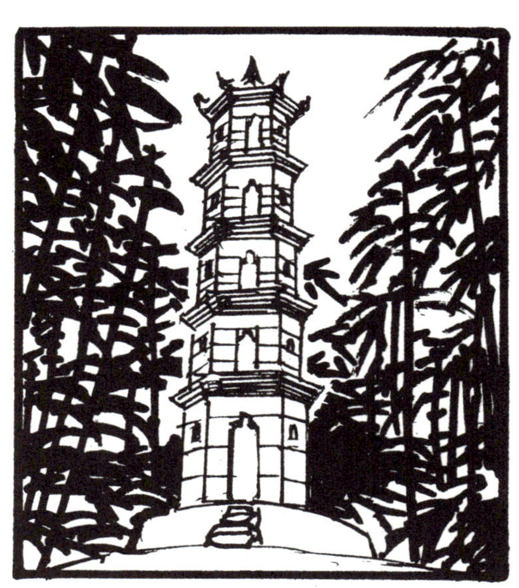

吉安县

▼ 本觉寺塔

在吉安县永和镇南山村，又称飞来塔。唐开元年间始建。今为宋塔遗构。1984年重修。八角九层楼阁式砖塔，高25米。五层以下中空。

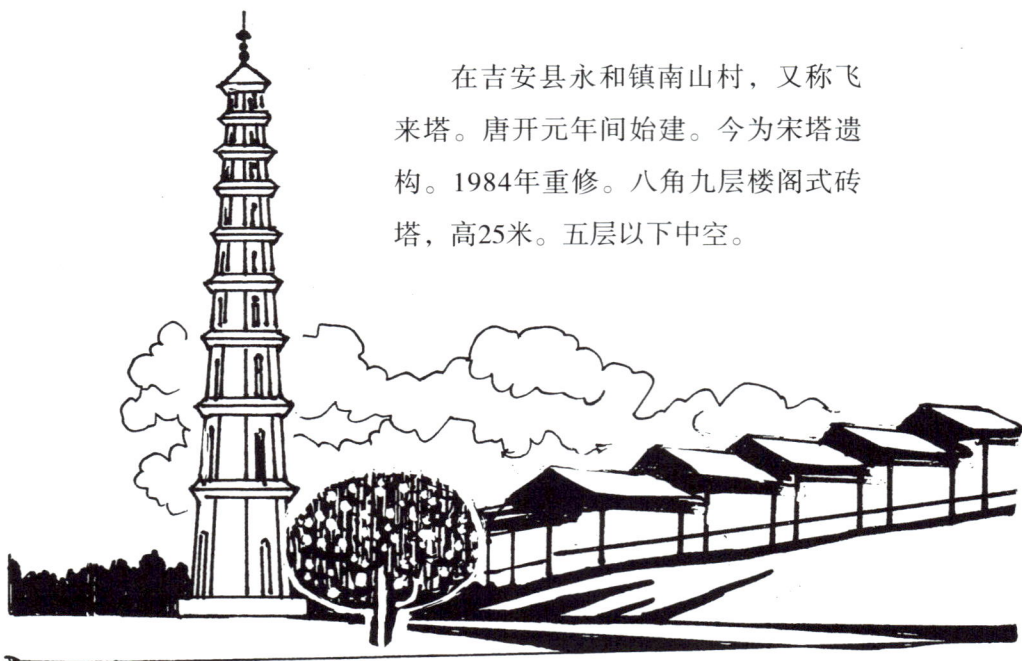

▲ 凤凰塔

在吉安县固江镇谷塘村，亦称凤塔。清代建。六角九层楼阁式砖石塔。高18米。铁刹，塔顶6只小石狮。

永丰县

▲ 报恩寺塔

在永丰县恩江镇永叔公园中。明洪武二年（1369）建。1984年重修。四角九层楼阁式砖塔，高27米。

▼ 仙人塔

在永丰县潭城乡水边村。明洪武四年（1371）建。四角五层楼阁式石塔，高3.3米。

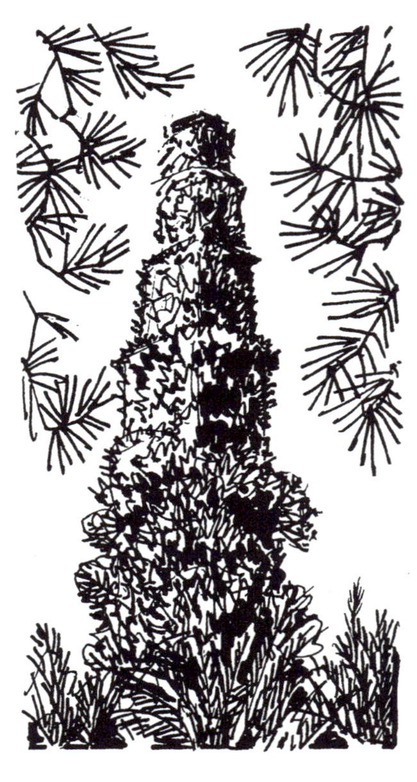

▲ 一峰塔

在永丰县瑶田镇湖西村南雁行山，以明状元罗伦字号取名。四角七层楼阁式砖石塔，高16米。青藤所裹。

▼ 柏郊塔

在永丰县八江乡八江村西南小屿。亦名文塔、望夫塔。明崇祯十五年（1642）建。2017年重修。六角九层楼阁式砖塔，高28.68米。一至五层夹墙内石阶螺旋而上，左右分登互不碰头。

吉水县

▲ 住岐塔

在吉水县八都镇住岐村。原名南华塔。宋代建，清嘉庆二十一年（1816）重建。六角九层楼阁式砖塔。高31米。

永新县

▲ 南塔

在永新县城南中学。又称茅塔。北宋至道元年（995）建。2010年重修。四角九层楼阁式砖塔。高17.92米。

▼ 禾山雁塔

在永新县龙门乡禾山村。又称雨丝塔。宋代建，明代重修。四角七层楼阁式砖塔，高12米。

▲ 栖凤塔

在永新县莲州乡光明村。清代建。八角八层楼阁式砖塔，高20米。

新干县

▲ 何家山塔

在新干县城何家山，俗称城宝塔。清同治十年（1871）建。1986年重修。六角七层楼阁式砖塔。高14米。

▼ 文昌塔

在新干县金川镇城头村赣江边。唐太和六年（832）始建，北宋元丰七年（1084）建木塔，明万历十二年（1594）改建砖塔。清嘉庆二年（1797）重修。八角七层楼阁式砖塔，高35米。

泰和县

▼ 柳溪龙口塔

在泰和县水槎乡西阳山黄龙坪柳溪。明万历三十九年（1611）建。六角五层楼阁式砖塔，高36米。

▼ 龙头山塔

在泰和县沿溪镇西塘村龙头山，又称苟子脑塔、不调禅师塔。明万历三十九年（1611）建。八角九层楼阁式砖塔，高36米。

遂川县

▲ 上镜惜字塔

在遂川县衙前镇双镜村上镜村。建于清嘉庆二十五年（1820）。六角七层楼阁式砖塔。高8米。首层设炉口，以上各层设三小孔。

▶ 雩溪宝塔

在遂川县雩田镇雩田村。建于明嘉靖三十三年（1554）。八角七层楼阁式砖塔，高24.55米。

安福县

▲ 武功山石塔

在安福县武功山景区有3座明清建古塔。六角五层楼阁式石塔，高约4.2米。其一塔身嵌“泥洹宝塔”碑刻。

▼ 九龙山塔群

在安福县武功山景区白鹤峰九龙寺址右峰。明代建九龙十八塔，今存法轮、镇山（下图）、通天、千佛、四果（残塔，左图）等10座六角五层楼阁式石塔。

◀ 东山文塔

在安福县平都镇东山。北宋宣和年间建。八角九层楼阁式砖塔，高约40米。

▶ 五家田惜字塔

在安福县平都镇五家田。清代建。六角四层楼阁式砖塔。高约10米。

▲ 观溪惜字塔

在安福县竹江乡观溪村。清前期建。六角七层楼阁式砖塔。高12米。

▶ 玉泉山佛塔

在安福县洲湖镇北山村三峰山。明万历年间建。谷禅和尚灵塔。六角七层楼阁式砖塔。高约18米。

▼ 上南惜字塔

在安福县上南乡上城村。清代建。六角七层楼阁式砖塔。高约10米。

井冈山市

▼ 文风塔

在井冈山市水尾村后山顶。又称水尾塔、水尾山塔。明末建。八角七层楼阁式砖塔，高19.8米。塔刹雷击毁。

万安县

◀ 观音塔

在万安县高陂镇符竹村。明成化十一年（1475）重建。六角七层楼阁式砖塔。高12米。

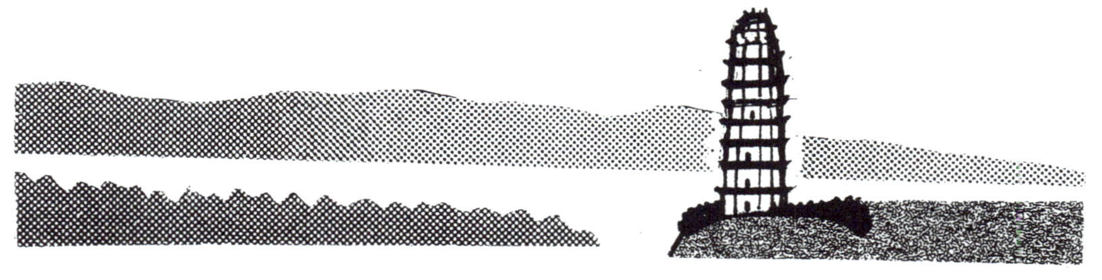

▲ 崇文塔

在万安县百家乡罗塘湾。因塔身白色成夜间航标又名夜珠塔。明成化年间建。2018年重修。八角九层楼阁式砖塔，高三十余米。

◀ **文明塔**

在万安县城南门外石华山顶。俗称南门塔。清道光年间建。八角七层楼阁式砖塔。高20米。

▶ **小姐塔**

在万安县潞田镇银塘村。明代建。八角九层楼阁式砖塔，高30米。

▼ **飞来塔**

在万安县桂江乡白沂村，传说由遂川飞来得名。宋代建。八角五层楼阁式砖塔，高16米。

▲ **天龙山舍利塔**

在万安县五丰镇天龙山，前后排列。唐代建。楼阁式石塔，前塔五层四角，高3.6米。后塔七层，底层四角。二层以上圆形八角檐，高8.44米。均刻“无边禅师”字样。

抚州市

临川区

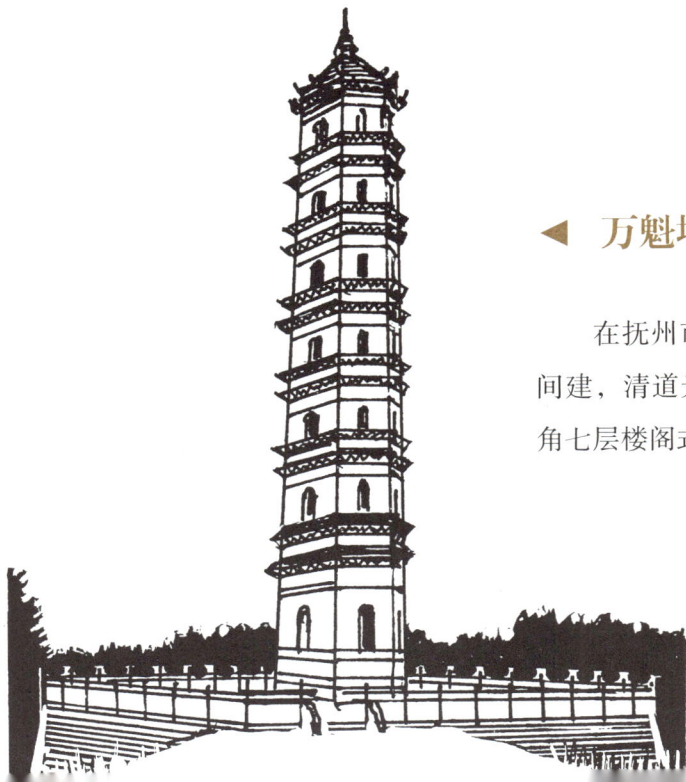

◀ **万魁塔**

在抚州市临川区金石山。明万历年间建，清道光十九年（1839）重修，六角七层楼阁式砖塔。高41.58米。

东乡区

▲ 永镇塔

在抚州市东乡区红星垦殖场郑家村北。清康熙至乾隆年间建。七层砖塔，六角基座及首层，其余各层圆形。高11.2米。

南城县

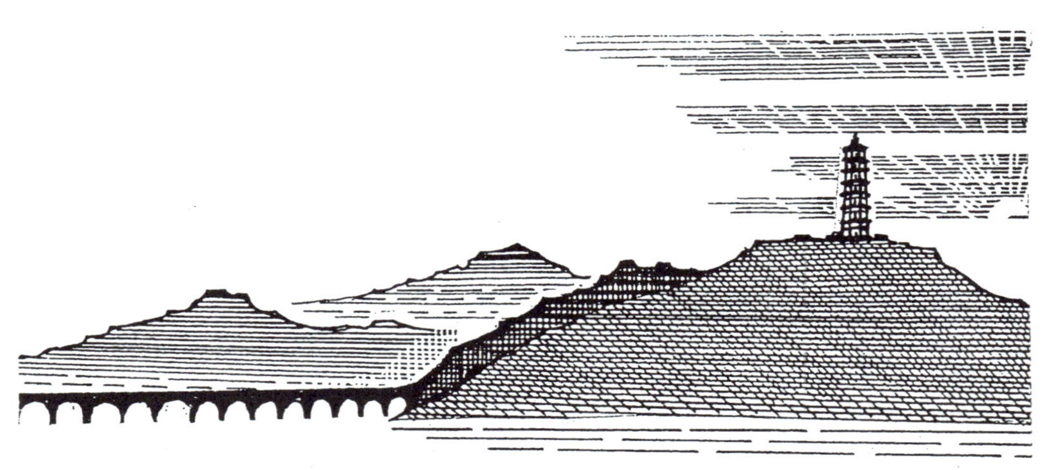

▲ 聚星塔

在南城县武岗山上，又称大兴善寺塔。清代建，乾隆十九年（1754）重修改名聚星。六角七层楼阁式砖塔，高约28米。

◄ 宝方寺塔林

在南城县龙湖镇严和村上蓝村宝方寺址原有清代墓塔五十余座，大都毁损。“曹云净禅师”塔为众塔之首，清康熙六年（1667）建。六角单层亭阁式石塔。高2.2米。

资溪县

► 高云塔

在资溪县高阜镇高阜村。明天启四年（1624）建，清乾隆九年（1744）、2008年重修。八角七层楼阁式砖塔，高31.5米。

黎川县

▲ **资福塔**

在黎川县荷源乡资福村西。南宋嘉定十四年（1221）建。清雍正年间、2011年重修。四角七层楼阁式砖石塔，高约23米。塔顶野生桂圆树。

宜黄县

▲ **迎恩塔**

在宜黄县棠阴镇建设村龟山。明崇祯元年（1628）建。2011年重修。六角七层楼阁式砖塔。高36米。塔内双梯螺旋登顶不相交。

► **曹山寺本寂塔**

在宜黄县城南乡南坊村曹山寺，墓塔群在“文化大革命”中多数毁损。本寂禅师唐天复元年（901）圆寂建塔，清顺治十三年（1656）重建。1983年复原。

◄ **三元塔**

在宜黄县凤岗镇潭坊万福桥头。重建于明万历五年（1577）。八角七层楼阁式砖塔。12.4米高。

崇仁县

▲ 汤溪塔

在崇仁县马鞍镇汤溪村，明代建。六角七层楼阁式砖塔。高12.6米。

▼ 相山石塔

在崇仁县相山镇苔州村，原名普庵定光古塔。清雍正九年（1731）建。六角七层楼阁式石塔，高6米。

萍乡市

安源区

► 如愿塔

在萍乡市安源区龙山岭（宝塔岭）。南唐建，清道光年间重建。2018年重修。八角七层楼阁式塔，底层和顶层麻石砌筑，其余各层砖砌。高26.97米。

湘东区

◄ 徐家禅师塔

在萍乡市湘东区腊市镇明塘村徐家冲野猪窝山界子庵前。年代不详。六角单层亭阁式砖塔。高2.5米。附近有葫芦形小型墓塔（图右）。

▲ 江正印禅师塔

在萍乡市湘东区荷尧镇泉陂村霞岭庵前。元代建。五角幢式莲篷顶石塔。高1.9米。

▲ 大义翰林塔

在萍乡市湘东区荷尧镇大义村。清同治九年（1870）建惜字塔。六角六层楼阁式石塔。高15米。

► 金鱼石惜字塔

在萍乡市湘东区荷尧镇大义村。清同治 九年（1870）建。六角三层石塔。高3.5米。首层塔联：“喜无墨迹点尘土；犹有文光射斗牛。”

芦溪县

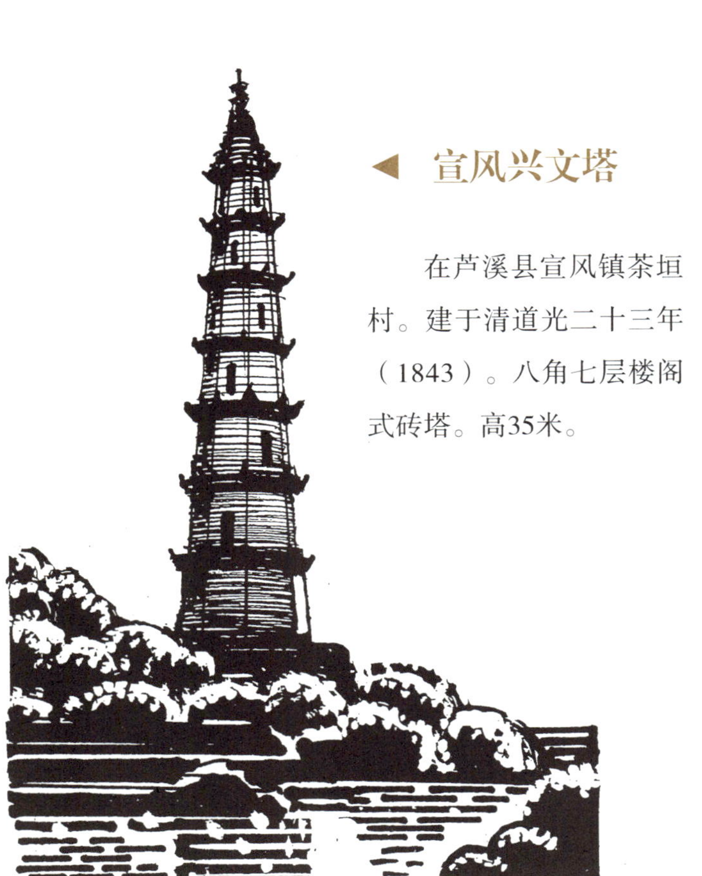

◄ 宣风兴文塔

在芦溪县宣风镇茶垣村。建于清道光二十三年（1843）。八角七层楼阁式砖塔。高35米。

上栗县

▲ 文笔塔

在上栗县长平乡福寿村狮行山。清代建。八角七层实心楼阁式石塔。高15米高。

◀ 拱辰塔

在上栗县赤山镇院背村镇政府大院内。清同治九年（1870）建。八角十层楼阁式塔。首层石砌，以上砖砌石檐。高28米。

▼ 普通寺唐禅师塔

在上栗县杨岐山普通寺侧。全国重点文物保护单位。八角单层亭阁式石塔。右侧乘广禅师塔（左），建于唐元和二年（807）。高2.73米。刘禹锡撰塔碑嵌寺墙。左侧甄叔禅师塔（右），又称油盐塔（幽闲塔）。唐大和元年（827）建，清乾隆年间修复。残高1.78米。塔铭并序嵌寺墙。

▲ 了道大师塔

在上栗县上栗镇杨岐村普通寺乘广禅师塔前。清代建。六角单层亭阁式石塔，高2.3米。

▼ 山口庵墓塔群

在上栗县鸡冠山乡恢柳村山口庵后山。临济宗法师墓塔群，一处7座，一处10座。清乾隆至同治年间建。六角单层亭阁式石塔为主。大小不一，高约1米。

莲花县

▼ 仰山文塔

在莲花县路口镇路口村。建于明万历十三年（1585），清康熙四十四年（1705）重建。八角七层楼阁式砖塔。高22.4米。

▲ 山口垅塔

在莲花县三板桥乡山口垅村。清道光年间建。六角五层楼阁式砖塔。高9.5米。

▲ 登云塔

在莲花县荷塘乡长曲湾村。建于清同治八年（1869）。“文化大革命”中塔顶破坏，2005年建复。六角五层楼阁式砖塔。高13米。

◀ 惜字塔

在莲花县湖上乡南村，清道光二十八年（1848）建。六角五层楼阁式石塔。高7米。首层匾“惜字处”，楹联：“休言片纸只字；正是白玉黄金。”

景德镇市

昌江区

◀ 塔式盖罐

景德镇市昌江区元至元四年（1338）墓出土。元青花釉里红楼阁塔式四灵盖罐。高22.5厘米。现藏于江西博物馆。

浮梁县

◀ 双峰塔

在浮梁县勒功乡勒功村宝莲山双峰寺遗址。北宋天圣年间建。全国重点文物保护单位。六角七层穿壁绕平座楼阁式砖塔，高19米。

▶ 红塔

在浮梁县浮梁镇旧城村。又称大圣宝塔、西塔。北宋建隆二年（961）重建，康定元年（1040）、明万历三年（1575）、1986年重修。六角七层楼阁式砖塔，高37.8米。

鹰潭市

余江区

▶ 镇龙宝塔

在鹰潭市余江区邓埠镇三宋上宋村。清嘉庆年间建。八角七层锥形实心石塔，现存五层，高7.8米。

宜春市

袁州区

▶ 仰山塔林

在宜春市袁州区洪江乡仰山下。仰山栖隐禅寺、太平兴国寺等自唐至清代僧人墓塔，分布在塔窝里，网形、虎形、集云峰等八个山头共百余座形制、高低不一石塔。

铜鼓县

▶ 丰田村塔

在铜鼓县永宁镇丰田村。清代建惜字塔。六角单层亭阁式石塔。高2.5米。

▲ 文崇塔

在铜鼓县大塅镇浒口村。清嘉庆二年（1797）建。六角七层锥状实心石塔。高23.3米。

▲ 东浒塔

在铜鼓县三都镇东浒村。清乾隆二十七年（1762）建。六角五层楼阁式实心砖塔。高12.5米。

万载县

▶ 文明塔

在万载县康乐街道。清乾隆十七年（1752）建。1998年装修一新。六角七层楼阁式石塔，高约30米。

宜丰县

▲ 黄檗山塔林

在宜丰县黄岗乡黄檗村黄檗寺附近存唐至清代僧墓塔70座。造型各异石塔。有壁朗之塔、风有之塔（图上右）等。亦苇岸禅师塔（图上中）为塔中塔，清康熙二十五年（1686）建。弧形巨石垒成钟状塔屋，内塔钟型，2.47米高。断际运祖塔（图上左）为开山临济宗祖师希运墓塔，又名广业塔。覆钵式石塔，高3.1米。唐代始建，清康熙、嘉庆间重修。佛虚智祖师塔（图下左），北宋宣和二年（1120）建。

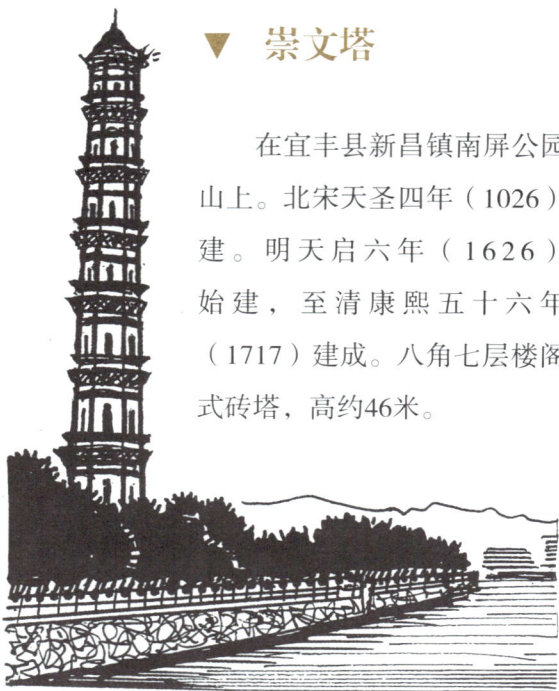

▼ 崇文塔

在宜丰县新昌镇南屏公园山上。北宋天圣四年（1026）建。明天启六年（1626）始建，至清康熙五十六年（1717）建成。八角七层楼阁式砖塔，高约46米。

▲ 五峰山塔群

在宜丰县黄岗乡五峰山净觉寺址。唐至清塔群。常观禅师墓，唐咸通六年（865）建，覆钵式石塔，高2米余；煦杲照大师墓，清康熙二年（1663）建。六角单层亭阁式石塔。高约3米。

▲ 洞山塔林

在宜丰县同安乡洞山。现存晚墓塔79座。集中4处。夜合山塔林（图下）有塔10座。明崇祯十七年（1644）至清乾隆三十一年（1766）间建，葬洞山普利寺30–36世住持僧，居中普同塔覆钵式石塔，高2.3米。其余均单层亭阁式石塔，为灵会承塔、比邱古松塔、履贞德塔、慧芳建塔、无极信塔、碧云珍塔、阆玄性塔、淑耀杲塔、自若真塔。红米埚塔林（图右三）建于清乾隆年间。为蕴一禅师塔、直方来禅师塔、见月中禅师塔、雨庵澍禅师塔、墨亭海禅师塔、霁空明禅师塔。均亭阁式单层石塔。经坑塔林僧塔8座。牛形山塔林（图右二）僧塔9座。居中洞山第二代住持道全禅师塔，建于唐大顺元年（890）。四角单层亭阁式石塔。洞山中兴第一祖塔——孤崖禅师塔（图中左），今重修。良价禅师塔唐咸通十年（869）建，今建亭护塔（图右上），六角两层楼阁式石塔。高3.2米。

▶ 太子塔

原在宜丰县逍遥山金钱山麓。唐皇子李僖出家葬于此。“文化大革命”中遭破坏，1983年迁建新昌镇南屏公园。四角单层亭阁式石塔。高4.5米。

▼ 天子山塔林

在宜丰县黄岗乡港口村天子山古城寺。现存3处塔林八十余座石构僧塔（墓），“文化大革命”中毁损严重。开山和尚唐方融禅师塔（图左）为圆形五层石塔，高1.8米。海珠禅师塔（图右）为四层柱形石塔，高1.4米。

▲ 砥柱塔

在宜丰县澄塘镇高坪村。清嘉庆二十三年（1818）建。八角五层楼阁式砖塔，二层壁龛顶有“武曲殿”三字。高33米。

▲ 登云塔

在宜丰县潭山镇龙冈村杨家垴侧。清道光四年（1824）建。八角五层楼阁式砖塔。高33米。

▲ 楼下文昌阁塔

在宜丰县石市镇楼下村。清嘉庆十九年（1814）建。六角三层楼阁式砖石塔。高23米。

▲ 下屋文昌阁塔

在宜丰县芳溪镇下屋村。清代建。六角三层楼阁式砖石塔。高23米。

靖安县

▶ 马祖塔亭

在靖安县宝峰镇宝峰禅寺后。全国重点文物保护单位。马祖道一舍利塔。唐贞元七年（791）造六角亭阁式石塔。唐宪宗赠塔号“大庄严”。大中四年（850）奉敕重修。后建木亭护塔，宋元丰八年（1085）重建石亭护塔，高5.5米。“文化大革命”中毁塔并挖出塔下鎏金塔瓮中舍利。1993年按原式样重建塔亭并重瘗舍利于塔下。

奉新县

▼ 青云塔

在奉新县甘坊镇青云桥头。又名斛峰塔。清道光六年（1826）建。六角七层楼阁式实心砖塔，约高35米。

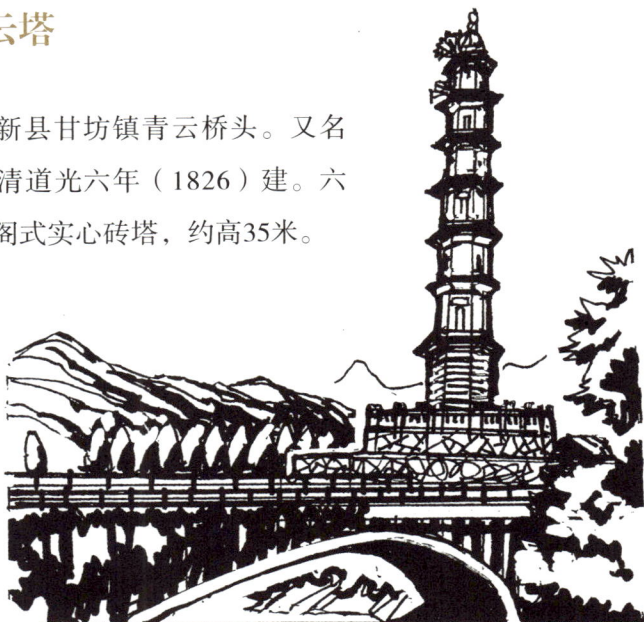

▲ 回澜塔

在奉新县冯川镇潦河湿地公园。清道光三年（1823）建。六角七层楼阁式实心砖塔，高42.5米。

▶ 新安塔

在奉新县澡下乡龙溪村。清道光十八年（1838）建。八角五层楼阁式砖塔，高约21米。

▲ 岐山塔

在奉新县城南潦河南岸岐山上。又名文峰塔。明隆庆年间建，清乾隆五十七年（1792）重建。六角五层楼阁式实心砖塔，高20米。

上高县

▲ 文峰塔

在上高县南港镇上梅村。明万历间建，六角三层楼阁式砖塔。高14.19米。

▼ 观澜阁塔

在上高县徐家渡镇东边村。清嘉庆二十一年（1816）建。八角三层楼阁式砖塔，高23.3米。

◀ 大观塔

在上高县塔下乡。建于清乾隆五十二年（1787），1994年重修。八角七层楼阁式砖塔。高46.53米。

高安市

▶ 凌云塔

在高安市汪家圩乡米岭村。明代建。八角七层楼阁式砖石塔。高34米。

◀ 回澜塔

在高安市灰埠镇五里湛家村。又名水口塔、五里塔。建于明万历十四年（1586）前。清乾隆四十八年（1783）、2007年重修。八角七层楼阁式砖塔。高35.5米。

▲ 玉塔

在高安市新街镇贾家村。约为明清建。八角七层楼阁式砖塔。高20余米。

▲ 贾家村惜字塔

在高安市新街镇贾家村祠堂。约建于明清。正院中双塔（左），院墙外一座（下）。六角三层楼阁式砖塔。高约5米。

樟树市

► 永镇塔

在樟树市永泰镇。又称永泰塔。明成化年间建六角九层楼阁式砖塔，清光绪十七年（1891）受台风损从九层改为七层。高约24米。